U0572889

资产证券化蓝皮书

BLUE BOOK OF
ASSET-BACKED SECURITIZATION

中国资产证券化运行报告
（2018）

PROGRESS REPORT ON CHINESE ASSET-BACKED
SECURITIZATION (2018)

主　编／沈炳熙　曹　彤　李哲平

社会科学文献出版社
SOCIAL SCIENCES ACADEMIC PRESS（CHINA）

图书在版编目（CIP）数据

中国资产证券化运行报告. 2018 / 沈炳熙，曹彤，
李哲平主编. -- 北京：社会科学文献出版社，2018.4
（资产证券化蓝皮书）
ISBN 978 - 7 - 5201 - 2407 - 2

Ⅰ.①中… Ⅱ.①沈… ②曹… ③李… Ⅲ.①资产证
券化 - 研究报告 - 中国 - 2018 Ⅳ.①F832.51

中国版本图书馆 CIP 数据核字（2018）第 048173 号

资产证券化蓝皮书

中国资产证券化运行报告（2018）

主　　编 / 沈炳熙　曹　彤　李哲平

出 版 人 / 谢寿光
项目统筹 / 恽　薇
责任编辑 / 关少华　田　康

出　　版 / 社会科学文献出版社·经济与管理分社（010）59367226
　　　　　　地址：北京市北三环中路甲 29 号院华龙大厦　邮编：100029
　　　　　　网址：www.ssap.com.cn
发　　行 / 市场营销中心（010）59367081　59367018
印　　装 / 北京季蜂印刷有限公司

规　　格 / 开　本：787mm × 1092mm　1/16
　　　　　　印　张：22.5　字　数：338 千字
版　　次 / 2018 年 4 月第 1 版　2018 年 4 月第 1 次印刷
书　　号 / ISBN 978 - 7 - 5201 - 2407 - 2
定　　价 / 98.00 元

皮书序列号 / PSN B - 2018 - 704 - 2/2

本书如有印装质量问题，请与读者服务中心（010 - 59367028）联系

《中国资产证券化运行报告（2018）》编委会

顾 问

蔡鄂生　中国银行业监督管理委员会原副主席

马德伦　中国金融会计学会会长、中国人民银行原副行长

主 编

沈炳熙　中国工商银行监事、中国人民银行金融市场司原
　　　　巡视员

曹 彤　厦门国际金融技术有限公司董事长、国金 ABS 云
　　　　创始人

李哲平　《当代金融家》杂志社执行社长兼主编

编委会（以章节先后顺序为序）

王学斌　山西证券股份有限公司总裁助理

陈 雷　厦门国际金融技术有限公司副董事长兼首席战略
　　　　官、香港中文大学（深圳）高等金融研究院客座
　　　　教授

郭杰群　瀚德金融科技研究院院长、清华大学货币政策与
　　　　金融稳定研究中心副主任

吕巧玲　厦门国际金融技术有限公司研究员

刘焕礼　广发证券资产管理（广东）有限公司资产支持证

主要编撰者简介

沈炳熙 经济学博士，研究员。1999 年 10 月至 2000 年 4 月，在东京大学做客座研究员。1990 年 7 月进入中国人民银行，先后任金融体制改革司副处长，政策研究室、研究局处长，中国人民银行驻东京代表处首席代表，中国人民银行金融市场司副司长、巡视员。2009 年 1 月至 2015 年 2 月，任中国农业银行董事。现任中国工商银行监事，及国内多所大学兼职教授。出版过《中国资产证券化热点实务探析》《资产证券化：理论与实践》《中国债券市场：30 年改革与发展》等多部著作，在《经济研究》《金融研究》《财贸经济》《改革》《农村金融研究》等杂志上发表学术文章 170 余篇。

曹彤 高级经济师，曾任中信银行副行长、中国进出口银行副行长、深圳前海微众银行行长，兼任中国人民大学国际货币研究所联席所长、全国金融青联副主席、美国霍普金斯大学应用经济研究所高级顾问。中国人民大学财经学学士、金融学硕士；东北财经大学金融学博士，师从银行家陈小宪；美国亚利桑那州立大学管理学博士（DBA），师从 2004 年诺贝尔经济学奖获得者 Edward Prescott。

李哲平 金融学硕士，先后就读于山西财经学院、中国人民银行研究生部。曾担任《中国证券报》理论版主编、统信资产评估有限公司董事长、中信银行股份有限公司独立董事；自 2005 年至今担任《当代金融家》杂志社执行社长兼主编。同时担任鸿儒金融教育基金会理事、光大证券股份有限公司独立董事、国投瑞银基金管理有限公司独立董事、南粤银行独立董事、中航证券有限公司独立董事。和沈炳熙博士联合主编《中国资产证券化热点实务探析》一书。

摘　要

　　资产证券化是我国金融市场上一朵绚丽的鲜花。从 2005 年开始试点以来，几经周折，终于在最近两年获得突破性的发展。2017 年，资产证券化产品的发行规模达到 1.4 万亿元，超过当年公司债券和中期票据的发行规模。围绕着资产证券化的研究已经充分展开，研究成果也不断出现，但是资产证券化运行报告仍是个空白，这确是一件憾事。众所周知，中国社会科学院社会科学文献出版社推出的涉及某个领域的蓝皮书，是该领域的权威年度报告，资产证券化是我国金融市场的一个重要领域，应该有一本关于它如何运行的蓝皮书。基于这一理念，我们这个从事资产证券化实务和研究的专业团队，向出版社提出了编写"资产证券化蓝皮书"《中国资产证券化运行报告》的申请，获得了支持。

　　作为关于资产证券化运行的年度报告，必须有时间界限。本书是 2018 年度的《中国资产证券化运行报告》，自然应以 2017 年中国资产证券化的运行为研究对象。但是，为了使研究具有连贯性，我们在阐述某些事件时，也会突破年度的时间限制。当然这只是承前启后之需，跨越年度的那些阐述，并不是本报告的主体内容。

　　本报告从描述 2017 年资产证券化的总体运行情况入手，揭示了该年度资产证券化的新特点、新趋势，从资产证券化市场发展规律、金融监管最新变化、金融创新客观条件等多个维度分析了新特点、新趋势产生的原因。接着围绕目前我国资产证券化的主要领域分别进行了分析、比较和研究，对正在兴起、引人关注但又存在较多疑问的资产证券化新领域——PPP 项目资产证券化做了重点研究和探讨。在分析、研究和探索的过程中，有针对性地进行历史比较和国际比较，对资产证券化今后的发展特别是 2018 年的发展，

从总体上或某个领域内，提出了相应的政策建议。

本报告的主要内容由总报告、分报告和专题报告 10 篇文章组成。总报告在列出 2017 年我国资产证券化的一系列数据后，得出以下结论：整体来看，2017 年资产证券化市场快速发展，创新频出，运行稳健；基础资产类型日益丰富；资产证券化在盘活存量资产、提高资金配置效率、服务实体经济方面发挥着越来越重要的作用。资产证券化又快又好发展的原因，一是 12 年艰苦探索积累了丰富经验，使之厚积薄发；二是趋严的金融监管净化了金融环境，为资产证券化的发展创造了良好的外部条件；三是 2017 年我国经济开始加速发展，金融需求增加，资产证券化为实体经济服务的作用得到各方重视、有了更好的发挥。针对资产证券化运行中存在的问题，总报告提出了相应的政策建议。

分报告分别就信贷资产证券化、商业地产资产证券化、消费金融资产证券化、融资租赁资产证券化 2017 年的发展情况进行了深入的分析研究。我国资产证券化产品按发起人（原始权益人）的性质和基础资产的不同，分为信贷资产证券化产品和企业资产证券化产品两大类，二者分别在不同的市场发行、交易并接受相应的监管。发起人的性质在多数情况下和证券化基础资产是一致的，但也有不一致的时候。分报告里涉及的四个资产证券化领域也是如此，相互之间存在一定的交叉。因此，按四个领域进行分类研究，更多的是从现实情况出发，对习惯因素做了适当考虑。

在我国资产证券化四个主要领域中，信贷资产证券化起步最早，发展也最规范。在新形势下，信贷资产证券化出现了一系列新特点、新趋势：一是基础资产类型日益多样化；二是银行信贷资产证券化正在由以对公贷款为主转向以房贷、车贷等零售贷款为主；三是不良资产证券化、绿色信贷资产证券化等创新活动得到市场认同；四是市场活跃程度得到提高。在深化供给侧结构性改革、继续进行"三去一补"、控制信贷总量、调整信贷结构任务加重的背景下，信贷资产证券化可能会在 2018 年出现爆发式发展，需要积极应对，防止"萝卜快了不洗泥"的粗放式经营，做到产品设计精细化、后续管理规范化，严控风险，健康发展。

商业地产资产证券化在为商业地产开发商提供灵活、有效、长期的融资方式，拓展商业地产直接融资渠道方面发挥着积极的作用。2017 年，我国商业地产资产证券化产品的主体仍然是 CMBS（商业地产抵押贷款支持证券）和类 REITs（房地产投资信托基金），其发行规模占商业地产资产证券化产品发行总规模的 82.3%。在这中间，也出现了一些新动向：一是 CMBS 基础资产中信托受益权的比重下降，基础资产呈多样化趋势；二是长租公寓资产证券化开始进行探索，这和我国居民住房"购租并举"新政策的实行密切相关；三是商业地产资产证券化产品的发行利率呈上升之势，这主要是受债市调整的影响；四是不涉及低层物业产权的商业地产资产证券化产品规模逐步缩小，这和监管部门对资产证券化产品违约风险审核力度的加大有关。商业地产资产证券化要继续发展，需要根据新时期的新特点，把握新动向，加大长租公寓资产证券化的创新力度，探索开发长租公寓与 REITs 相结合的产品。REITs 则要向国际模式靠拢，真正依靠基础资产信用设计产品。

消费金融资产证券化是我国资产证券化的重要组成部分。2017 年，房贷、车贷证券化产品仍是消费金融资产证券化产品的主体，其余则是以个人为消费终端的保理融资、信托收益权和融资租赁等资产的证券化。基础资产多样化成为 2017 年消费金融资产证券化的一个新特点。目前，消费金融资产证券化是由持牌机构和非持牌机构发起的，非持牌机构主要是互联网公司。2017 年，非持牌机构的消费金融资产证券化产品逐渐占据主流，当年发行量占比达到 88%。而在非持牌机构的消费金融资产证券化产品中，蚂蚁金服发行的花呗、借呗系列产品约占一半。这种寡头垄断的状况，与当前持牌机构发行消费金融资产证券化产品仍然与其原始权益人信用连在一起有很大关系。而寡头垄断对消费金融资产证券化的发展并不是一件好事，这是下一步发展消费金融资产证券化必须高度注意的。由非持牌机构发行的消费金融资产证券化产品，多数未实现破产隔离，存在不可忽视的风险隐患。尤其是一些互联网公司缺乏信用基础的"现金贷"也成为证券化的基础资产，背后的风险更大。必须按照国家有关部门 2017 年末开展的专项整治精神加以整顿，以促进消费金融资产证券化的规范发展。

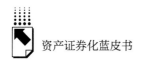

以设备为主要租赁物的融资租赁资产证券化在 2017 年也风生水起。发行规模继续扩大，发行利率保持稳定，市场认可程度提高，以外币计价的融资租赁资产支持证券顺利发行。特别值得庆幸的是融资租赁资产证券化正在向标准化、规范化方向发展，无担保的融资租赁资产证券化项目在前两年取得成功后，进一步乘势而为，"破产隔离"措施在一部分融资租赁资产证券化项目中落地，2017 年至少有 7 家融资租赁公司的资产证券化项目获会计师事务所认可，其证券化资产实现了"会计出表"。要保持这一良好的发展趋势并使之进一步扩大，不仅仅需要采取相应的技术性措施，更需要改革体制机制，改变按发起机构股东身份划分金融租赁机构和融资租赁机构，进而将融资租赁资产证券化分为信贷资产证券化和企业资产证券化的做法。

专题报告选择 PPP 项目资产证券化作为内容，是基于这一领域尚处探索阶段。对 PPP 项目中的许多重大问题，各方面尚未完全达成共识，这些项目资产证券化的顺利进行，还涉及诸多政府部门间政策的协调。2017 年相关政策密集出台，对可进行资产证券化的 PPP 项目范围、应当鼓励开展资产证券化的 PPP 项目条件、PPP 项目资产证券化的组织管理，都做了规定。市场管理层面的机构也在制定和颁布操作规程。另外，实际操作已进入试验阶段。2017 年，有 6 单 PPP 项目资产证券化产品正式发行。但是 PPP 项目资产证券化还有许多问题需要解决，目前应重点关注四个问题：一是原始权益人是否具有持续经营能力；二是产品结构是否精细化以实现精准定价；三是项目是否具有稳定的现金流支持；四是项目是否由专业化的中介机构团队操作。

本运行报告对 2018 年乃至今后更长一个时期如何更好地推进我国资产证券化提出了若干政策建议。归纳起来，这些政策建议主要是以下五个方面。

第一，着手研究制定"资产证券化法"。资产证券化的健康发展迫切需要制定统一的、有权威的法律，仅仅依靠部门规章难以为继。为此，要尽快梳理现有部门规章和规范性文件，去掉相互矛盾、不合时宜的内容，为制定法律做好准备。在充分调查研究、借鉴国际经验的基础上，制定我国的资产证券化法，在此法之下，修改或制定包括会计、税收在内的规章制度和操作办法，形成一个完善的资产证券化法律体系。

第二，根据基础资产的性质确定并统一资产证券化的产品标准。要改变目前以发起或发行机构性质和监管部门管辖范围为依据划分资产证券化产品类型的做法，使相同的资产证券化产品按照统一的条件、统一的名称、统一的监管标准发行和交易。

第三，处理好创新、风控与监管之间的关系。参与资产证券化的所有机构在进行产品创新的过程中，必须高度重视可能出现的风险，采取有效的措施加以防控。监管部门要及时跟进，加强指导。改变等到问题成堆、风险积累再重拳出击的做法。

第四，完善定价与估值机制。要改变资产证券化产品定价和估值深受主体信用影响的状况，使资产证券化产品真正以资产信用为基础。为此，要完善信息披露制度，引入专业的定价、估值工具，发挥大数据的作用。鼓励和支持"无担保发行""会计出表"等"破产隔离"的具体措施。

第五，促进资产证券化产品"跨市场"流通。建立统一的资产证券化市场对于发展资产证券化意义深远，这涉及监管体制、产品标准、定价机制等诸多方面的改革，目前可从资产证券化产品跨市场流通起步。

本报告是国内资产证券化实操人员和研究人员通力合作的结晶。作者来自中国工商银行、中国农业银行、中国国际工程咨询有限公司研究中心、厦门国际金融技术有限公司、广发证券资产管理（广东）有限公司、山西证券股份有限公司、瀚德金融科技研究院、北京国家会计学院、上海融孚律师事务所、德勤华永会计师事务所、普华永道北京税务部。本报告获得厦门国际金融技术有限公司的资助。

关键词： 资产证券化　信贷　商业地产　消费金融　融资租赁

目　录

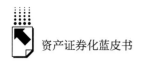

Ⅲ 专题报告

Ⅳ 大事记

皮书数据库阅读**使用指南**

总 报 告

General Report

B.1

中国资产证券化发展的新形势与新动向

王学斌　吕巧铃　陈　雷　郭杰群*

摘　要： 2017 年是我国资产证券化快速发展的一年。不仅发行规模迅速扩大，而且新产品不断涌现，整个资产证券化市场出现了许多新特点和亮点。同时，在新的监管背景下，资产证券化也面临诸多新的问题和挑战，需要我们去研究、解决，以促进资产证券化更好地为实体经济服务。本文从分析 2017 年我国资产证券化总体运行情况入手，着重分析了新的监管态势下资产证券化的新特点、新趋势，并将其与美国等国的资产证券化做了国际比较，提出了快速、规范发展我国资产证券化业务的政策建议。

*　王学斌，山西证券股份有限公司总裁助理。吕巧玲，厦门国际金融技术有限公司研究员。陈雷，厦门国际金融技术有限公司（厦门国金）副董事长。郭杰群，瀚德金融科技研究院院长、清华大学货币政策与金融稳定研究中心副主任。

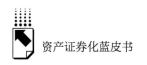
关键词： 资产证券化　市场监管　市场创新　中美比较

一　2017年中国资产证券化总体运行情况

（一）资产证券化市场总体运行情况

2017年，我国资产证券化发展迅猛，不论是信贷资产支持证券，还是企业资产支持证券和资产支持票据，发行规模与发行单数均创下历史新高，但资产支持票据的市场规模仍相对较小。2017年，伴随着互联网金融和供应链金融的发展，小额贷款和应收账款成为资产证券化市场中重要的基础资产；在房地产行业调控升级的背景下，房地产企业发行的资产证券化产品的类型更加多元化，基础资产为物业费和购房尾款的资产支持证券、商业地产抵押贷款支持证券和房地产信贷投资基金相比2016年呈现增长的态势，长租公寓类资产证券化产品更成为备受关注的创新资产证券化产品。

资产证券化市场日趋成熟，资产证券化产品已有较高的市场认可度，其利率与市场参考利率之间的差距在逐渐缩小。在2017年资金环境逐步趋紧的背景下，各类资产证券化产品的利率都呈现较为明显的上升趋势，且发行利率对产品期限的敏感程度呈现较为明显的下降趋势。

整体来看，2017年资产证券化市场快速发展，创新频出，运行稳健，基础资产类型日益丰富。资产证券化正在有效盘活存量资产、实现社会资金优化配置、切实服务实体经济方面发挥日益重要的作用。

（二）信贷资产证券化的发展情况

1. 产品发行情况

2017年，全国共发行133单信贷资产支持证券，比2016年发行单数增长了23.15%。2017年，信贷资产支持证券发行总规模为5972.37亿元，比2016年发行总规模增长了52.80%。2017年各个月份信贷资产证券化产品发行规模差异较大（见图 1），其中 12 月发行 28 单信贷资产支持证券，发行规模达 1817.82 亿元，占全年信贷资产支持证券发行总规模的 30.44%。

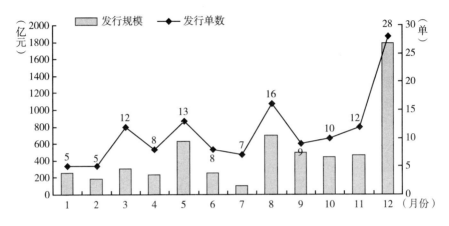

图1 2017 年中国信贷资产证券化产品的发行情况

数据来源：Wind，笔者整理。

2017 年发行的 133 单信贷资产支持证券中，以汽车贷款为基础资产的信贷资产支持证券发行单数最多，为 31 单；其次为以企业贷款为基础资产的信贷资产支持证券，单数为 29 单；发行单数排名第三的信贷资产支持证券的基础资产为个人住房抵押贷款和不良贷款，对应单数均为 19 单（见图 2）。

2017 年，信贷资产支持证券中基础资产为个人住房抵押贷款、信用卡贷款、企业贷款和汽车贷款的发行规模较大，共计占信贷资产支持证券发行总额的 88.95%（见图 3）。其中，以个人住房抵押贷款为基础资产发行的信贷资产支持证券规模最大，为 1707.53 亿元；以信用卡贷款为基础资产发行的信贷资产支持证券规模排名第二，为 1310.36 亿元；以企业贷款为基础资产发行的信贷资产支持证券规模排名第三，为 1204.87 亿元。

此外，个人住房抵押贷款、信用卡贷款和企业贷款成为信贷资产支持证券平均单笔发行规模前三大的基础资产，平均单笔发行规模分别为 89.87 亿元、87.36 亿元和 41.55 亿元。

2017 年发行的信贷资产支持证券中，有 84.69% 的证券评级为 AAA

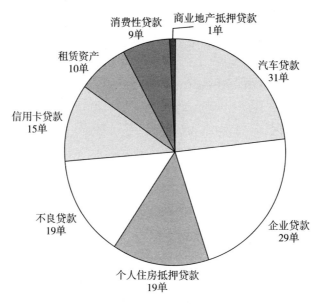

图2　2017年中国不同基础资产的信贷资产证券化产品的单数分布

数据来源：Wind，笔者整理。

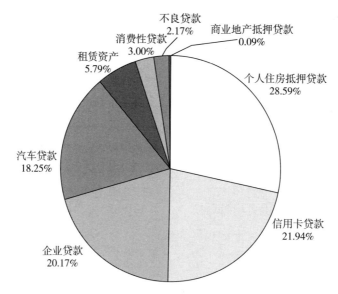

图3　2017年中国不同基础资产的信贷资产证券化产品的规模分布

数据来源：Wind，笔者整理。

（见图4），发行规模达到5057.85亿元；有3.28%的证券评级为AA＋，发行规模为196.15亿元；有10%左右的为次级证券，无评级；其余的A、AA－及AA评级的证券规模不及总规模的1.50%。

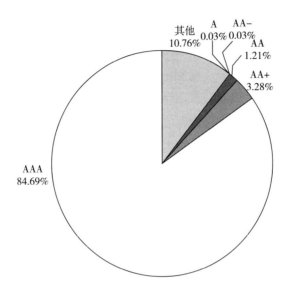

图4　2017年中国信贷资产证券化产品评级分布情况

数据来源：Wind，笔者整理。

2017年，信贷资产证券化产品的发行利率呈现明显的上升趋势，且发行利率对证券期限的敏感程度呈现明显的下降趋势，不同期限产品的发行利率差异并不大（AAA级证券的情况见图5），甚至出现"利率倒挂"现象。

2017年，AA＋级信贷资产支持证券的发行利率相对AAA级产品的发行利率更加分散（见图6），同时也呈现较为明显的上升趋势。其中，5年期以上的信贷资产支持证券发行得较少，且发行利率较低，均为5.40%～5.50%。

由于2017年AAA及AA＋评级以外其他等级的信贷资产支持证券的发行单数与规模较小，此处不对其发行利率趋势进行分析。

2. 产品存量情况

2005年，我国发行了第一支信贷资产支持证券。然而，由于受美国次贷危机影响，2009年开始，我国暂停了信贷资产支持证券的发行审批，直

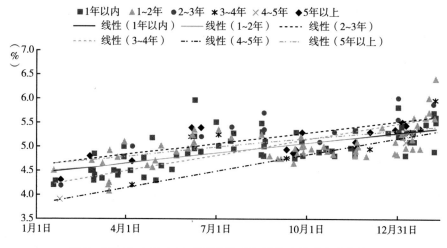

图5 2017 年中国 AAA 级信贷资产证券化产品利率分布情况

数据来源：Wind，笔者整理。

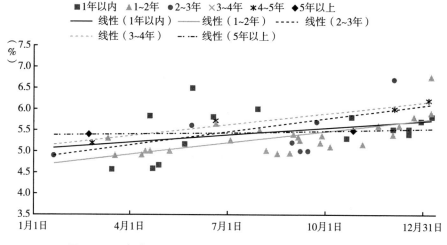

图6 2017 年中国 AA + 级信贷资产证券化产品利率分布情况

数据来源：Wind，笔者整理。

至 2012 年重启信贷资产证券化。2014 年，我国信贷资产证券化开始进入高速发展阶段。截至 2017 年 12 月 31 日，我国共发行信贷资产支持证券 441单，发行规模达 17775. 30 亿元。2005 ~ 2017 年我国信贷资产支持证券发行情况具体见图 7。

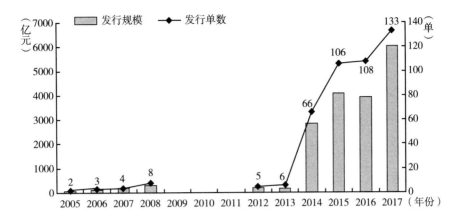

图7　2005～2017年中国信贷资产证券化产品发行情况

数据来源：Wind，笔者整理。

其中，以企业贷款为基础资产发行的信贷资产支持证券有214单，发行规模为8615.24亿元，占发行总规模的48.47%；以个人住房抵押贷款为基础资产发行的信贷资产支持证券有52单，发行规模为3573.45亿元，占发行总规模的20.10%；以汽车贷款为基础资产发行的信贷资产支持证券有72单，发行规模为2123.42亿元，占发行总规模的11.95%。2005～2017年我国不同基础资产的信贷资产证券化产品规模分布具体见图8。

2017年，处于存续期的信贷资产支持证券规模为12532.00亿元，其中2017年当年需要兑付的信贷资产支持证券规模为2965.47亿元，占存续信贷资产支持证券规模的23.66%。在2017年资金与监管趋紧的背景下，信贷资产证券化运行良好，全年无优先级资产支持证券违约情况发生。

（三）企业资产证券化产品发行与运行情况

1. 产品发行情况

2017年，全国共发行483单企业资产支持证券，比2016年发行单数增长了26.11%。2017年，企业资产支持证券发行总规模为7837.53亿元，比2016年发行总规模增长了67.18%。2017年各个月份企业资产证

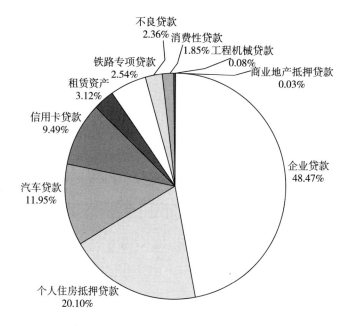

图8　2005～2017年中国不同基础资产的信贷资产证券化产品规模分布情况

数据来源：Wind，笔者整理。

券化产品发行规模差异较大，下半年企业资产证券化的发展势头更猛（见图9）。

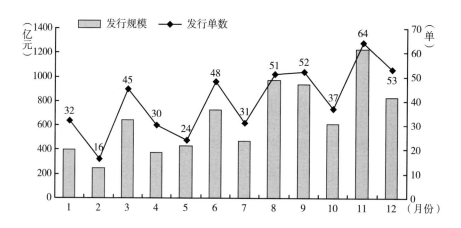

图9　2017年中国企业资产证券化产品发行情况

数据来源：Wind，笔者整理。

2017 年发行的 483 单企业资产支持证券中，以应收账款为基础资产的企业资产支持证券发行单数最多，为 123 单；其次为以小额贷款为基础资产的企业资产支持证券，单数为 121 单；再次为以租赁租金为基础资产的企业资产支持证券，单数为 69 单（见图 10）。

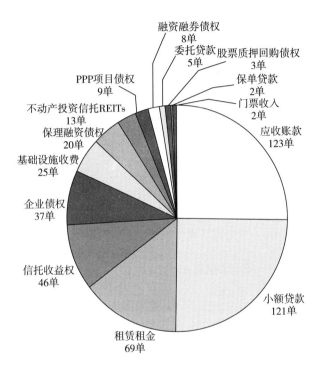

图 10　2017 年中国不同基础资产的企业资产证券化产品单数分布情况

数据来源：Wind，笔者整理。

2017 年发行的 7837.53 亿元企业资产支持证券中，基础资产为小额贷款、应收账款、企业债权、信托受益权和租赁租金的发行规模较大（见图 11），共计占 2017 年企业资产支持证券发行总额的 88.07%。其中，以小额贷款为基础资产发行的企业资产支持证券规模最大，为 2670.45 亿元；以应收账款为基础资产发行的企业资产支持证券规模排名第二，为 1366.44 亿元；以企业债权为基础资产发行的企业资产支持证券规模排名第三，为 1125.15 亿元。

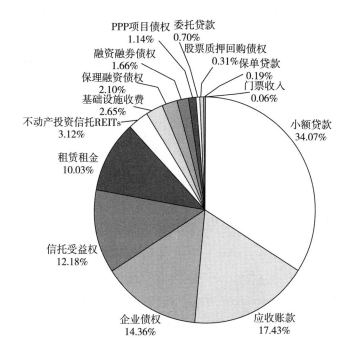

图 11 2017 年中国不同基础资产的企业资产证券化产品规模分布情况

数据来源：Wind，笔者整理。

2017 年发行的企业资产支持证券中，有 74.26% 的证券评级为 AAA；有 9.70% 的证券评级为 AA +；有 9.79% 的证券为次级证券，无评级；其余的各个评级的证券规模不及总规模的 7% （见图 12）。

2017 年，AAA 级企业资产支持证券的发行利率较为分散（见图 13），主要由基础资产质量、增信措施、市场环境等因素的影响所致。在 2017 年资金环境趋紧的背景下，AAA 级企业资产支持证券的发行利率呈现平稳上升的趋势。

2017 年，期限为 1 年以内的 AA + 级企业资产支持证券的发行利率较为平稳，其余期限的 AA + 级企业资产支持证券的发行利率则呈现较为明显的上升趋势（见图 14）。

2017 年，评级为 AA 级的企业资产支持证券的发行利率较为平稳，且发

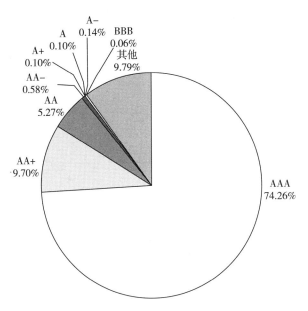

图 12　2017 年中国企业资产证券化产品评级分布情况

数据来源：Wind，笔者整理。

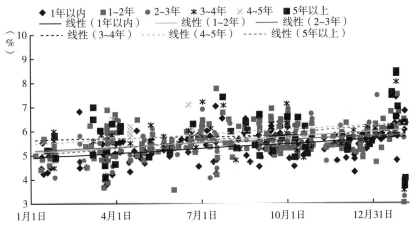

图 13　2017 年中国 AAA 级企业资产证券化产品利率分布情况

数据来源：Wind，笔者整理。

行利率对证券期限并不敏感，同一时间段内发行的不同期限的产品利率差异并不大（见图 15）。

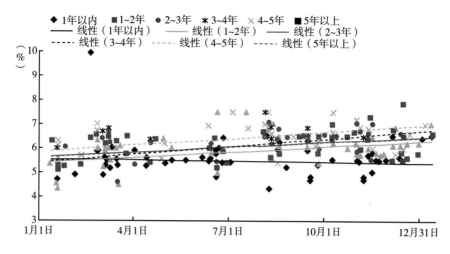

图 14　2017 年中国 AA + 级企业资产证券化产品利率分布情况

数据来源：Wind，笔者整理。

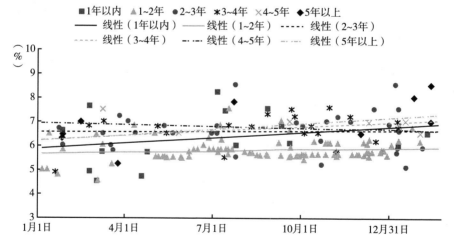

图 15　2017 年中国 AA 级企业资产证券化产品利率分布情况

数据来源：Wind，笔者整理。

　　由于 2017 年 AAA、AA + 和 AA 评级以外其他等级的企业资产支持证券的发行单数与规模较小，此处不对其发行利率趋势进行分析。

　　2. 产品存量情况

　　我国企业资产证券化的探索也始于 2005 年，但当时并未正式打出企业资产证券化的旗号（因国家只允许信贷资产证券化试点），而以"资产管理专项计划"的名称进行了一些探索。受美国次贷危机的影响，2009～2011年同样暂停了企业资产支持证券的发行审批。2011年证监会重启企业资产证券化，并正式打出了企业资产证券化的旗号。2014年5月，我国企业资产证券化发行由审批制调整为注册制，企业资产证券化产品开始爆发式增长。截至2017年12月31日，我国共发行企业资产支持证券1125单，发行规模达15353.88亿元。我国2005～2017年企业资产证券化产品的发行情况见图16。

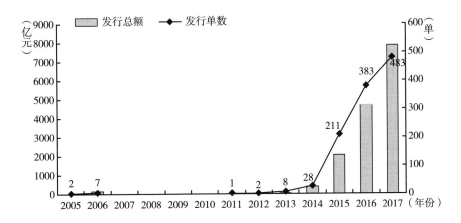

图16　2005～2017年中国企业资产证券化产品发行情况

数据来源：Wind，笔者整理。

其中，以小额贷款为基础资产发行的企业资产支持证券有205单，发行规模达3600.46亿元，占发行总规模的23.45%；以应收账款为基础资产发行的企业资产支持证券有239单，发行规模达2693.91亿元，占发行总规模的17.55%；以租赁租金为基础资产发行的企业资产支持证券有258单，发行规模达2581.91亿元，占发行总规模的16.82%。其他基础资产对应的企业资产支持证券的发行规模占比见图17。

2017年，处于存续期的企业资产支持证券规模为13992.48亿元，其中2017年当年需要兑付的企业资产支持证券规模为2181.25亿元，占存续企

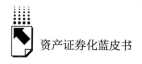

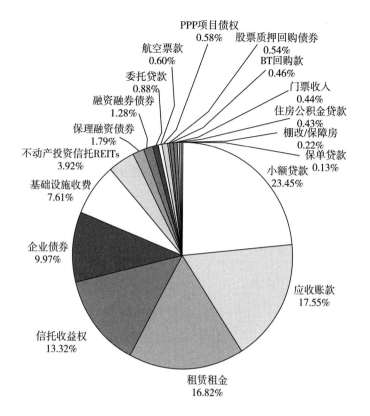

图17 2005～2017年中国不同基础资产的企业资产证券化产品规模分布情况

数据来源：Wind，笔者整理。

业资产支持证券规模的15.59%。在2017年资金与监管趋紧的背景下，企业资产证券化运行良好，全年无优先级资产支持证券违约情况发生。

（四）资产支持票据发行与运行情况

1. 产品发行情况

2017年，全国共发行34单资产支持票据，是2016年发行单数的4.25倍。2017年，资产支持票据发行总规模为574.95亿元，是2016年发行总规模的3.45倍。2017年各个月份资产支持票据发行规模差异较大（见图18），但相对于信贷资产支持证券与企业资产支持证券，资产支持票据总体发行规模并不大。

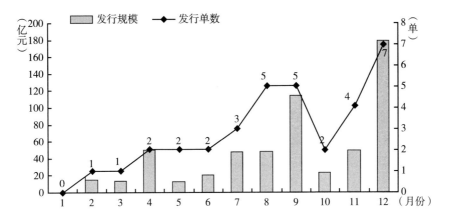

图 18　2017 年中国资产支持票据发行情况

数据来源：Wind，笔者整理。

2017 年发行的 34 单资产支持票据中，以租赁债权为基础资产的资产支持票据发行单数最多，为 17 单；其次为以应收债权为基础资产的资产支持票据，为 10 单；再次为以信托受益权为基础资产的资产支持票据，为 3 单（见图 19）。

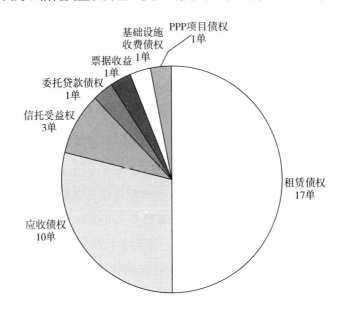

图 19　2017 年中国不同基础资产的资产支持票据单数分布情况

数据来源：Wind，笔者整理。

2017 年发行的 574.95 亿元资产支持票据中，基础资产为租赁债权、应收债权和信托受益权的发行规模较大，共计占资产支持票据发行总额的 94.74%（见图 20）。其中，以租赁债权为基础资产发行的资产支持票据规模最大，为 298.93 亿元；以应收债权为基础资产发行的资产支持票据规模排名第二，为 151.15 亿元；以信托受益权为基础资产发行的资产支持票据规模排名第三，为 94.60 亿元。

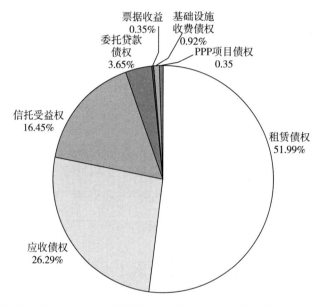

图 20 2017 年中国不同基础资产的资产支持票据规模分布情况

数据来源：Wind，笔者整理。

2017 年发行的资产支持票据中，有 70.48% 的票据评级为 AAA，有 9.15% 的票据评级为 AA +，有 4.29% 的票据评级为 AA，仅有 0.09% 的票据评级为 A，还有 15.99% 的票据为次级票据，无评级（见图 21）。

2017 年，资产支持票据整体发行规模和单数都较少，第 1 季度仅发行一单 AAA 级资产支持票据。受市场资金日趋紧张影响，各期限的 AAA 级资产支持票据的发行利率呈现较为明显的上升趋势，且不同期限的 AAA 级资产支持票据发行利率趋近，发行利率对期限的敏感程度显著降低（见图 22）。

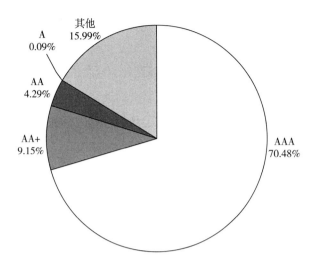

图 21　2017 年中国资产支持票据评级分布情况

数据来源：Wind，笔者整理。

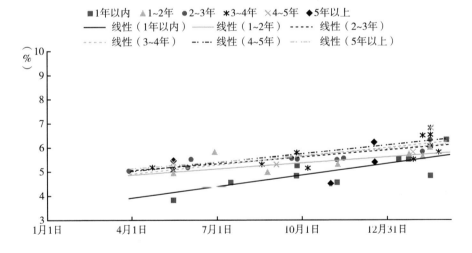

图 22　2017 年中国 AAA 级资产支持票据利率分布情况

数据来源：Wind，笔者整理。

　　由于 2017 年评级为 AA +、AA 及 A 的资产支持票据的发行单数与规模较小，此处不对其发行利率趋势进行分析。

2. 产品存量情况

2012 年 8 月，中国银行间市场交易商协会发布了《银行间债券市场非金融企业资产支持票据指引》（简称《指引》），这标志着我国资产支持票据的诞生。2016 年 12 月，中国银行间市场交易商协会发布了该《指引》的修订稿，推动了资产支持票据的发行。截至 2017 年 12 月 31 日，我国共发行资产支持票据 66 单（见图 23），发行总规模为 970.72 亿元。

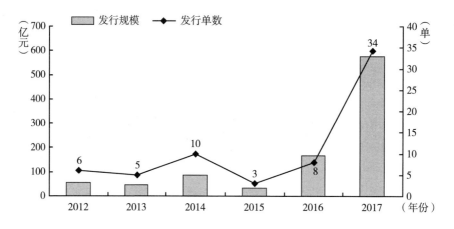

图 23　2012～2017 年中国资产支持票据发行情况

数据来源：Wind，笔者整理。

其中，以租赁债权为基础资产发行的资产支持票据有 20 单，发行规模为 338.62 亿元，占发行总规模的 34.88%；以应收债权为基础资产发行的资产支持票据有 14 单，发行规模为 266.03 亿元，占发行总规模的 27.41%；以票据收益为基础资产发行的资产支持票据有 26 单，发行规模为 243.20 亿元，占发行总规模的 25.05%。其他类型基础资产对应的资产支持票据的发行规模占比见图 24。

2017 年，处于存续期的资产支持票据规模为 875.42 亿元，其中 2017 年当年需要兑付的资产支持票据规模为 147.88 亿元，占存续资产支持票据规模的 16.89%。在 2017 年资金与监管趋紧的背景下，资产支持票据运行良好，全年无优先级资产支持票据违约情况发生。

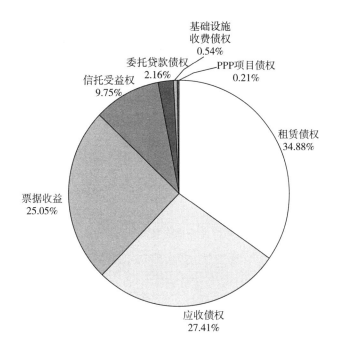

图24 2012～2017 年中国不同基础资产的资产支持票据规模分布情况

数据来源：Wind，笔者整理。

（五）保险资产支持计划发行与运行情况

保险资产证券化产品是我国资产证券化产品中起步较晚的一种，保险资产证券化从 2014 年开始试点。2015 年 8 月，中国保险监督管理委员会发布了《资产支持计划业务管理暂行办法》，构建起保险资产支持计划业务的运作框架。2016 年 6 月，作为保险资管产品的发行、转让平台，上海保险交易所挂牌成立。

保险资产支持计划发行数量整体较少，2015 年发行 6 支，发行总规模为 224 亿元；2016 年发行 6 支，发行总规模为 367 亿元。截至 2017 年 12 月 31 日，保险机构累计发起设立 45 支资产支持计划（见图25），发行总规模达到 1496 亿元。

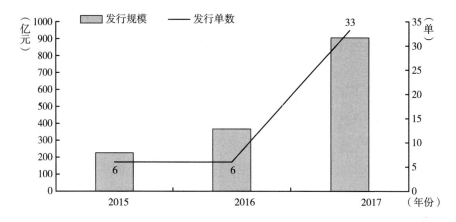

图25 2015～2017年中国保险资产支持计划发行情况

数据来源：Wind，笔者整理。

二 2017年中国资产证券化市场监管动态

（一）资产证券化相关政策梳理

最近五年，我国资产证券化市场迅速发展，规模明显扩大。但总体上看，这个市场的法律法规还不健全，管理体制也存在一些问题，因此市场监管是规范市场运作、防范市场风险等工作中至关重要的一环。2017年是金融监管大年，从十九大到中央政治局会议、中央经济工作会议，监管机构一直把整治金融乱象、防范金融风险放在工作首位。

对于近几年在政策红利下野蛮生长的"大资管行业"来说，大力发展和创新的时代已经过去，资管行业接下来的工作重心主要落在去杠杆和防风险方面。2017年3月5日，李克强总理在《政府工作报告》中提出要积极稳妥去杠杆，具体措施包括"促进企业盘活存量资产，推进资产证券化"等。该报告还将资产证券化的功能定位于"去杠杆"路径之一，这充分体现了政府高层对资产证券化业务的重视和支持。在政策的支持和推动下，资产证券化业务发展空间日益广阔。

在整体去杠杆的压力下，2017年"一行三会"等监管机构还针对银行、信托、保险、公募基金等发布了一系列金融监管政策，包括加强信贷测算、监管套利、营改增、资管新规、重大流动性风险管理政策、银信业务范围扩大等。11月发布的资管新规更是意味着非挂牌资产支持证券面临严监管，标准化资产支持证券或将迎来更大发展空间。

央行于2017年下发通知，要求在宏观审慎评估体系（Macro Prudential Assessment，MPA）评估时，将金融机构表外理财业务纳入广义信贷测算范围。2017年2月底，在央行主导下，银监会、证监会、保监会、外管局等部门合力发布针对不同资管产品的统一监管制度。

针对商业银行的风险防控与监管，银监会下发了一系列规范性文件。2017年3月28日下发的《关于开展银行业"违法、违规、违章"行为专项治理的通知》（银监发〔2017〕45号），主要针对违反金融法律、监管规则的行为。为进一步防控金融风险，治理金融乱象，银监会还发布了《关于开展银行业"监管套利、空转套利、关联套利"专项治理工作的通知》（银监发〔2017〕46号）以及《关于开展银行业"不当创新、不当交易、不当激励、不当收费"专项治理工作的通知》（银监发〔2017〕53号）。[1]

另一份由银监会下发的针对商业银行的风险防控文件《关于银行业风险防控工作的指导意见》（银监发〔2017〕6号）[2] 指出，要整治同业业务，加强交叉金融业务管控。该意见明确将重点检查是否穿透各类SPV对底层资产进行资本计提和授信，防止监管指标套利。整个自查和检查的力度均为空前，对银行同业投资中的非挂牌资产支持证券优先级和理财投资中的非挂牌资产支持证券劣后级，都形成较大的监管压力。

针对内地与香港的债券通"北向通"合作计划，央行发布了《内地与

---

[1] 参见银监会官方网站。
[2] 参见银监会官方网站。

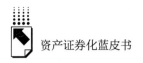
香港债券市场互联互通合作管理暂行办法》，规定符合要求的境外投资者可通过"北向通"投资内地银行间债券市场，标的债券为可在内地银行间债券市场交易流通的所有债券，包括资产支持证券。根据这一办法，中债登于2017年6月26日发布《"债券通"北向通登记托管结算业务规则》。

央行从规范金融机构资产管理业务的角度出发，为统一同类资管产品监管标准，力求有效防控金融风险，更好地服务实体经济，于2017年11月17日发布《关于规范金融机构资产管理业务的指导意见（征求意见稿）》。[①]该意见明确了央行的统一后台职能，建立了统一的"大资管监管框架"；明确否定了"通道业务"，禁止资金池操作；统一产品融资杠杆率，打破刚性兑付，明确资管产品的分类标准并允许一层嵌套，且实行净值化管理；强调加强资产流动性风险管理并关注操作风险。资管新规对资管行业的业务模式产生了深远影响，对资管产品的杠杆、投向、嵌套、风险计提、信息披露等方面都进行了限制。在新规发布前，由于快速便捷、操作灵活、无资产范围限制等优势，非挂牌私募信贷资产证券化产品较受市场青睐，但也存在虚假出表、不能做实质穿透管理、层层嵌套等潜在风险。资管新规明确了标准化资产证券化产品不受新规约束，利于资产证券化发展。非标投资受限将促使发行人转让资产证券化产品获取所需资金并实现出表，也将使资产证券化产品作为非标投资品的替代而受到更多的欢迎。

保监会、证监会、银监会联合对流动性风险进行管理，下发了一系列文件。保监会下发的《保险资产负债管理监管办法（征求意见稿）》进一步明确了资产负债管理的基本要求、监管框架、评级方法以及对应的差别化监管措施。证监会下发的《公开募集开放式证券投资基金流动性风险管理规定》对产品的设立、投资、申赎、估值及信息披露等各方面提出系统性要求。针对货币基金，该规定提出了更严格的要求。银监会下发的《商业银行流动性风险管理办法（修订征求意见稿）》与之前的管理办法相比，最大的变化在于引入净稳定资金比例、优质流动性资产充足率、流动性匹配率三个新的

---

① 参见中国人民银行官方网站。

量化监管指标，对不同资产规模的银行实行不同的监管指标要求和同业批发融资设定限额管理。

对于银信类业务，银监会发布《关于规范银信类业务的通知》，对其进行了规范。将表内外资金收益权同时纳入银信类业务的定义，堵住通过银信通道规避监管的"口子"，明确不得绕道信托将信托资金违规投向限制或禁止领域。

最后，针对资管产品营改增，财政部、国税总局发布了《关于资管产品增值税政策有关问题的补充通知》（财税〔2017〕2号）。2017年6月30日，两部委再次联合发布《关于资管产品增值税有关问题的通知》（财税〔2017〕56号）。

2017年，国家层面的资产证券化相关政策具体如表1所示。

表1 2017年国家层面资产证券化相关政策梳理

领域	发文日期	发文单位	政策文件	政策要点
商业银行风险防控与监管	2017/3/28	银监会	《关于开展银行业"违法、违规、违章"行为专项治理的通知》	治理违反金融法律、违反监管规则、违反内部规章的行为；为进一步防控金融风险，治理金融乱象，坚决打击违法违规违章行为，督促银行业金融机构加强合规管理
	2017/3/28		《关于开展银行业"监管套利、空转套利、关联套利"专项治理工作的通知》	检查是否穿透各类SPV对底层资产进行资本计提和授信，防止监管指标套利；整个自查和检查的力度均为空前，对银行同业投资中的非挂牌资产支持证券优先级和理财投资中的非挂牌资产支持证券劣后级，都形成较大的监管压力
	2017/4/7		《关于银行业风险防控工作的指导意见》	
	2017/4/11		《关于开展银行业"不当创新、不当交易、不当激励、不当收费"专项治理工作的通知》	整治不当创新、不当交易、不当激励、不当收费行为，检查重点在同业和理财业务

续表

领域	发文日期	发文单位	政策文件	政策要点
"债券通"北向通	2017/7/2	中国人民银行、香港金融管理局	《中国人民银行 香港金融管理局 联合公告》	宣布内地与香港"债券通"将于2017年7月3日开通,其中"北向通"将率先上线试运行
资管新规	2017/11/17	中国人民银行	《关于规范金融机构资产管理业务的指导意见(征求意见稿)》	旨在规范金融机构资产管理业务,统一同类资管产品监管标准,有效防控金融风险,更好地服务实体经济,对资管行业的业务模式产生深远影响
流动性风险管理	2017/8/31	证监会	《公开募集开放式证券投资基金流动性风险管理规定》	对产品的设立、投资、申赎、估值及信息披露等各方面提出系统性要求;针对货币基金,提出了更严格的要求
	2017/12/6	银监会	《商业银行流动性风险管理办法(修订征求意见稿)》	引入净稳定资金比例、优质流动性资产充足率、流动性匹配率三个新的量化监管指标,对不同资产规模的银行实行不同的监管指标要求和同业批发融资设定限额管理
	2017/12/11	保监会	《保险资产负债管理监管办法(征求意见稿)》	明确了资产负债管理的基本要求、监管框架、评级方法以及对应的差别化监管措施
银信类业务	2017/12/22	银监会	《关于规范银信类业务的通知》	明确不得利用信托通道掩盖风险实质
资管产品营改增	2017/1/6	财政部、国税总局	《关于资管产品增值税政策有关问题的补充通知》	2017年7月1日(含)以后,资管产品运营过程中发生的增值税应税行为,以资管产品管理人为增值税纳税人,按照现行规定缴纳增值税
	2017/6/30		《关于资管产品增值税有关问题的通知》	2018年1月1日起,资管产品管理人运营资管产品过程中发生的增值税应税行为,暂适用简易计税方法,按照3%的征收率缴纳增值税
	2017/3/2	证监会	《关于支持绿色债券发展的指导意见》	发行绿色资产支持证券参照《绿色债券支持项目目录(2015年版)》的相关要求执行

资料来源:笔者根据相关资料整理,表2~表9同。

（二）监管惩处情况与市场层面的监管

1. 监管惩处情况

2017 年 7 月 26 日，中国证券投资基金业协会资产证券化业务专业委员会在北京成立。该专业委员会的设立旨在完善资产证券化业务管理监测体系，督导市场上参与方完成合规风控，从而提升资产证券化服务实体经济的能力。

2017 年 7 月 28 日，中国证券投资基金业协会对恒泰证券开出首张罚单，就其违规转出所管理的"宝信租赁二期资产支持专项计划""宝信租赁四期资产支持专项计划""吉林供水收费资产支持专项计划"三支资产支持专项计划监管账户归集资金的行为，下发暂停受理恒泰证券资产支持专项计划备案、暂停期限为 6 个月的纪律处分决定书（中基协处分〔2017〕3 号）。①

2017 年 8 月初，中国证券投资基金业协会要求各基金子公司对自身的资产证券化业务进行全面自查，并设 10 个一级自查项目：尽职调查、专项计划终止、管理人变更、管理人职责终止、发行情况、基础资产运行情况、信息披露情况、内容合规性管理、投资者适当性管理和项目备案。一级项目下还进一步细分了 46 个二级项目、97 项自查要点、164 项自查内容，仅尽职调查就有 94 个细分项。

中国证券投资基金业协会的以上举措，透露出监管机构防控金融风险的决心。可以说，资产证券化业务专业委员会的成立对建立起行业自律组织与监管部门的沟通平台、推动资产证券化业务的发展，有着里程碑式的重要作用。

2. 市场层面的监管

2017 年 3 月，深交所发布新修订版《深圳证券交易所资产证券化业务问答》②，提出了评审重点关注的资产证券化类型。这表明，监管机构针对部分项目存续期风险逐步显现的状况，正在加强对基础资产及其现金流稳定性的关注。此外，明确基础资产类型的评审关注点也为市场参与者提供了较

---

① 参见基金业协会官方网站。

② 参见深交所官方网站。

强的支持依据，有利于资产证券化项目的规范开展。

2017 年 6 月，深交所、上交所先后发布了《深圳证券交易所资产支持证券挂牌条件确认业务指引》（深证上〔2017〕387 号）和《上海证券交易所资产支持证券挂牌条件确认业务指引》（上证发〔2017〕28 号）。① 这两份文件对挂牌条件确认申请、确认程序进行了优化，强调了挂牌申请过程中必要的信息披露，从而起到维护正常市场秩序、保护投资者合法权益的作用。

（三）信贷资产证券化市场监管动态

2017 年 4 月 13 日，国务院批转同意《关于 2017 年深化经济体制改革重点工作的意见》，把稳步扩大银行不良资产证券化试点列入其内。国开行、中信银行、光大银行、华夏银行、民生银行、兴业银行、平安银行、浦发银行、浙商银行、北京银行、江苏银行和杭州银行共 12 家政策性、股份制银行和城商行入围第二批不良资产证券化试点名单。发起机构类型较之前更加多元，不过总发行额度保持不变，仍为 500 亿元。

由于信贷资产证券化制度相对健全，运作比较规范，新的监管规定不是很多，监管也日趋制度化。

（四）企业资产证券化市场监管动态

2017 年，在住房租赁资产证券化方面，监管机构采取了相应的措施。2017 年 7 月 18 日，住建部、国家发改委、财政部、央行、证监会等九部委联合发布《关于在人口净流入的大中城市加快发展住房租赁市场的通知》（建房〔2017〕153 号，简称"153 号文"）②，指出监管机构将加大对住房租赁企业的金融支持力度。

在知识产权证券化相关项目方面，2017 年 9 月国务院发布了《国家技术转移体系建设方案》，支持知识产权证券化融资试点。该文件指出，要完善科技成

---

① 参见上交所、深交所官方网站。
② 参见住建部等九部委官方网站。

果多元化投融资服务，并提出具体措施之一为开展知识产权证券化融资试点。

互联网金融类资产支持证券在 2017 年得到了较快的发展，针对其特殊性，2017 年 11 月 21 日，互联网金融风险专项整治工作领导小组办公室下发特急文件《关于立即暂停批设网络小额贷款公司的通知》①。2017 年 11 月 23 日，央行、银监会召开网络小额贷款清理整顿工作会议，批准小贷公司开展网贷业务的 17 个省市金融办参会。11 月 24 日，互联网金融协会发布《关于网络小额现金贷款业务的风险提示》。12 月，互联网金融风险专项整治工作领导小组办公室、P2P 网贷风险专项整治工作领导小组办公室共同发布了《关于规范整顿"现金贷"业务的通知》。② 这两个文件明确指出，无经营放贷业务资质的任何组织和个人不得经营放贷业务，各类机构对借款人收取的息费必须符合国家有关民间借贷利率的规定。两份文件还指出，小贷公司以信贷资产转让、资产证券化等名义融入的资金应与表内融资合并计算。此外，还对银行业金融机构参与"现金贷"业务做了进一步规范，银行业金融机构及其发行、管理的资管产品资金不得对以"现金贷""校园贷""首付贷"等为基础资产的（类）证券化产品或其他产品进行投资。

针对应收账款类资产支持证券，主要采取以下监管措施。2017 年 12 月 15 日，上交所、深交所和机构间私募产品报价与服务系统同步发布了《企业应收账款资产支持证券挂牌条件确认指南》和《企业应收账款资产支持证券信息披露指南》，为规范企业应收账款资产支持证券业务、保护投资者合法权益提供了政策指导，有助于资产证券化市场的健康发展。

《企业应收账款资产支持证券挂牌条件确认指南》（简称《挂牌指南》）和《企业应收账款资产支持证券信息披露指南》（简称《信息披露指南》）共同对应收账款的范围进行了界定，明确它只包括企业因履行合同项下销售商品、提供劳务等经营活动的义务后获得的付款请求权，不包括因持有票据或其他有价证券而产生的付款请求权。此外，这二者还强调融资租赁债权、

---

① 参见互联网金融协会官方网站。
② 参见互联网金融协会官方网站。

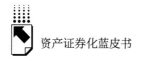

消费贷款债权等其他债权类资产证券化项目不适用自己。其中，《挂牌指南》在基础资产、基础资产池、循环购买、信用风险自留等方面对企业应收账款资产证券化的挂牌条件做出了详细规定，还对不合格基础资产处置机制以及基础资产现金流预测、压力测试、回款路径、分配流程和分配顺序做出了相关规定，同时对信用增级安排、合格投资安排的相关问题做出指导。对涉及绿色金融、创新创业、住房租赁等政策支持鼓励领域的资产证券化项目，实行"即报即审、专人专岗负责"以提升受理、评审和挂牌转让工作的效率。《信息披露指南》则对企业应收账款资产支持专项计划在发行环节和存续期间的信息披露规范做出详细规定。在发行环节中，除按照资产支持证券一般要求进行编制和披露外，还应当详细披露基础资产池、现金流预测、现金流归集、原始权益人、增信主体（如有）及循环购买（如有）、风险自留等相关情况。此外，还对发行环节中应披露的法律意见书、信用评级报告、现金流预测报告和资产评估报告的内容做出了详细规定。在存续期间，对年度资产管理报告中基础资产运行情况和原始权益人风险自留及次级资产支持证券存续期间收益分配情况的披露等内容做出规定。

政府和社会资本合作（PPP）模式是2017年出现的资产证券化新模式，针对该类项目，监管部门出台了一系列相关政策，定义了PPP模式的具体形式，规范了开展PPP项目的相关事宜、工作程序，制定了严格的监督管理规则。2017年2月17日，深交所、上交所、基金业协会发布《关于推进传统基础设施领域政府和社会资本合作（PPP）项目资产证券化的通知》及《关于PPP项目资产证券化产品实施专人专岗备案的通知》。6月，财政部、中国人民银行、证监会发布《关于规范开展政府和社会资本合作项目资产证券化有关事宜的通知》（财金〔2017〕55号）。之后，国家发改委发布《关于加快运用PPP模式盘活基础设施存量资产有关工作的通知》（发改投资〔2017〕1266号）。2017年9月15日，国务院办公厅发布《关于进一步激发民间有效投资活力促进经济持续健康发展的指导意见》（国办发〔2017〕79号）。① 2017

---

① 参见国务院办公厅网站。

年 10 月 19 日，机构间报价系统、上交所、深交所同步发布《政府和社会资本合作（PPP）项目资产支持证券挂牌条件确认指南》和《政府和社会资本合作（PPP）项目资产支持证券信息披露指南》，对 PPP 项目收益权、PPP 项目资产、PPP 项目公司股权三类基础资产的合格标准、发行环节信息披露要求、存续期间信息披露要求等做出了详细规定。2017 年 11 月 10 日，财政部发布《关于规范政府和社会资本合作（PPP）综合信息平台项目库管理的通知》（财办金〔2017〕92 号）[1]，明确 PPP 入库原则：不适宜采用 PPP 模式实施的、前期准备工作不到位的、未建立按效付费机制的不得入库。此外，该通知还为已入库 PPP 项目设了清退红线，即未按规定开展"两个论证"、不宜继续采用 PPP 模式实施、不符合规范运作要求、构成违法违规举债担保、未按规定进行信息公开。2017 年 11 月 28 日，国家发改委发布《关于鼓励民间资本参与政府和社会资本合作（PPP）项目的指导意见》[2]，指出要创造民间资本参与 PPP 项目的良好环境，分类施策支持民间资本参与 PPP 项目，鼓励民营企业运用 PPP 模式盘活存量资产。

对于 PPP 项目，本身的质量及合规性直接决定它能否有效地利用资产证券化实现低成本融资。PPP 项目的严监管将从源头上确保 PPP 项目本身的规范化、标准化并确保风险可控。当前的强监管措施与 PPP 项目资产证券化规则体系的逐渐成熟将共同确保 PPP 项目资产证券化的良性发展，为其充分发挥盘活存量资产、拓宽融资渠道、增强流动性等功能奠定坚实基础。

财政部、国家发改委和证监会相继发文推动 PPP 项目资产证券化，不断为其营造良好的政策环境，有关资产证券化的发行主体资质、基础资产筛选标准等规定也逐渐明晰。深交所、上交所也积极响应监管层号召，从业务层面发文推动 PPP 项目资产证券化，采取"即报即审、专人专岗负责"等有效措施提高发行效率。两机构发布的相关挂牌确认指引和信息披露指南，使得 PPP 项目资产证券化更趋规范和具有可操作性。但随着 PPP 项目的迅

---

① 参见财政部官方网站。
② 参见国家发改委官方网站。

猛发展，高杠杆、高债务、不规范等潜在风险越发凸显，财政部、国资委相继发文严格入库和清退标准、加强风险管控，PPP 项目进入强监管周期。

2017 年，企业资产证券化的相关政策见表 2。

表 2　2017 年企业资产证券化相关政策梳理

领域	发文日期	发文单位	政策文件	政策要点
PPP 项目	2017/11/28	国家发改委	《关于鼓励民间资本参与政府和社会资本合作(PPP)项目的指导意见》	创造民间资本参与 PPP 项目的良好环境,分类施策支持民间资本参与 PPP 项目,鼓励民营企业运用 PPP 模式盘活存量资产
	2017/11/17	国资委	《关于加强中央企业 PPP 业务风险管控的通知》(国资发财管〔2017〕192 号)	细化 PPP 项目选择标准,对 PPP 业务实行总量管控,从严设定 PPP 业务规模上限,防止过度推高杠杆水平等
	2017/11/10	财政部	《关于规范政府和社会资本合作(PPP)综合信息平台项目库管理的通知》(财办金〔2017〕92 号)	明确 PPP 入库原则为不适宜采用 PPP 模式实施的、前期准备工作不到位的、未建立按效付费机制的不得入库;为已入库 PPP 项目设了清退红线,即未按规定开展"两个论证"、不宜继续采用 PPP 模式实施、不符合规范运作要求、地方政府违法违权举债担保、未按规定进行信息公开
	2017/10/19	深交所	《深圳证券交易所政府和社会资本合作(PPP)项目资产支持证券挂牌条件确认指南》《深圳证券交易所政府和社会资本合作(PPP)项目资产支持证券信息披露指南》	分别对 PPP 项目收益权、PPP 项目资产、PPP 项目公司股权三类基础资产的合格标准、发行环节信息披露要求、存续期间信息披露要求等做出了详细规定
	2017/10/19	上交所	《上海证券交易所政府和社会资本合作(PPP)项目资产支持证券挂牌条件确认指南》《上海证券交易所政府和社会资本合作(PPP)项目资产支持证券信息披露指南》	

续表

领域	发文日期	发文单位	政策文件	政策要点
PPP 项目	2017/10/19	机构间报价系统	《机构间私募产品报价与服务系统政府和社会资本合作（PPP）项目资产支持证券挂牌条件确认指南》 《机构间私募产品报价与服务系统政府和社会资本合作（PPP）项目资产支持证券信息披露指南》	分别对 PPP 项目收益权、PPP 项目资产、PPP 项目公司股权三类基础资产的合格标准、发行环节信息披露要求、存续期间信息披露要求等做出了详细规定
	2017/9/15	国务院办公厅	《关于进一步激发民间有效投资活力促进经济持续健康发展的指导意见》（国办发〔2017〕79号）	要求建立 PPP 项目合理回报机制，吸引民间资本参与；努力提高民营企业融资能力，有效降低融资成本，推动 PPP 项目资产证券化
	2017/7/21	上交所	《关于进一步推进政府和社会资本合作（PPP）项目资产证券化业务的通知》（上证函〔2017〕783号）	鼓励支持 PPP 项目公司、项目公司股东、项目公司其他相关主体及相关中介机构依法积极开展 PPP 项目资产证券化业务；对于各省级财政部门推荐的项目、中国政企合作支持基金投资的项目及其他符合条件的优质 PPP 项目，提升受理、评审和挂牌转让工作效率，实行"即报即审、专人专岗负责"
	2017/7/21	深交所	《关于进一步推进政府和社会资本合作（PPP）项目资产证券化业务的通知》（深证会〔2017〕215号）	
	2017/7/21	机构间报价系统	《关于进一步推进政府和社会资本合作（PPP）项目资产证券化业务的通知》（中证报价发〔2017〕37号）	
	2017/7/3	国家发改委	《关于加快运用 PPP 模式盘活基础设施存量资产有关工作的通知》（发改投资〔2017〕1266号）	对采用 PPP 模式盘活存量资产的基础设施项目，支持通过资产证券化、发行 PPP 项目专项债券等方式开展市场化融资，提高资产流动性，拓宽资金来源，吸引更多社会资本以不同方式参与

续表

领域	发文日期	发文单位	政策文件	政策要点
PPP项目	2017/6/7	财政部、中国人民银行、证监会	《关于规范开展政府和社会资本合作项目资产证券化有关事宜的通知》（财金〔2017〕55号）	规范推进政府和社会资本合作项目资产证券化工作，分类稳妥地推动PPP项目资产证券化，严格筛选开展资产证券化的PPP项目，完善PPP项目资产证券化工作程序，着力加强PPP项目资产证券化监督管理
	2017/5/31	财政部、农业部	《关于深入推进农业领域政府和社会资本合作的实施意见》（财金〔2017〕50号）	引导社会资本积极参与农业领域政府和社会资本合作（PPP）项目投资、建设、运营，开展农业PPP项目资产证券化试点，探索各类投资主体的合规退出渠道
	2017/5/12	国家发改委会等八个部门	《关于支持"飞地经济"发展的指导意见》（发改地区〔2017〕922号）	鼓励合作方共同设立投融资公司，采取政府和社会资本合作（PPP）等模式，吸引社会资本参与园区开发和运营管理
	2017/3/3	深交所	《深圳证券交易所资产证券化业务问答（2017年3月修订）》	明确PPP项目资产证券化工作流程和要求，对于符合条件的绿色资产证券化、政府与社会资本合作（PPP）项目资产证券化等，且项目及申报文件质量优良的，可以视情况缩短出具反馈意见的时间
	2017/2/17	深交所	《深圳证券交易所关于推进传统基础设施领域政府和社会资本合作（PPP）项目资产证券化业务的通知》（深证会〔2017〕46号）	鼓励支持PPP项目企业及相关中介机构依法积极开展PPP项目资产证券化业务，并成立PPP项目资产证券化工作小组，明确专人负责落实相应职责，实行"即报即审、专人专岗负责"
	2017/2/17	上交所	《关于推进传统基础设施领域政府和社会资本合作（PPP）项目资产证券化业务的通知》	
	2017/2/17	基金业协会	《关于PPP项目资产证券化产品实施专人专岗备案的通知》	
	2017/1/23	财政部	《关于印发〈政府和社会资本合作（PPP）综合信息平台信息公开管理暂行办法〉的通知》（财金〔2017〕1号）	促进PPP项目各参与方诚实守信、严格履约，保障公众知情权，推动PPP市场公平竞争、规范发展

续表

领域	发文日期	发文单位	政策文件	政策要点
			国家层面	
住房租赁	2017/12/18~20	中央经济工作会议	会议总结	今后三年,打好防范化解重大风险攻坚战,促进形成金融和实体经济、金融和房地产、金融体系内部的良性循环;加快建立多主体供应、多渠道保障、租购并举的住房制度;要发展住房租赁市场特别是长期租赁,保护租赁利益相关方合法权益,支持专业化、机构化住房企业发展;完善促进房地产市场平稳健康发展的长效机制,保持房地产市场调控政策连续性和稳定性,分清中央和地方事权,实行差别化调控
	2017/12/8	中央政治局会议	会议总结	加快住房制度改革和长效机制建设
	2017/11/17	中国人民银行	《关于规范金融机构资产管理业务的指导意见(征求意见稿)》	坚持严控风险的底线思维,把防范和化解资产管理业务的风险放到更加重要的位置;坚持服务实体经济的根本目标,充分发挥资产管理业务的功能,切实服务实体经济的投融资需求
	2017/10/18~24	十八届中央委员会	十九大报告	明确坚持"房子是用来住的,不是用来炒的"定位,加强社会保障体系建设,建立多主体供给、多渠道保障、租购并举的住房制度
	2017/8/21	国土资源部、住建部	《关于印发〈利用集体建设用地建设租赁住房试点方案〉的通知》(国土资发〔2017〕100号)	确定第一批在北京、上海、沈阳、南京、杭州、合肥、厦门、郑州、武汉、广州、佛山、肇庆、成都13个城市开展利用集体建设用地建设租赁住房试点
	2017/7/18	住建部联合八部委	《关于在人口净流入的大中城市加快发展住房租赁市场的通知》(建房〔2017〕153号)	截至9月初,广州、深圳、南京、杭州、厦门、武汉、沈阳、合肥、郑州、佛山、肇庆等12个试点城市已全部出台试点方案
	2017/7/14~15	第五次全国金融工作会议	会议总结	明确"服务实体经济""防控金融风险""深化金融改革"三项任务;形成融资功能完备、基础制度扎实、市场监管有效、投资者合法权益得到有效保护的多层次资本市场体系;推动经济去杠杆,把国有企业降杠杆作为重中之重

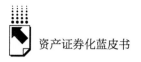
续表

领域	发文日期	发文单位	政策文件	政策要点
住房租赁			国家层面	
	2017/5/19	住建部	《住房租赁和销售管理条例(征求意见稿)》	鼓励发展规模化、专业化的住房租赁企业,支持其通过租赁、购买等多渠道筹集房源,支持个人和单位将住房委托给住房租赁企业长期经营;住房租赁企业依法享受有关金融、税收、土地等优惠政策
	2017/4/1	住建部、国土资源部	《关于加强近期住房及用地供应管理和调控有关工作的通知》(建房〔2017〕80号)	鼓励开发商参与工业用地改造租赁用地,开展集体用地建设租赁用房试点
			地方政府层面	
	2017/10/17	深圳	《关于加快培育和发展住房租赁市场的实施意见》(深府办规〔2017〕6号)	提出健全以市场配置为主、政府提供基本保障的住房租赁体系,支持住房租赁消费,促进住房租赁的健康发展
	2017/10/16	山东	《关于加快培育和发展住房租赁市场的实施意见》(鲁政办发〔2017〕73号)	计划到2020年,全省培育100家省级住房租赁示范企业,带动住房租赁行业品牌化发展
	2017/10/12	武汉	确定首批住房租赁试点企业及项目	此次共有26家企业以及3个项目入围住房租赁试点,该企业及项目将按政策规定享受试点相关优惠政策;允许提取公积金支付房租
	2017/9/30	福建	《关于进一步加强房地产市场调控八条措施的通知》(闽政〔2017〕43号)	要求福州、厦门加快建设租赁住房,2018～2020年福州市每年新建成的各类租赁住房占新增住房供应总量的比例不低于25%,厦门市不低于30%
	2017/9/28	北京	《关于加快发展和规范管理本市住房租赁市场的通知》(京建法〔2017〕21号)	加快和规范住房租赁市场,增加住房租赁的供应,建立住房租赁监管平台,加强市场主体监管
	2017/9/15	上海	《关于加快培育和发展本市住房租赁市场的实施意见》(沪府办〔2017〕49号)	核心地段布局租赁住房,加快推进REITs试点

续表

领域	发文日期	发文单位	政策文件	政策要点
住房租赁	2017/8/30	杭州	《杭州市加快培育和发展住房租赁市场试点工作方案》	提出增加租赁住房供应,培育住房租贸市场供应主体,鼓励住房消费,加大政策支持力度;鼓励金融管理部门积极支持住房租赁企业开展房地产投资信托基金(REITs)试点,吸引社会化投资,多渠道募集资金
	2017/8/15	南京	《南京市住房租赁试点工作方案》	提出扶持国有企业发展规模化租赁,鼓励混合所有制和民营企业开展规模化租赁服务,鼓励支持房地产经纪机构开展住房租赁业务
	2017/8/14	郑州	《培育和发展住房租赁市场试点工作实施方案》	提出建立房屋租赁网上备案系统,搭建房屋租赁信息服务管理平台
	2017/8/3	成都	《关于创新要素供给培育产业生态提升国家中心城市产业能级的人才安居工程的实施细则》	未来五年将新建30万套人才公寓,租期五年,租期满后可按照租住时市场价格购入
	2017/8/3	成都	《成都市开展住房租赁试点工作的实施方案》	依托国企组建住房租赁公司;个人出租住房的,由按照5%征收率减按1.5%计算缴纳增值税
	2017/7/24	上海	—	首批公开出让两幅租赁住房用地成交,采取"只租不售"模式
	2017/7/24	沈阳	《沈阳市住房租赁试点工作方案》	提出搭建政府住房租赁交易服务平台,培育组建国有住房租赁平台公司
	2017/7/4	无锡	《无锡市户籍准入登记规定》	取消60平方米购房准入要求,租房者也可申请落户
	2017/6/30	广州	《广州市加快发展住房租赁市场工作方案》	首次倡导"租售同权",赋予符合条件的承租人子女享有就近入学等公共服务权益
知识产权	2017/9/15	国务院	《国家技术转移体系建设方案》	支持知识产权证券化融资试点,完善科技成果多元化投融资服务,开展知识产权证券化融资试点

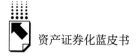

续表

领域	发文日期	发文单位	政策文件	政策要点
小额贷款	2017/12/1	互金组办等机构	《关于规范整顿"现金贷"业务的通知》	对银行业金融机构参与"现金贷"业务的投资进行了限制,银行的高收益资产配置选择面变窄,部分以"现金贷"为基础资产的资产证券化产品也将面临发行困难
	2017/11/24	互联网金融协会	《关于网络小额现金贷款业务的风险提示》	明确否认了小贷公司信贷资产转让、资产证券化的出表功能,这将使得资产证券化仅具融资功能,无法用于规避监管考核;在此情况下,小贷公司通过资产证券化融资的规模或将缩小
	2017/11/21	互金组办	《关于立即暂停批设网络小额贷款公司的通知》	立即暂停批设网络小额贷款公司
应收账款	2017/12/15	上交所	《上海证券交易所企业应收账款资产支持证券挂牌条件确认指南》	规范了企业应收账款资产证券化业务在上交所挂牌转让的条件
	2017/12/15	上交所	《上海证券交易所企业应收账款资产支持证券信息披露指南》	规范了企业应收账款资产证券化业务在上交所发行环节信息披露的细则
	2017/12/15	深交所	《深圳证券交易所企业应收账款资产支持证券挂牌条件确认指南》	规范了企业应收账款资产证券化业务在深交所挂牌转让的条件
	2017/12/15	深交所	《深圳证券交易所企业应收账款资产支持证券信息披露指南》	规范了企业应收账款资产证券化业务在深交所发行环节信息披露的细则
	2017/12/15	报价系统	《机构间私募产品报价与服务系统企业应收账款资产支持证券挂牌条件确认指南》	规范了企业应收账款资产证券化业务在机构间市场挂牌转让的条件
	2017/12/15	报价系统	《机构间私募产品报价与服务系统企业应收账款资产支持证券信息披露指南》	规范了企业应收账款资产证券化业务在机构间市场发行环节信息披露的细则

三 2017年中国资产证券化市场创新情况

近年来，我国资产证券化市场高速发展，资产支持证券发行规模显著扩大。从发行总额来看，2013年全市场资产支持证券的发行金额为279亿元，2014年增长为3309亿，2015年猛增为6079亿元，2016年进一步增长至8622亿元。2017年，我国资产证券化市场延续快速发展势头，市场规模持续增长，创新品种层出不穷，参与主体呈现多元趋势，因此这一年的发行总额更是达到14949亿元，创下历史新高。小额贷款成为资产证券化业务发展的新风口。由此可见，资产证券化盘活存量资产、支持实体经济的作用进一步显现。

2017年，资产证券化市场依然保持快速发展的势头，在监管政策、发行市场、交易市场等方面都呈现新的发展特点。

（一）信贷资产证券化市场创新情况

在2017年资产证券化市场整体稳步增长、创新迭出的发展背景下，尽管传统信用债发行规模出现大幅下滑，我国信贷资产证券化市场仍然延续了快速增长态势。

从产品类型看，产品种类仍保持多样化。除公积金贷款支持证券外，2016年已经涉及的企业贷款支持证券、个人汽车抵押贷款支持证券、个人住房抵押贷款支持证券、消费贷款支持证券、不良贷款支持证券在2017年均有发行，且不同类型资产证券化产品的发行规模和发行数量趋于均衡。

其中，过往占比最大的企业贷款支持证券发行规模占比由2016年的36.78%下降为2017年的20.16%，发行单数占比由2016年的38.89%下降为2017年的21.64%，个人住房抵押贷款支持证券的发行规模则显著上升。

2017年，在国务院同意扩大银行不良资产证券化试点的背景下，不良资产证券化作为一种批量处置不良贷款的重要途径继续发挥作用，产品发行数量由2016年的14单增加到2017年的19单，发行规模共计129亿元。

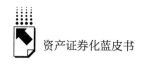

其余基础资产类型中，消费性贷款、金融租赁资产及商业地产抵押贷款的证券化产品发行量，分别为179亿元、345亿元及5亿元，发行规模仍相对较小。

汽车贷款支持证券的发行规模跃居2017年度信贷资产证券化产品的首位，累计发行规模为1097亿元，同比增长86.88%。自2015年中国人民银行推出车贷支持证券产品发行的注册制和银监会推出备案制以来，汽车贷款支持证券产品的发行规模和占比都在不断地提升。除了量的增长外，汽车贷款支持证券产品也显现出质的提升，尤其是在交易结构等方面不断创新。

汽车贷款支持证券出现创新的原因主要有三个：

第一，基础资产种类多样，有助于创新发展；

第二，汽车贷款证券化入池资产所受的约束较少、灵活性相对较高，为创新创造了一定的客观条件；

第三，融资渠道单一、成本高的问题促使汽车金融公司不断进行汽车贷款支持证券创新。

汽车贷款证券化的基础资产具有较高的分散性和较高的同质性。一般而言，汽车贷款支持证券的单笔贷款占比较低，汽车贷款借款人往往分布在各地，因此入池资产地区比较分散。同质性出现的原因则是汽车贷款合同的标准化程度较高。

2017年信贷资产证券化市场的另一重大创新为12月21日，由农行发起的全国银行间市场首单绿色信贷资产证券化项目——农盈2017年第一期绿色信贷资产支持证券。该单产品的基础资产为投向浙江省内"五水共治"主题项目的企业贷款。绿色信贷资产证券化，有利于引导社会资金进入绿色产业，投资者在参与重大绿色项目建设的同时，可以分享绿色产业快速发展带来的收益。

（二）企业资产证券化市场创新情况

2017年，企业资产证券化发行项目为520个，发行总额达到8388亿元。基础资产的主要类型是：企业债权类、租赁租金类、基础设施收费类、门票收入类、不动产投资信托 REITs 类、保单贷款类、应收账款类、委托贷款类、小额贷款类、保理融资债权类、股票质押回购债权类、融资融券债权类、PPP 项目债权类、信托受益权类等。

在企业资产证券化市场中，2017 年的创新点在于增加了以 PPP 项目债权为基础资产的企业资产支持证券。此外，基础资产类型为企业债权、不动产投资信托 REITs、小额贷款、保理融资债权、融资融券债权的资产证券化项目在 2017 年企业资产证券化市场中无论是项目数和发行量都有明显的增长。

接下来，本节将介绍 2017 年企业资产证券化的几类主要创新型业务，分别为住房租赁类、PPP 项目类、消费金融类。介绍的要点主要包括 2017 年的市场创新情况以及各类产品发行的相关情况。

（三）住房租赁资产证券化创新

2017 年，住房租赁资产证券化得到了监管层的大力支持。在此之前，我国房地产租赁市场发展并不规范，缺乏退出机制，房企自持物业融资也相对困难。随着房地产运营的重要性不断提升，监管对于房地产支持证券的鼓励也越发明显，其市场份额显著提升。目前，市场上已经出现商业地产、物流地产等通过 CMBS、ABN、类 REITs 等形式进行资产证券化。

1. 住房租赁资产证券化创新根源

住房租赁是 2017 年资产证券化市场发展最为迅速的项目类型之一。近年来，随着经济发展和城镇化建设，各一线城市纷纷出台限购政策，房价节节攀升；除此之外，一系列的贷款、房屋转让政策也使得购房者倍感压力。截至目前，住房租赁市场相关支持政策的发展方向已经较为明确，它们也正在实践中逐步得到落实。

目前，国内住房租赁的经营模式根据不同的标准有不同的分类方式：根据物业布局的不同，分为集中式与分散式；根据资产量的不同，分为重资产运营模式与轻资产运营模式；根据市场参与主体的不同，分为开发商类、中介类、酒店类与创业类。

以依据资产量的不同分类为例，重资产运营模式是指运营企业通过自建、收购等方式获取并持有房源，并通过对外出租收取租金获取利益的模式。而轻资产运营模式是指运营企业并不持有物业，而是通过长期租赁或受托管理等方式集中获取房源，通过转租（包括对物业升级改造后转租）获得租金价差和通过输出品牌、提供租务管理和物业管理等服务，获得管理报酬的模式。目前，市场上采用重资产运营模式的主要有万科旗下的泊寓、龙湖旗下的冠寓、复星旗下的乐乎公寓等品牌；采用轻资产运营模式的主要有自如、我爱我家、魔方公寓、蘑菇公寓等品牌。

选择轻资产运营模式的企业，前期沉淀资金相对少，可以在短时间内快速拓展市场。而重资产运营模式下的房源多为集中式物业，企业在物业获取效率、运营效率和跨周期资产运营等方面优势明显，不仅可以获得租金收入，还可以获得资产升值带来的收益。但重资产运营对资金的要求较高，住房租赁的国有企业和开发商等公寓运营商通常拥有雄厚的资金和融资优势，拥有闲置的自持物业资源，且具备物业改造能力。

无论是以何种模式经营的房屋租赁，都有一些相同的特征，主要为：前期获取整栋物业所需投入的资金量较大；管理过程中还需考虑较大的管理成本和交易成本；房地产行业融资渠道相对单一，融资困难；现金流比较稳定等。

由于住房租赁行业有十分稳定的资金流和广阔的市场发展前景，而同时又面临融资困难等问题，利用资产证券化手段盘活存量资产就显得很有意义。监管部门对住房租赁资产证券化是大力支持的。

监管部门的支持主要体现在以下政策上。2017年7月，住建部等九部委联合发文，要求加快发展住房租赁市场，推进"房地产投资信托基金（REITs）试点"。

2015年，住建部等部委相继出台《关于加快培育和发展住房租赁市场的指导意见》《关于放宽提取住房公积金支付房租条件的通知》等政策指导文件，对住房租赁市场的发展起到了极大的激励作用。2015年12月21日，中央经济工作会议提出要大力发展房屋租赁市场，并对以住房租赁为主营业务的专业化企业持鼓励态度。

2016 年，国务院先后出台《国务院关于深入推进新型城镇化建设的若干意见》《国务院办公厅关于加快培育和发展住房租赁市场的若干意见》，鼓励推广租赁补贴制度，同时强调培育发展住房租赁企业、鼓励房企转型开展住房租赁业务、推进 REITs 试点等。2016 年的政府工作报告和中央经济工作会议文件中，"发展租购并举的住房制度"被列为工作重点。

2017 年 5 月，《住房租赁和销售管理条例（征求意见稿）》公布。该条例从保护财产权的角度，清晰界定出租人与承租人的权利、义务，并详细搭建政府对市场的监督激励机制。此外，各部委陆续联合出台《关于加强近期住房及用地供应管理和调控有关工作的通知》《关于在人口净流入的大中城市加快发展住房租赁市场的通知》《关于印发〈利用集体建设用地建设租赁住房试点方案〉的通知》等指导意见，督促试点单位将利用集体建设用地建设租赁住房的试点方案落地。

表 3 所示为近年来各部委发布的住房租赁政策情况。

表 3　近年住房租赁政策一览

发布时间	相关部门	政策文件	核心内容
2017/4/1	住建部、国土部	《关于加强近期住房及用地供应管理和调控有关工作的通知》	要求住房供需矛盾大的城市,合理安排住宅用地供应
2017/5/19	住建部	《住房租赁和销售管理条例(征求意见稿)》	系我国首个住房租赁和销售管理法规征求意见稿
2017/7/18	住建部等九部委	《关于在人口净流入的大中城市加快发展住房租赁市场的通知》	选取广州、深圳等 12 个城市作为首批开展住房租赁试点单位
2017/8/21	住建部、国土部	《关于印发〈利用集体建设用地建设租赁住房试点方案〉的通知》	确定第一批在北京、上海、沈阳、南京等 13 个城市开展利用集体建设用地建设租赁住房试点,制定了《利用集体建设用地建设租赁住房试点方案》并督促各城市将方案落地

除中央层面的支持政策外，各省市也分别制定住房租赁政策细则，从土地供给、金融、财政等方面给予支持（见表 4）。多数省份推进 REITs 试点，

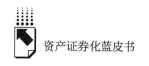
支持符合条件的租赁企业发行债券、不动产证券化产品。此外，部分省市向租赁企业给予税收优惠、发放租房补贴，鼓励新市民从市场租赁房源。

表4 部分省市住房租赁政策细则一览

发布时间	相关部门	政策文件	核心内容
2017/1/23	广东省人民政府办公厅	《广东省人民政府办公厅关于加快培育和发展住房租赁市场的实施意见》	支持住房租赁市场发展,加大政策支持力度,加强住房租赁监管
2017/1/26	云南省人民政府办公厅	《云南省人民政府办公厅关于加快培育和发展住房租赁市场的实施意见》	
2017/3/20	湖北省人民政府办公厅	《湖北省人民政府办公厅关于加快培育和发展住房租赁市场的实施意见》	
2017/5/18	江苏省住建厅	《省住房城乡建设厅关于开展培育和发展住房租赁市场试点工作的通知》	大力发展省住房租赁市场,建立购租并举的住房制度,选择部分城市(南京、苏州、无锡、常州、徐州、扬州等城市)开展培育和发展住房租赁市场试点工作
2017/9/28	北京市住建委等	《关于加快发展和规范管理本市住房租赁市场的通知》	提供便捷公共服务、明确住房租赁行为规范,维护当事人合法权益、加强市场主体监管,提升住房租赁服务水平
2017/9/22	深圳市政府办公厅	《关于加快培育和发展住房租赁市场的实施意见》	健全以市场配置为主、政府提供基本保障的住房租赁体系

2. 住房租赁资产证券化产品发行情况

2017 年 10 月 23 日，国内首单央企租赁住房 REITs——中联前海开源 – 保利地产租赁住房一号资产支持专项计划，储架发行规模 50 亿元，在上海证券交易所审议通过。

2017 年 12 月 14 日，中国首单长租公寓资产类 REITs——新派公寓类 REITs 在深交所挂牌，这是在响应供给侧改革号召以及国家鼓励住房租赁市场的背景下对持有型物业进行资产证券化的一次"破冰"式创新尝试，是贯彻《国务院办公厅关于加快培育和发展住房租赁市场的若干意见》和《关于在人口净流入的大中城市加快发展住房租赁市场的通知》等重要政策文件的重要成果。

更多的租赁资产证券化探索在同时进行。12月1日，招商蛇口首单储架式长租公寓 CMBS 获深交所审议通过，发行规模 60 亿元；12月5日，龙湖披露称，拟发行 50 亿元住房租赁专项公司债券，在首期 30 亿元债券中，有 21 亿元拟用于住房租赁项目建设。有关研究表明，在房企和银行大力发展租赁业务的趋势下，未来租赁资产证券化的比例将进一步提升。

银行亦在入局租赁市场，重构住房金融。2017 年 11 月 18 日前后，建设银行广东省分行宣布，将全面对接住房租赁市场，推出产品"按居贷"。该产品面向租客发放，贷款时间最长 10 年，执行 4.35% 的基准年利率，低于同期购房按揭贷款利率，单户最高额度 100 万元。2017 年 11 月 30 日，工商银行北京分行宣布未来五年为北京住房租赁市场参与主体提供总额不少于 6000 亿元的融资支持；12 月 5 日，建设银行上海分行宣布为碧桂园提供 200 亿元的资金支持以发展长租公寓。

目前，国内与住房租赁相关的证券化产品已获批五单，分别为"魔方公寓信托受益权资产支持专项计划""中信证券·自如 1 号房租分期信托受益权资产支持专项计划""新派公寓权益型房托资产支持专项计划""中联前海开源－保利地产租赁住房一号资产支持专项计划"以及"招商创融－招商蛇口长租公寓第一期资产支持专项计划"。其中，前三单已经成功发行，后两单均为储架发行产品，首期尚未发行。五单产品具体对比情况如表 5 所示。

表 5　住房租赁证券化产品对比情况

项目	魔方	自如	新派	保利	招商蛇口
发行时间	2017 年 1 月 10 日	2017 年 8 月 15 日	2017 年 11 月 3 日	尚未发行	尚未发行
发行场所	上交所	上交所	深交所	上交所	深交所
发行规模（亿元）	3.50	5.00	2.70	50.00（储架发行）	60.00（储架发行）

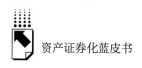

项目	魔方	自如	新派	保利	招商蛇口
优先级占比（%）	90.00	90.00	48.15	89.50	99.50
优先级发行利率(%/年)	4.80~5.40	5.39	5.30	—	—
产品期限（年）	3	1.93	3+2	3+3+3+3+3+3	3+3+3+3+3+3
基础资产	信托受益权	信托受益权	类REITs	类REITs	CMBS
底层资产	租赁收益权	信托贷款	委托贷款债权、SPV股权	委托贷款债权、SPV股权	信托贷款

（1）底层资产与交易结构

①魔方公寓ABS。魔方公寓ABS的底层资产为租赁收益权，具体来看，为全国8个一二线城市的30处物业未来3年的租金收入，可出租房间总计4014间，其中一线城市的占比67%左右。由于租赁收益权只是预期收益权，从会计上无法对应为应收账款，如果其间发生大规模的租客变动，将影响到最终收益权。

魔方公寓ABS采用了典型的"专项计划+信托"双SPV模式，即设置信托贷款作为ABS的基础资产，租金收入质押到信托贷款层面。采用"双SPV"的重要原因之一是规避"二房东"不拥有物业产权的问题。外部增信方面，在信托层设置了魔方中国的差额支付承诺和中合担保的保证担保。资金归集方面，魔方公寓对监管账户进行以月度为单位的租金归集。资金划转方面，项目按季将资金从监管账户划至信托账户和托管账户。分层结构方面，魔方公寓ABS分为优先、次级两层，优先级按期限分为01~03三档，规模占比为90%，优先档按季付息，到期当年按季等额还本，期限分别为1年、2年和3年。

②自如房租分期ABS。自如房租分期ABS的底层资产为信托贷款，具体是信托计划为"自如友家"和"自如整租"业务线发放的超过2万笔信

托贷款。自如的租金分期依托独特消费场景，在贷款额度和底层资产池分布上呈现小额分散特点，平均额度为2.09万元，加权平均期限为9.79个月。

自如房租分期ABS不依托未来租金收入，转为依托独特消费场景，以分期消费贷款为突破口。截至2016年12月底，自如资管业务的存量债权余额为9.95亿元，累计贷款剩余笔数为60766笔，其中仅发生33笔合计20.95万元的违约，违约率仅为0.02%，存量债权余额远能覆盖5亿元的资金池，因此自如房租分期ABS的底层资产质量较高。此外，自如房租分期ABS还设置了北京自如资管的差额支付承诺和中证信用的保证担保，进一步为优先级证券提供偿付保障。分层结构方面，自如房租分期分为优先级、次级两层，优先级占比90%，循环期按季付息、摊还期按月付息并过手摊还本金，期限为1.93年（见表6）。自如资管的房租分期小额贷款业务是对其分散式住房租赁业务在消费金融领域的延伸，在为租客提供多样化房租支付手段的同时，可以依靠充沛的经营性净现金流迅速扩大经营规模。

表6 自如1号房租分期信托受益权资产支持专项计划基本要素

项目	优先级	次级
规模（亿元）	4.50	0.50
规模占比（%）	90.00	10.00
信用评级	AAA	—
期限（年）	1.93	1.93
预计收益率（%）	5.39	—
付息频率	循环期按季付息、摊还期按月付息	到期一次性还本
基础资产	信托受益权，原始权益人委托外贸信托设立的"荟润5号－自如资管系列单一资金信托"，将资金信托给外贸信托并享有信托受益权。单一资金信托成立后，外贸信托根据《贷款合同》的约定，以自己的名义，将信托资金向借款人发放信托贷款	
底层资产	信托计划向北京自如资管的长租公寓租客发放的房租分期小额贷款债权	
增信措施	优先级/次级分层、差额支付承诺、外部信用担保、信用触发机制	

③新派公寓类REITs。新派公寓类REITs的标的资产为位于北京市国贸桥东南的新派公寓CBD店物业，类REITs通过契约式基金的架构持有物业

所在项目公司 100% 的股权,从而实现对长租公寓资产的完全控制。新派公寓 CBD 店于 2014 年 6 月开业,共有 101 套公寓出租,出租率为 98% 左右,平均租金收入约为 8000 元/月/间,物业主要面向白领阶层,品质较高,属于比较少见的一线城市核心地段整栋持有的集中式公寓。

新派公寓权益型房托资产支持专项计划被称为国内首单权益型公寓类 REITs。资产支持证券的期限为 5 年,其中前 3 年为运营期,后 2 年为处置期。优先级资产支持证券评级为 AAA,未借助第三方进行增信(见表 7),体现了新派公寓自身优质的资产和优良的运营管理能力。该项目仍然采用了权益型类 REITs 产品的典型结构,即原始权益人设立私募基金,由私募基金间接持有项目公司的股权,同时由私募基金向项目公司及项目公司股东发放委托贷款,项目公司持有标的物业。专项计划发行资产支持证券募集合格投资者的资金,用以收购和持有私募基金份额,进而持有项目公司股权及债权,间接享有标的物业产权。新派公寓类 REITs 的标的物业经营净收益用以分配资产支持证券投资人预期收益,对基础资产私募股权基金的处置所得用以分配投资者本金。

表 7 新派公寓权益型房托资产支持专项计划基本要素

项目	优先级	权益级
模(亿元)	1.30	1.40
规模占比(%)	48.15	51.85
信用评级	AAA	——
期限(年)	5.00	5.00
预计收益率(%)	5.30	——
付息频率	按年付息,到期一次性还本	到期一次性还本
基础资产	契约型私募基金份额,专项计划根据《基金份额转让协议》获得原始权益人根据《基金合同》在契约型私募基金"赛富新派私募股权基金"项下持有的全部契约型私募基金份额,并继续履行剩余基金实缴出资义务	
底层资产	包括委托贷款债权、SPV 股权和通达富股权、目标债权等;委贷债权指代表契约型私募基金的基金管理人委托委贷银行向 SPV 发放并持有的全部债权,目标债权指 SPV 对通达富享有的全部债权	
增信措施	优先级/权益级分层、标的物业现金流超额覆盖、储备金机制、SPV 可分配净现金流承诺、不动产资产抵押、应收账款质押、提前处置机制、信用触发机制	

④保利类 REITs。保利类 REITs 的底层资产也为私募股权基金持有的委托贷款债权、SPV 股权。该资产证券化项目的标的物业为 9 个城市 10 处物业资产，包括 6 个 N＋青年公寓和 2 个瑜璟阁服务式公寓、1 个和熹会养老公寓、1 个诺雅酒店式公寓。但产品的直接租赁方为保利旗下的保利商业地产投资和保利安平养老地产投资，并以上述租金作为还款来源，实际对外出租的风险由上述两个租赁方承担。基础资产租约为 20 年期，按年支付租金。因此，该项目本质上是"二房东"获取房源层面的分期付款，而非出租层面的风险转让或抵押融资行为。

该产品也采用了类 REITs 交易结构，专项计划层面设置了保利集团的差额支付承诺，并设置了评级下调承诺、流动性支持等增信措施。

⑤招商蛇口长租公寓 CMBS。2017 年 12 月 1 日，全国首单长租公寓储架发行 CMBS 产品，发行规模达 60 亿元的"招商创融－招商蛇口长租公寓第一期资产支持专项计划"获深交所审批通过。

该专项计划率先在 CMBS 领域引入储架发行的交易结构，即一次审批、分期发行的模式。第一期资产支持专项计划以位于深圳市南山区蛇口、出租情况良好的长租公寓作为基础资产。在增信措施方面，考虑到不同层面的风险，该专项计划设置了优先级/次级分层、超额覆盖、差额补足、物业资产抵押担保等不同层次的缓释措施。

（2）合作方向

目前已发行的住房租赁资产证券化产品分别采用了类 REITs、CMBS 以及租金收入 ABS 等业务模式，各业务模式适用不同类型的发行企业，也针对不同类型的物业资产，因此住房租赁资产证券化的业务合作应基于运营主体的盈利模式和物业特性。

①类 REITs。采用权益型类 REITs 操作模式，通常是将租赁住房物业的产权装入项目公司，然后以项目公司的股权（或"股权＋债权"）作为直接或间接基础资产进行资产证券化，将经营净租金收益作为产品存续期间向投资者分配收益的现金来源，通过未来公募 REITs 的退出、特定处置期资产处置变现、发行人回购等市场化方式实现投资者本金的退出。

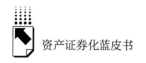

目前，国内创业公寓品牌以及中介运营商极少持有整栋物业产权，长租公寓物业产权的持有仍以开发商为主。目前住宅市场去库存困难，地产商也可将存量住宅尾盘转为长租公寓运营，并通过类REITs的资产转让确认收入。而随着国内越来越多的土地出让用途变为租赁住房，要求"只租不售"，房地产企业在竞得租赁用地后，通过类REITs模式收回前期土地出让价款的诉求会在未来1~2年内集中体现。此外，运作成熟且规模较大的创业公寓品牌也纷纷开始以基金模式杠杆收购整栋商业、酒店、厂房等，并将其改造成长租公寓后续运营，类REITs模式也为这类基金提供了顺畅的退出通道。

②CMBS。采用CMBS操作模式，是将租赁住房的经营性物业贷款进行证券化，将经营净租金收益作为产品存续期间向投资者分配收益的现金来源，通过偿还贷款本金实现投资者的退出。

该种模式同样适合拥有物业产权的长租公寓品牌的开发商或酒店类运营主体。相比类REITs模式，CMBS省去了股权过户和资产剥离的税费，降低了操作难度，但需要有较强的主体信用为产品的兑付及期间流动性做支持。在运营前期物业出租率较低、出租运营不稳定时，可采用由开发商整租的模式，为专项计划的兑付提供增信。

对于目前持有存量物业，但尚未组建长租公寓运营团队的房地产企业，可与专业的创业型长租公寓运营公司合作，由运营公司承诺包租并负责后续的出租运营，且以租金收入和物业资产发行证券化产品融资。

③租金收入ABS。当租赁住房拥有稳定且较高的出租率以及租金净利润时，可通过收支两条线等合理方式进行财务管理，将特定化的未来租金收入作为还款来源。对于创业公寓品牌等自身评级较低，但已掌握大量房源的主体，可以租金收入ABS的模式，采用"专项计划+信托"双SPV操作。由于不拥有物业所有权，仅为"二房东"无法办理物业抵押，设置信托贷款作为ABS的基础资产，将租金收入质押到信托贷款层面，以有效规避轻资产运营企业不拥有物业产权的问题。

需要注意的是，此模式以租金收入作为资产支持证券偿付的现金流，但并未考虑"二房东"需要支付的租金以及管理运营成本，因此要由母公司为日常运营提供流动性支持。同时，运营主体的持续经营能力与底层资产预期现金流具有较高的关联性，混同风险较为严重。因此，现阶段此类模式仍需要较强的第三方担保公司提供增信。

④住房租赁贷款 ABS。目前，国内大多数城市租房需要数月租金，这给很多刚刚毕业或者刚刚进城务工人员带来了较大的经济压力，由此也催生了一个新的市场，即为租客提供租房分期贷款服务，相关企业有链家自如品牌旗下开展租房分期贷款业务的北京自如资产管理有限公司。该类企业一般通过信托、小贷公司或银行等向租客发放半年或一年不等的贷款，贷款资金直接用于向房东或"二房东"预付租金，租客按月分期偿还贷款。该模式一方面加快了上游房东的资金回笼速度，另一方面缓解了下游租客的首付压力。目前，建行等金融机构也推出了类似的业务，如"按居贷"。

住房租赁贷款的证券化逻辑与小贷资产类似，均基于资产的高度同质分散。但鉴于目前此类运营公司运营时间不长，业务模式尚未稳定，市场竞争激烈，在贷款债权尚未完全能够破产隔离的情况下，仍需引入较强的第三方担保提供增信。

（四）PPP 项目资产证券化创新

PPP 项目指的是在"政府与社会资本合作"新模式下诞生的项目。2017 年，PPP 项目资产证券化一被提出，就引起了社会各界的广泛关注。针对 PPP 项目资产证券化的特殊性，国家也出台了一系列相关规范及支持政策。接下来主要就 PPP 项目资产证券化的创新情况进行介绍。

1. PPP 项目资产证券化创新根源

作为推动经济发展的重要手段，PPP 模式与资产证券化相结合，将对国内的资本市场产生更强的推动作用。2017 年，针对 PPP 项目资产证券化，监管机构采取了相应的鼓励措施。

2017 年 3 月 5 日，国务院总理李克强在第十二届全国人大第五次会议上指出，深化 PPP 模式，完善相关价格、税费等优惠政策，并强调政府决不能随意改变约定。7 月，国家发改委印发《关于加快运用 PPP 模式盘活基础设施存量资产有关工作的通知》。9 月，国务院办公厅印发《关于进一步激发民间有效投资活力促进经济持续健康发展的指导意见》，指出禁止排斥、限制或歧视民间资本的行为。11 月，工信部、国家发展改革委等十六个部门联合发布《关于发挥民间投资作用推进实施制造强国战略的指导意见》，认为应出台 PPP 模式合同范本，并引导民间资本参与重大项目的建设。

另外，财政部、中国人民银行、证监会还联合发布了《关于规范开展政府和社会资本合作项目资产证券化有关事宜的通知》，提出可将能够带来现金流的股权作为基础资产发行资产证券化产品。

表 8 所示为 2017 年 PPP 项目资产证券化相关重要政策汇总情况。

表 8　2017 年 PPP 项目资产证券化相关重要政策

日　期	发文单位	文件名称
2 月 17 日	上海证券交易所、深圳证券交易所	《关于推进传统基础设施领域政府和社会资本合作（PPP）项目资产证券化业务的通知》
	中国证券投资基金业协会	《关于 PPP 项目资产证券化产品实施专人专岗备案的通知》
3 月 5 日	国务院	《政府工作报告》（第十二届全国人大第五次会议开幕，国务院总理李克强做政府工作的报告，报告再次提到"政府与社会资本合作"）
3 月 7 日	国务院办公厅	《关于进一步激发社会领域投资活力的意见》（国办发〔2017〕21 号）
3 月 20 日	国务院办公厅	《关于印发国务院 2017 年立法工作计划的通知》（国办发〔2017〕23 号）
4 月 25 日	国家发改委	《政府和社会资本合作（PPP）项目专项债券发行指引》（发改办财金〔2017〕730 号）
5 月 4 日	中国保监会	《关于保险资金投资政府和社会资本合作项目有关事项的通知》（保监发〔2017〕41 号）
5 月 28 日	财政部	《关于坚决制止地方以政府购买服务名义违法违规融资的通知》（财预〔2017〕87 号）
6 月 7 日	财政部、中国人民银行、证监会	《关于规范开展政府和社会资本合作项目资产证券化有关事宜的通知》（财金〔2017〕55 号）

日　期	发文单位	文件名称
7 月 3 日	国家发改委	《关于加快运用 PPP 模式盘活基础设施存量资产有关工作的通知》(发改投资〔2017〕1266 号)
7 月 21 日	国务院法制办、国家发展改革委、财政部(起草)	《基础设施和公共服务领域政府和社会资本合作条例(征求意见稿)》及其说明。
9 月 1 日	国务院办公厅	《关于进一步激发民间有效投资活力促进经济持续健康发展的指导意见》(国办发〔2017〕79 号)
10 月 19 日	上海证券交易所、深圳证券交易所、机构间私募产品报价与服务系统	《政府和社会资本合作(PPP)项目资产支持证券挂牌条件确认指南》《政府和社会资本合作(PPP)项目资产支持证券信息披露指南》
10 月 27 日	工信部、国家发展改革委、科技部、财政部等十六个部门	《关于发挥民间投资作用推进实施制造强国战略的指导意见》(工信部联规〔2017〕243 号)
11 月 6 日	国家发改委	《工程咨询行业管理办法》(中华人民共和国国家发展和改革委员会令第 9 号)
11 月 10 日	财政部办公厅	《关于规范政府和社会资本合作(PPP)综合信息平台项目库管理的通知》(财办金〔2017〕92 号)
11 月 17 日	国务院固有资产监督管理委员会	《关于加强中央企业 PPP 业务风险管控的通知》(国资发财管〔2017〕192 号)
11 月 22 日	交通运输部	《关于印发〈收费公路政府和社会资本合作操作指南〉的通知》(交办财审〔2017〕173 号)

2. PPP 项目资产证券化产品案例

2017 年,我国出现了多个重要 PPP 项目资产证券化产品,其发行时间、规模等基本情况见表9。

表9　重要 PPP 资产证券化产品对比情况表

项目	新水源	绿源	华夏幸福	富诚海富通	川投
发行时间	2017/2/3	2017/3/15	2017/3/15	2017/8/1	2017/12/29
发行场所	上交所	深交所	上交所	上交所	深交所
发行规模(亿元)	8.40	3.20	7.06	15.25	2.47
优先级占比(%)	95.24	93.75	94.90	69.12	98.80

续表

项目	新水源	绿源	华夏幸福	富诚海富通	川投
优先级发行利率（%/年）	4.89	4.15	3.90~5.20	4.30~4.46	—
产品期限（年）	0.78~9.79	3.02~15.03	1.11~6.11	0.33~14.33	—
基础资产	PPP项目	PPP项目	PPP项目	PPP项目	PPP项目
底层资产	污水处理收费收益权	污水处理收费收益权	—	—	—

3. PPP项目资产支持证券底层资产与交易结构

（1）太平洋证券新水源污水处理服务收费收益权资产支持专项计划

太平洋证券新水源污水处理服务收费收益权资产支持专项计划由太平洋证券担任计划管理人，由中国民生银行担任托管人、监管银行。项目发行总规模为8.4亿元，底层资产为污水处理收费收益权。优先级评级均为AA+，产品期限为0.78~9.79年，发行利率为4.89%。

（2）广发恒进－广晟东江环保虎门绿源PPP项目资产支持专项计划

广发恒进－广晟东江环保虎门绿源PPP项目资产支持专项计划发行规模为3.2亿元，其中优先级规模为3亿元，分为3.02~15.03年期，均获AAA评级，由民生银行全额认购，发行利率为4.15%；次级规模为0.2亿元，期限为15年，由原始权益人东莞市虎门绿源水务有限公司认购。

该专项计划以污水处理收益权作为底层资产，根据PPP项目的特性设置了合理严格的资金管理制度和增信措施。

（3）华夏幸福固安工业园区新型城镇化PPP项目供热收费收益权资产支持专项计划

华夏幸福固安工业园区新型城镇化PPP项目供热收费收益权资产支持专项计划是上交所首单PPP项目资产证券化产品，具有全国性的示范意义。

该PPP项目资产支持专项计划采用结构化分层设计，优先级资产支持证券票面利率为3.90%~5.20%，募集规模为6.7亿元，分为1.11年期至6.11年期6档，均获中诚信证券评估有限公司给予的AAA评级；次级资产支持证券规模为 0.36 亿元，期限为 6 年。此外，作为国内领先的产业新城运营商，华夏幸福作为本交易差额支付承诺人和保证人，做出的不可撤销的差额补足承诺可为该 PPP 项目资产支持专项计划优先级资产支持证券本息的偿付提供较强的保障。

（4）富诚海富通 - 浦发银行 PPP 项目资产支持专项计划

该专项计划对应的 PPP 项目为财政部 PPP 项目库中首个在交易所发行资产证券化产品的 PPP 项目。发行总规模为 15.25 亿元。其中优先级规模为 10.54 亿元，分为 0.33 ~ 14.33 年期，均获 AA + 评级，发行利率为 4.30% ~ 4.46%；次级规模为 4.71 亿元，期限为 14.33 年。

（5）华西证券 - 川投 PPP 项目资产支持专项计划

华西证券 - 川投 PPP 项目资产支持专项计划是全国首单公共停车场 PPP 项目资产证券化产品，也是首单无外部增信的 PPP 项目资产证券化产品。该资产支持专项计划的资产支持证券期限自专项计划设立日起三年/十二年（每满三年开放回售），总发行规模为 2.4979 亿元，其中优先级 A 资产支持证券规模为 0.3679 亿元，已获得大公国际资信评估有限公司给予的 AA + 级评级，发行利率为 4.5%；优先级 B 资产支持证券规模为 2.1 亿元，已获得大公国际资信评估有限公司给予的 AA + 级评级，发行利率为 4.7%。

该资产证券化项目的开展，极大助力降低企业融资利率、调整存量债务结构。同时，该资产支持专项计划设置了基础资产现金流超额覆盖、优先级/次级结构分层、加速清偿与开放期回售安排来实现信用增级，很好地保障了投资者的权益。

（五）消费金融资产证券化创新

消费刺激政策持续出台、消费金融牌照管制放开、居民消费能力提升和消费观念升级、消费金融产品和授信主体越来越多样化，我国消费金融快速发展，消费金融资产证券化快速发展。

自 2016 年下半年起，我国消费金融资产证券化产品迅速发展，特别是交易所消费金融资产证券化产品品种。个人消费金融资产证券化的爆发式增长体现出国内消费金融资产证券化市场的发展前景广阔。当前，我国消费金融资产证券化产品的绝对收益率水平较高，通常大于6%，对于银行投资者而言有一定吸引力。同时，评级AA－以上的资产证券化产品风险资本占用为20%，而投资信用债的风险资本占用高达100%。因此，资产证券化可为银行节约资本，增加收益。此外，消费金融资产证券化产品期限通常较短，以1年为主，久期风险也较低。

在2017年，金融科技公司掀起上市浪潮，前后共有6家公司赴美上市。成功上市对行业、对企业都有重要意义。对行业来讲，说明市场前景、商业模式、财务状况等受到资本市场认可；对企业来讲，上市意味着需要完整全面地披露信息，要接受监管部门、投资者、媒体等的监督，这将倒逼企业走向公开透明、合法合规，并促进行业整体的规范化治理；上市不仅会为企业带来资本增值，还会带来品牌及口碑美誉，并对行业起到一定的典范作用。

1. 消费金融资产证券化创新原因

消费金融公司开展资产证券化业务可以在以下方面取得突破。

①消费金融公司可实现更高的信用评级、更低的融资成本。消费金融公司基础资产的分散化，使得它的信用资质得到了相当明显的提升，甚至可以获得比发起人主体信用更高的评级，从而突破发起人信用和融资条件的限制，可以高于发起人的信用评级获得低成本的融资。

②消费金融资产证券化与同业拆借相比有更灵活的融资规模，不受企业资产净额限制。《消费金融公司试点管理办法》第二十三条规定，消费金融公司同业拆入资金余额不得高于资本净额的100%，因此它所能借到的资金也十分有限，远远不能满足自身业务发展的资金需求。而资产证券化业务不受此规定限制，资产证券化产品的发行规模主要由公司业务规模决定，能更好地满足公司业务发展的资金需求。

③消费金融资产证券化有更为灵活的融资期限。境内金融机构借款目前是消费金融公司最主要的资金来源，然而由于消费金融公司经营的是资金密集型的贷款业务，拥有天然的轻资产、高负债比率的特点，导致它在向银行融资时利率较高，且借款期限通常不长。

国家政策一直在支持消费金融的发展。相关部委，包括央行、国家发改委、银监会出台了很多支持消费金融市场发展的政策措施，有力地推动了消费金融市场的发展。此外，互联网、大数据、云存储等新技术的逐渐成熟和广泛应用，为消费金融的高速发展提供了巨大助力，在获客、场景、风控等方面带来新的变化，可以在提升用户体验的同时，提高审贷效率、降低违约率。

但是，在一段时间里，人们误把消费金融等同于小贷公司承做的消费金融业务，甚至等同于网络小贷公司，以至于在2017年出现了申设网络小贷公司的热潮，并以此开展业务。其中最甚的当属"现金贷"业务。据不完全统计，截至2017年11月，全国至少有233家网络小贷公司注册开业，其中包括经营范围由传统小额贷款变更至网络小贷业务的公司。

2017年4月，银监会下发《关于银行业风险防控工作的指导意见》，要求全国各省市开展现金贷业务的清理整顿工作。2017年11月，互联网金融风险专项整治工作领导小组下发特急文件，明确立即暂停批设网络小额贷款公司。随后银监会下发关于整顿现金贷业务的通知及整治网络小贷公司的实施意见，除不能新增外，已有网络小贷公司的资质也将被重新审查。此后多家公司发布公告表示终止设立网络小贷公司。

2. 消费金融资产支持证券产品案例

2017年，小额贷款类资产支持证券发行125个项目，发行量2733亿元，相比于2016年小额贷款类资产支持证券发行46个项目、发行量681亿元有着井喷式的增长。这主要是由于资产证券化市场规模不断扩大，资产证券化产品种类更加丰富，小额贷款资产证券化产品因较高的利率水平受到市场的追捧。2017年12月1日发布的《关于规范整顿"现金贷"业务的通知》明确否认了信贷资产转让、资产证券化的出表功能，小贷资产证券化发展陷入停滞阶段。

下面简单介绍2017年消费金融资产证券化的几个主要产品。

（1）中信证券 - 小米小贷1号资产支持专项计划

2017年5月22日，中信证券 - 小米小贷1号资产支持专项计划在上海

证券交易所成功注册30亿元储架式发行额度，这标志着小米小贷的资产证券化突破以往的审批制，实现一次注册多次发行。

该资产支持专项计划的基础资产是小米小贷在日常经营中取得的小额贷款债权，其良好的资产质量很大程度上得益于包括小米手机端、小米商城平台、应用商城、用户论坛等在内的完整互联网生态链。上述渠道可实现对用户行为数据的挖掘，从行为习惯、消费方式、经济能力、诚信状况等维度综合判断用户的信用状况，提高底层风控能力，使小米小贷的资产不良率得以控制在行业同类型资产不良率的较低水平。此外，该资产支持专项计划采取优先/次级结构化分层、超额覆盖等增信措施，同时设置多项可触发事件缓释本息偿付风险。

（2）德邦花呗及借呗消费贷款资产支持专项计划

德邦花呗消费贷款资产支持专项计划的发行，改变了市场上消费信贷资产证券化融资规模偏小、成本偏高以及产品设计依赖外部增信的局面，且它的发行成本也创同类型资产新低。其优先级利率为3.6%，为同行最低，次优先级利率为5%。

继"花呗"之后，2017年8月上交所下发了对德邦借呗消费贷款资产支持专项计划的无异议函，德邦借呗也在消费贷款资产证券化领域获得了300亿元的储架发行额度。借呗是支付宝推出的一款贷款服务，申请门槛是芝麻分在600分以上。按照分数的不同，用户可以申请的贷款额度为1000～30万元。借呗的还款期限最长为12个月，贷款日利率是0.045%，随借随还。借呗消费贷款资产支持专项计划使花呗消费贷款资产支持专项计划的一些优势得到进一步发挥。

（3）平安汇通－顺丰小贷一期资产支持专项计划

2017年10月18日，平安汇通－顺丰小贷一期资产支持专项计划成功落地。据悉，平安汇通－顺丰小贷首期资产支持专项计划规模为4.5亿元，期限为2.5年，优先级资产支持证券的发行规模4.05亿元，发行利率为5.80%～6.70%，期限为2.5年。

顺丰小贷风控措施严谨，目前仅面向顺丰集团内部办公室人员和入企年限在 5 年以上的快递员、飞行员、货运司机等一二线员工开放预授信，通过白名单管理的模式，可有效避免欺诈等风险。从初始基础资产包来看，资产非常分散，平均贷款金额仅为 1 万多元。优先级资产支持证券募集资金用于受让深圳市顺丰合丰小额贷款有限公司向顺丰员工发放的小额消费信贷。基于顺丰集团优质的信用及资产包的安全性，联合评级最终给予优先级 A 档 AAA 评级、优先级 B 档 AA＋评级。

3. 其余各类资产证券化创新项目的介绍

2017 年，资产证券化产品的基础资产类型进一步丰富，多支首单产品落地，下面简要介绍 2017 年企业资产证券化各类首单项目的基本情况。

（1）国内首单信托助农 ABS

2017 年 12 月 28 日，云南信托联合农分期发行的国内首单信托助农 ABS 产品"天风证券－云信农分期一号资产支持专项计划"获得成功，这是国内第一支全面支持新型农业经营主体的场内发行的资产证券化产品。

在此资产支持专项计划中，云南信托作为原始权益人和资产服务机构。该专项计划的基础资产为云南信托农分期单一资金信托项下的信托受益权。此专项计划规模为 1.51 亿元，优先级分为优先 A－1 级、优先 A－2 级两档，评级均为 AAA。并且，该专项计划中设置了多种信用增级措施，包括结构化分层、超额利差、不合格贷款的赎回以及差额补足承诺等。

农分期是一款根据具体消费场景提供支农贷款及相关金融服务的产品，所发放贷款全部用于支持农户购置农机及农资，在当前农村信用环境相对缺失的情况下为农民开辟了相对高效率、低成本的融资渠道。该专项计划将扶贫助农与资本市场进行了有效融合，进一步支持了"三农"经济的发展，积极践行了十九大精神。

（2）国内首单飞机租赁 ABS

2017 年 12 月 27 日，我国首单外币计价资产支持专项计划暨首单飞机租赁资产支持专项计划在上交所发行。据了解，该项目由中国经营性飞机租赁商中飞租融资租赁有限公司以飞机租赁业务产生的相关资产作为基础资

产，由华泰证券（上海）资产管理有限公司担任计划管理人，以美元计价。

（3）国内首单国有保理 ABS

2017 年 11 月 22 日，东兴企融－中安保理一期资产支持专项计划获得上海证券交易所的无异议函，登陆上交所挂牌交易，成为市场上首单国有保理 ABS。此次 ABS 总规模为 6.42 亿元，其中优先级产品规模为 5.50 亿元，占比 85.67%，次级产品规模为 0.92 亿元，占比 14.33%。

（4）深交所首单券商融出资金债权 ABS

2017 年 10 月 12 日，深交所再迎重磅资产证券化产品——浦银安盛资管－申万宏源证券融出资金债权 1 号资产支持专项计划。它是基金子公司作为管理人，深交所券商融出资金债权 ABS 的第一单，开启了基金子公司开展券商两融资产证券化业务合作的新篇章。该资产支持专项计划的基础资产为申万宏源证券持有的融出资金债权，优先级证券债项评级 AAA 级，储架发行规模 100 亿元，首期成功发行 20 亿元。储架发行规模和首期发行规模均居市场前列。

（5）中国首单基于区块链技术的交易所 ABS

2017 年 9 月 19 日，中国首单基于区块链技术的交易所 ABS——百度－长安新生－天风 2017 年第一期资产支持专项计划成功发行。该产品发行总规模为 4 亿元，其中优先 A 级规模为 3.4 亿元，信用级别为 AAA，发行利率为 5.5%，有助于进一步降低企业融资成本；优先 B 级规模为 0.24 亿元，信用级别为 AA，基础资产为汽车消费信贷。

（6）全国首单国家级贫困县精准扶贫 ABS

2017 年 9 月 5 日，由国金证券股份有限公司发起的国金－阆中天然气资产支持专项计划公告成立，并于 9 月 8 日取得无异议函，在上海证券交易所成功发行。该项目以四川阆中天然气总公司为原始权益人，以天然气收费收益权为基础资产，发行总规模为 5.25 亿元，是全国首单国家级贫困县精准扶贫资产证券化项目。

（7）国内首单"债券通"ABS

2017 年 8 月 22 日，福元 2017 年第二期个人汽车抵押贷款支持证券发行，它是银行间市场发行的首单"债券通（北向通）"ABS 项目，这标志着首单"债券通" ABS 落地。

（8）境内首单不依赖主体评级的 REITs

2017 年 8 月 3 日，中联前海开源 - 勒泰一号资产支持专项计划完成缴款成功设立。勒泰一号完全按照国际标准 REITs 模型设计底层架构，首次实现了彻底无主体增信、完全基于资产信用，打破了市场对强主体的信用依赖。

（9）国内首单培育型不动产 REITs

2017 年 6 月 28 日，招商创融 - 福晟集团资产支持专项计划成功发行。这是招商证券在不动产金融领域的又一重大创新，开辟了在现有交易所企业资产证券化业务体系下进行培育型商业物业盘活的崭新路径。

（10）国内首单银行系投资性物业 REITs

2017 年 3 月 15 日，中银招商 - 北京凯恒大厦资产支持专项计划成功设立，这是目前国内最接近真正意义上的 REITs 的资产证券化产品。

（11）国内首单社区商业物业 REITs

2017 年 12 月 7 日，由东吴证券作为计划管理人的中联东吴 - 新建元邻里中心资产支持专项计划（下称"新建元 - 邻里中心 REITs"）取得上海证券交易所的无异议函。新建元 - 邻里中心 REITs 是国内首单以社区商业物业为底层资产的 REITs 产品，兼具商业地产属性和社区服务属性。该产品总规模为 20.5 亿元，期限为 5 年（可根据约定提前终止），其中优先级产品规模为 14.5 亿元，评级为 AAA；次级产品规模为 6 亿元。

（12）国内首单可再生能源电费补贴 ABS

2017 年 11 月 24 日，中国华能 2017 年度第一期资产支持票据在银行间市场顺利发行，它是我国首单以可再生能源电费补贴款为基础资产的资产证券化产品。

产品结构方面，该产品无传统的优先次级安排，无第三方增信，实现了入池补贴应收账款的出表。交易机制方面，通过循环购买安排及相关权利的转移，实现了资产的平价交易，从而实现了对国有资产的保值，为电力行业

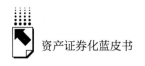

开展同类型业务树立了产品标准。

（13）国内首单可持续发展类 ABS

2017 年 11 月 24 日，农银穗盈－光证资管－宁海棚改安居可持续发展资产支持专项计划在上交所挂牌上市。该资产支持专项计划发行规模为12.5 亿元，期限不超 2.5 年，优先级资产支持证券达到 AAA 级。该项目是国内首单符合国际标准的可持续发展类资产证券化项目，募集的资金将用于棚户区改造配套安置房建设及相关环境改造项目。

（14）国内首单家电制造业 ABS

2017 年 11 月 3 日，由招商证券和四川长虹电器股份有限公司共同主导的招商创融－四川长虹应收账款资产支持专项计划成功发行，这是国内首单家电制造行业 ABS 落地产品，标志着家电制造企业在资产证券化领域取得重大突破。

招商创融－四川长虹应收账款资产支持专项计划总发行规模达 10.55 亿元，其中优先 A 级证券（债项评级为 AAA）规模为 58141 万元，优先 B 级证券（债项评级为 AA＋）规模为 6836 万元，优先 C 级证券（债项评级为AA）规模为 35248 万元，次级证券规模为 5275 万元。

（15）国内首单文化创意园区 ABS

2017 年 5 月 16 日，嘉实金地八号桥资产支持证券成功发行，这是国内ABS 历史上首单文化创意园区资产证券化产品。

该项目拟发行总金额为 4.2 亿元，产品期限为 8 年。采用优先级/次级分层机制，其中优先级共设 8 档，均获得联合评级授予的 AAA 评级。在产品结构设计上，该项目采用双 SPV 结构。底层资产为八号桥项目特定面积未来八年的租金收益。基于轻资产特质，该项目不设置不动产抵押，在既有的 ABS 产品中比较罕见。

（16）国内首单综合管廊租金 ABS

2017 年 3 月 21 日，西咸新区沣西新城综合管廊租金资产支持专项计划在上海证券交易所成功发行。该专项计划是全国首单综合管廊租金资产证券化产品。

原始权益人陕西省西咸新区沣西新城开发建设（集团）有限公司将其享有的对承租人的管廊租金债权出售给专项计划，募集资金用于补充集团营运资金。

（17）全国首单央企 CMBS

2017 年 9 月 12 日，中信·保利地产商业一号资产支持专项计划在上海证券交易所成功设立，发行规模为 35.30 亿元，其中优先级发行规模为 35 亿元，期限为 12（3＋3＋3＋3）年，信用评级为 AAA，发行利率为 4.88%，创地产行业同期同类产品新低。资产抵押率为 67.72%，接近同类产品抵押率上限。该单商业房地产抵押贷款证券化产品的成功发行，为央企响应国家"降低企业杠杆率、盘活企业存量资产、推进资产证券化"的号召起到了积极的借鉴作用。

（18）国内首单引入 Fintech 技术证券化服务商的 ABS

2017 年 10 月 27 日，由远东国际租赁有限公司与远东宏信（天津）融资租赁有限公司作为原始权益人，以和逸金融及旗下中国资产证券化分析网为证券化服务商的 2017 远东三期资产支持专项计划正式发行，以科技助力资产证券化产品发行，用 Fintech 驱动未来。中国资产证券化分析网通过完善的 Fintech 与数据分析技术，合理分析产品分层结构，为资产证券化行业机构提供更加便捷高效的信息服务。

（19）国内首单家居行业类 REITs

2017 年 9 月 13 日，畅星－高和红星家居商场资产支持专项计划成功发行，它是国内首个家居行业类 REITs 产品。

（六）资产支持票据市场创新情况

1. 综述

2017 年，资产支持票据市场实现多项创新，活跃度明显提升；与 2016 年相比，2017 年无论是项目数还是发行额，都有明显的提升（见图 23）。基础资产涉及应收账款、融资租赁、金融租赁、个人消费贷款等。

2017 年的创新点在于增加了以 PPP 项目债权类、信托受益债权类为基

础资产的资产支持票据，基础资产类型为应收债权类、租赁债权类的项目数及发行量大幅增长。

2. 商业地产抵押贷款类产品介绍

2017年9月13日，上海世茂国际广场有限责任公司2017年度第一期资产支持票据成功发行，规模为65亿元。该产品在拓宽企业融资渠道、降低融资成本、盘活存量资产的同时丰富了国内资产证券化产品，并实现了双SPV交易结构设计和增信方式多样化两个维度的创新。

该项目期限为20年，并设置了每3年一次的开放期。优先A级资产支持票据摊还方式为固定摊还，每半年还本付息一次。优先B级资产支持票据摊还方式为到期还本。评级机构对优先A、B两档的评级分别为AAA和AA+。

3. 绿色资产类产品介绍

资产支持票据通过资产池的设立，分离了企业的主体信用评级和资产信用评级，企业可以高质量的绿色项目发行绿色资产支持票据产品，实现低成本融资。

2017年4月25日，北控水务（中国）投资有限公司2017年第一期绿色资产支持票据在银行间市场成功发行，金额为21亿元，优先档评级均为AAA，优先第一档票面利率为3.8%，资产支持票据存续7年。这是全国首单绿色资产支持票据，也是目前规模最大、基础资产数量最多的水务类资产证券化产品。

该项目的基础资产为北控水务集团有限公司下属全资子公司北控水务（中国）投资有限公司旗下的包括绵阳市城市污水净化有限公司、广州中业污水处理有限公司在内的18家项目公司下属的19家标的水厂的保底污水处理费的收费权利，分属6省、15市县，资产分散安全，收费情况良好，现金流稳定。

该资产支持票据中，北控水务集团未提供担保或流动性支持，20亿元优先档全部出表。该产品的成功发行对北控水务集团财务管控及财务指标产生稳中向好的积极影响；同时，通过此资产证券化工具，北控水务集团盘活了存量水务资产，进一步拓展了融资渠道，与资本市场共享收益、共担风险，这也是北控水务集团在国内资本市场融资的又一重大创新。

2017 年 11 月 24 日，中电投融和融资租赁有限公司 2017 年度第一期绿色资产支持票据在银行间债券市场流通。产品发行总额为 24.84 亿元，其中优先 A1 ~ A3 档信用评级为 AAA，发行规模为 17.39 亿元；优先 B 档信用评级为 AA，发行规模为 1.37 亿元；次级档规模为 6.08 亿元，由发起机构自持。这也是全国首单以融资租赁公司作为发起机构的绿色资产支持票据。

4. PPP 项目类产品介绍

2017 年 8 月 1 日，唐山世园投资发展有限公司 2017 年第一期 PPP 项目资产支持票据成为首批在全国银行间债券市场完成注册的 PPP 项目资产证券化产品。

该项目由国家开发银行担任主承销商和托管银行，中信信托担任交易安排人和发行载体管理机构，中国银行间市场交易商协会作为发行主管部门，采用"财产权信托 + 单一资金信托贷款"的双 SPV 结构设计。产品注册金额为 2.9 亿元，分为 1 ~ 4 年期共四档，各档产品评级均为 AA +，预计存续期限为 44 个月。该项目发起人为河北省唐山世园投资发展有限公司，原始权益人为中信旅游集团有限公司。底层资产为中信旅游向世园发展发放信托贷款而依法享有的单一资金信托贷款债权及其附属担保权益，还款来源为唐山世园会基础设施及配套项目运营收益以及 PPP 合同项下建设运营补贴，募集资金用于提前偿还国家开发银行为 PPP 项目提供的贷款。

作为首批在银行间债券市场发行的 PPP 项目资产支持票据，该项目将进一步提升世园会的知名度和影响力，同时优化项目融资结构、降低融资成本，不增加政府债务。

四　中美资产证券化的比较与借鉴

资产证券化起源于 20 世纪 70 年代美国的住房抵押贷款证券化，并随着法律、会计、市场的逐步完善被推广到其他基础资产和其他经济发达国家。如今，美国资产证券化产品的发行额占全球市场的 65% 以上，市场规模最大，运作模式最为成熟。我国于 2005 年正式启动信贷资产证券化试点。经过十多年的发展，资产证券化市场规模快速扩大，产品类型日益丰富，制度框架逐渐完善。但与美国相比，我国资产证券化市场还有很大的提升空间。因此，在资产证券化发展历程、基础产品类型、运作模式、监管政策和发行方式等方面将中国实际与美国经验进行对比分析，可为我国资产证券化的持续发展提供有益的借鉴。

（一）中美资产证券化市场发展历程比较

1. 美国资产证券化市场发展历程

作为全球资产证券化市场最成熟也是规模最大的国家，美国资产证券化市场的发展历程与其经历的三大危机密不可分。

① 20 世纪 30 年代的经济大萧条后，高失业率造成大规模的住房贷款违约（违约率超过 21%[①]），房价下跌，银行也大范围倒闭（10000 多家[②]）。为化解危机并促进房地产市场稳定发展，联邦政府成立了联邦房贷银行（FHLB）、联邦住房管理局（FHA, Federal Housing Administration）等机构来支持银行发放长期、分期偿还、固定利率的按揭贷款，并对放贷银行发放的满足要求的按揭提供承保。同时，为了给全国住房抵押贷款市场提供持续、稳定的金融支持，1938 年，国会成立了联邦国民抵押贷款协会（房利美，Fannie Mae, Federal National Mortgage Association），通过政府发行债券和短期票据募集资金来购买 FHA 等机构对中低收入家庭的住房抵押贷款。房利美的成立标志着美国住房按揭贷款的二级市场的确立。

② 1968 年，联邦政府将房利美私营化，将其部分功能剥离出来成立了

---

① Ben S. Bernanke, "Nonmonetary Effects of the Financial Crisis in the Propagation of the Great Depression," *American Economic Review* 1983, 73（3）: 257 – 76.

② Ben S. Bernanke, "The Macroeconomics of the Great Depression: A Comparative Approach," *Journal of Money, Credit and Banking* 1995, 27（1）: 1 – 28.

全国按揭贷款协会（吉利美，Ginnie Mae，Government National Mortgage Association）。吉利美隶属于美国住房与城市发展部。虽然重组后的房利美私营化，但美国财政部给予其类似隐形担保的大额授信。为了给常规住房抵押贷款（非中低收入家庭抵押贷款）市场提供流动性，1970 年设立了联邦住房抵押贷款公司（房地美，Freddie Mac，Federal Home Loan Mortgage Corporation）。房地美的性质和职能与房利美类似，都是在房屋抵押贷款二级市场中收购贷款，但不同于房利美，房地美侧重于常规住房抵押贷款市场。同年，吉利美发行了第一单房地产抵押贷款支持证券（MBS）。

20 世纪 70 年代中期，二战后早期婴儿潮人口①进入结婚生子期，对住房贷款的需求激增，传统的融资渠道难以满足住房贷款机构的资金需求。与此同时，1971 年尼克松政府实行的"新经济政策"和 1973 年西方主要货币与美元实行浮动汇率导致美国通胀率高企和利率急速上扬，经济衰退，顺周期运营的银行开始减少对企业放贷。另外，由于当时美国政府对银行存款利率的上限设置限制，银行存款利率远远低于公开市场投资人对资金的回报要求，个人的银行存款开始向收益率更高的由机构投资人管理的货币基金流动。银行资金的减少进一步加剧了信贷紧缩。仅仅在 1974 年，商业银行放贷就缩减了 20%。大量企业面临贷款困难，不得不放缓商业扩张计划，削减员工数量。资金荒成为美国企业在 70 年代后期面临的重要发展问题。在这种环境下，金融机构需要变现其拥有的长期缺乏流动性的资产以应对信贷紧缩风险，企业寻求新的金融工具的需求非常迫切。由此，也导致低评级企业债（垃圾债）的发展。②

20 世纪 70 年代末 80 年代初，房利美、房地美和吉利美开始将大量抵押贷款资产打包并担任担保人发行证券，MBS 开始发展。储贷危机之后，美国联邦政府开始对金融机构的自有资本率设限（社区银行资本充足率至少达 7%，联邦储备银行至少达 6.5%）；1988 年，国际清算银行（BIS）推

---

① 指美国二战结束后，1946~1964 年出生的人口，大约有 7830 万人。
② 郭杰群：《企业高收益债市场的发展与启示》，《金融市场研究》2017 年第 9 期。

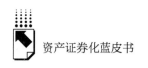

出《巴塞尔协议 I》，进一步将银行自有资本比率提高到至少 8%。在这种制度环境下，为满足资本充足率的规则要求，银行开展资产证券化业务的动机发生演变，即由早期的规避利率风险、提高流动性转变为将其作为资产负债表管理工具，基础资产从住宅抵押贷款开始扩展至其他各种金融资产。这一期间，首单设备租赁 ABS、汽车抵押贷款 ABS、信用卡贷款 ABS 等陆续成功发行。

20 世纪 90 年代，在监管政策、法律支持以及计算机、证券化技术的巨大发展推动下，投资者对不同基础资产类型的证券化产品认可度提高。21 世纪早期，在互联网泡沫和房价暴涨引发的廉价信用驱动下，ABS 领域发展迅猛。

③ 2008 年次贷危机发生，ABS 的发行和需求急剧萎缩（2008 年 ABS 发行总量同比下降了 50%）。尽管资产证券化在危机期间成为众矢之的，但它在危机后的表现证明了它的强大复原力。2017 年，美国资产证券化市场产品发行规模达 2.31 万亿美元，相当于危机前市场平均水平（2005～2007 年的平均规模为 3.27 万亿美元）的 71%。

2. 中国资产证券化市场发展历程

我国资产证券化市场起步较晚，但在内部改革驱动和外部经济环境变迁的共同影响下，自 2014 年以来以指数级的速度增长，目前已成为亚洲最重要的资产证券化市场。具体来看，我国资产证券化业务发展经历了以下四个阶段。

（1）探索阶段（1990 年初～2004 年）

我国资产证券化试点始于 2005 年，但此前已有一些机构进行了探索，尝试了类证券化产品的运作。例如，1992 年三亚市开发建设总公司就发行了 2 亿元的三亚地产投资证券。为了寻找新的融资来源，在这之后一些大型国企在境外发行资产证券化产品，其中代表性的有 1996 年中国远洋运输有限公司和 1997 年中国外运集团以应收账款为基础资产发行的资产支持证券。

亚洲金融危机之后，商业银行的不良资产问题引发关注。华融、信达和工商银行宁波分行对不良资产证券化产品进行了尝试。虽然这些产品还不是严格意义上的资产证券化产品，但资产证券化的理念已经引起了市场的关注。

（2）试点阶段（2005～2008年）

2005年，信贷资产证券化试点正式启动，央行和银监会相继出台了《信贷资产证券化试点管理办法》和《金融机构信贷资产证券化试点监督管理办法》以及其他配套法规文件。同时，证监会开始了企业资产证券化业务的研究论证和探索。

（3）停滞阶段（2009～2011年）

受2008年美国次贷危机影响，基于防范资产证券化产品风险和维护金融安全考虑，我国监管部门停止了各类资产证券化产品的审批发行。这一期间，仅2011年远东国际租赁有限公司发行了1单企业资产证券化产品。

（4）常态化发展阶段（2012～2013年）

2012年，央行、银监会和财政部联合发出《关于进一步扩大信贷资产证券化试点有关事项的通知》，标志着信贷资产证券化业务重新启动。同年8月，中国银行间市场交易商协会下发《银行间债券市场非金融企业资产支持票据指引》，资产支持票据（简称"ABN"）业务开始在银行间市场亮相。2013年，证监会颁布《证券公司资产证券化业务管理规定》，资产证券化业务由试点转为常规化发展。

（5）快速发展阶段（2014年底至今）

2014年底，监管部门出台了一系列政策支持制度，信贷资产证券化和企业资产证券化进入业务"备案制"时代。2015年，对于已取得业务资格并发行过信贷资产支持证券的发起机构和发行机构开展信贷资产证券化业务实行中国人民银行注册管理制。2016年底，资产支持票据实行新规〔指《非金融企业资产支持票据指引（修订稿）》的发布〕。由此，我国资产证券化市场通过完善制度、简化程序、加强信息披露和风险管理而得到快速发展。

3. 小结

从中美两国资产证券化的起源和发展来看，美国资产证券化市场最早是为解决住房抵押贷款需求激增引起的金融市场流动性紧张问题而出现，并在历次经济危机的冲击下不断完善；另外，在计算机、通信等新兴技术的引领

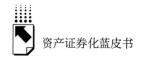
下，美国进一步扩大资产证券化基础资产范围，推动资产证券化市场的较快发展。

中国的资产证券化发展主要体现在学习国际资本市场先进融资理念和创新融资工具上，始终遵循"试点先行、安全第一"的原则。在提高信贷资产流动性、实体经济去杠杆、防范金融风险等经济背景下，中国逐步完善法律法规基础，简化业务流程，促进了资产证券化市场的高速发展。

（二）中美资产证券化基础资产比较及市场概况

1. 中美资产证券化基础资产比较

由于中美两国的经济条件、市场环境以及监管政策等不尽相同，它们在资产证券化基础产品种类方面也有所差异。总的来说，美国资产证券化的基础资产种类清晰（具体见图26），以金融机构债权类资产为主，集中度高，主要包括房地产抵押贷款（MBS）、债务担保证券（CDO，Collateralized Debt Obligation）、汽车贷款和信用卡贷款等。其中，MBS资产证券化产品发行量占资产证券化产品发行总量的80%以上。

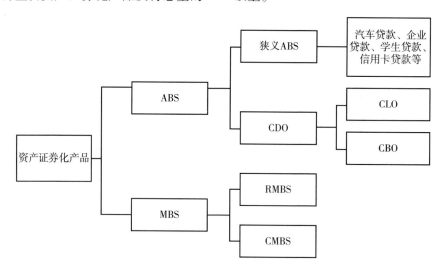

图 26　美国资产证券化产品分类

资料来源：厦门国金根据公开资料整理。

中国金融市场实行分业监管，其中，"业"是行业，而非业务。资产证券化产品作为一种金融产品，相应地也带有监管特色，主要分为4类，分别是信贷资产证券化产品（简称"信贷ABS"）、企业资产证券化产品（简称"企业ABS"）、资产支持票据（简称"ABN"）和保险资产证券化产品（简称"保险ABS"）。4类产品的区别如表10所示。

表10　我国资产证券化产品概况

概况	信贷ABS	企业ABS	ABN	保险ABS
主管部门	央行+银监会	证监会	银行间交易商协会	保监会
发起企业	金融机构	企业	非金融企业	企业
发行载体	特定目的信托	特殊目的载体，为资产支持专项计划或者证监会认可的其他特殊目的载体	特定目的信托、特定目的的公司或银行间交易商协会认可的其他特定目的的载体，也可作为发起机构	特殊目的载体，为保险资产管理公司等专业管理机构设立的支持计划
审核方式	业务资格审批与产品备案结合	备案制	注册制	初次申报核准，同类产品事后报告
信用评级	双评级，鼓励采用投资者付费模式评级；定向发行可免于评级	不强制双评级	不强制双评级	不强制双评级
交易场所	可选择跨市场发行	主要是上交所、深交所和机构间报价与服务系统	银行间债券市场	上海保险交易所

资料来源：厦门国金根据公开资料整理。

基础资产方面，信贷ABS主要是银监会监管下的金融机构的对公和个人贷款资产，分类明确；企业ABS和资产支持票据主要是企业资产，种类繁多（见图27）。由于我国企业资产证券化实行基础资产负面清单制，凡是"符合法律法规规定，权属明确，可以产生独立、可预测的现金流且可特定化的财产权利或者财产"[①]均可作为证券化的基础资产。因此，企业资产证

———————

① 来源于《证券公司及基金管理公司子公司资产证券化业务管理规定》中的基础资产定义。

券化的基础资产出现了信托受益权、委托贷款、保单贷款、融资融券债权、股票质押回购债权、基础设施收费收益权、票据收益权、景区门票收入、学费收入、电影票款、航空票款等多种在美国市场不曾出现的创新资产类型。其中，企业债权类资产存在明确的债权债务关系，资产特征明显，容易辨认；收益权类资产是未来形成的、可预期的财产权利，现金流在很大程度上依赖原始权益人的持续运营和管理能力，一般根据资产的历史运营数据测算得出；权益类资产指商业物业等不动产资产或其附属的未来收益权（租金收入、物业收入等），如商业地产抵押贷款、房地产投资信托基金（REITs）。从会计出表角度来看，债权类资产和权益类资产在满足会计准则约定的相关条件的情况下可以实现会计出表，但收益权类资产不管如何处理都无法实现会计出表。

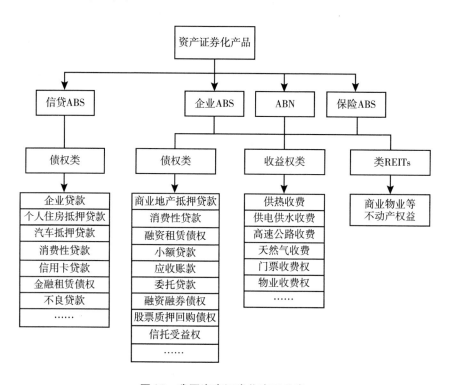

图27 我国资产证券化产品分类

资料来源：厦门国金根据公开资料整理。

为了构造现金流可特定化的合格基础资产，企业 ABS 出现了"信托计划 + 专项计划""私募基金 + 专项计划"等双 SPV 交易结构。从表面上看，"信托计划 + 专项计划"的双 SPV 结构的基础资产是信托受益权（发放信托贷款形成），穿透来看底层资产类型多样，涉及学费收入、保障房收入等收益权类资产；"私募基金 + 专项计划"的双 SPV 形式常应用于类 REITs 产品中，借助私募基金通过"股权 + 债权"的方式收购和控制项目公司（标的物业），再以私募基金份额作为基础资产向投资人发行资产支持证券。而另外，由于我国企业 ABS 在信息披露方面不够透明，一些产品根本找不到任何重要的公开文档（计划说明书、评级报告等），其基础资产类型更是无法识别，这也是当前国内资产证券化市场发展中的重大不足。

2. 美国资产证券化市场规模

美国资产证券化产品是债券市场的重要组成部分，发行量长期占债券总量的 31% 以上，2005 年一度达到 56%，自 2008 年起该占比开始下滑（见图 28）。

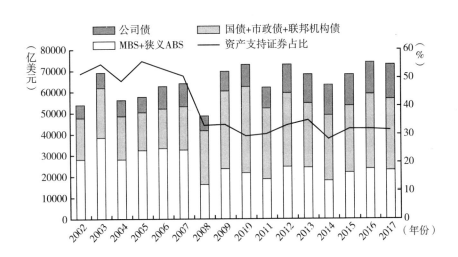

图 28　2002～2017 年美国债券市场发行总量分布

数据来源：sifma。

从结构上看，MBS 是美国资产证券化产品的主要品种。自 2008 年以来，MBS 在整个资产证券化市场的占比达到 80% 以上（2014 年为 79%）。

2017 年,美国资产支持证券共发行 2.31 万亿美元,其中 MBS 发行 1.88 万亿美元(见图 29),占比为 82%,狭义 ABS 仅占 18%。

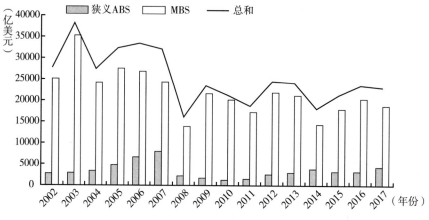

图 29　2002～2017 年美国资产支持证券发行总量

数据来源:sifma。

由于历年发行规模大,MBS 存量占比也很高,近年基本稳定在 87% 左右。截至 2017 年 3 季度末,美国资产支持证券存量总计 10.57 万亿美元,MBS 存量达 9.16 万亿美元(见图 30),比重为 86.66%。

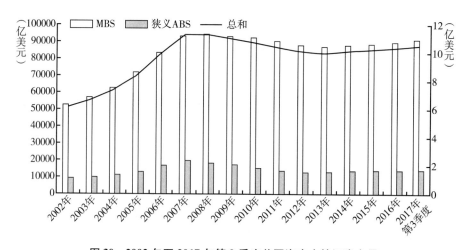

图 30　2002 年至 2017 年第 3 季度美国资产支持证券存量

数据来源:sifma。

美国住房抵押贷款市场属于政府主导型，由房利美、房地美和吉利美三家政府支持机构发行的机构型 MBS 历年占到 MBS 市场的90%以上，远远超过非机构型 MBS 的市场规模。2017 年，机构型 MBS 的发行总量达 1.71 万亿美元（见图 31）。

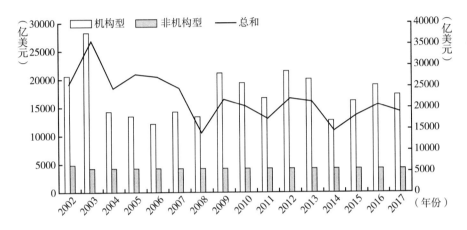

图 31　2002~2017 年美国 MBS 发行总量分布

数据来源：sifma。

美国狭义 ABS 的基础资产包括汽车抵押贷款、信用卡贷款、设备贷款、学生贷款和其他类（不包括在上述类型之内的基础资产，比如应收账款）。汽车抵押贷款 ABS 和信用卡贷款 ABS 的比重较大，两者合计占比最高达到65%（2009 年），其后逐年降低。2017 年，汽车抵押贷款 ABS 总计发行1029.4 亿美元（见图 32），占狭义 ABS 总量的24%；信用卡贷款 ABS 总计发行 427.6 亿美元，占狭义 ABS 总量的10%。

3. 中国资产证券化市场规模

我国资产证券化产品的基础资产种类繁多，集中分布在消费性贷款、个人住房抵押贷款、企业贷款、应收账款、小额贷款、租赁债权、汽车抵押贷款和信托受益权。2017 年，我国资产证券化产品发行总额达 1.4 万亿元（见图 33）。其中，消费性贷款 ABS 位列第一，共发行 2123.42 亿元，市场占比约为15%；RMBS 和企业贷款 ABS 分别发行 1707.53 亿元、1673.94 亿

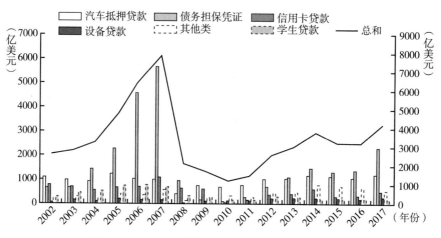

图32 2002～2017年美国狭义ABS发行总量分布

数据来源：sifma。

元，市场占比均约为12%；租赁债权ABS和信托受益权ABS分别发行1438.77亿元、1447.82亿元，市场占比均约为10%；应收账款ABS和小额贷款ABS分别发行1278.27亿元、1246.89亿元，市场占比均约为9%；汽车抵押贷款ABS共发行1089.79亿元，市场占比约为8%。

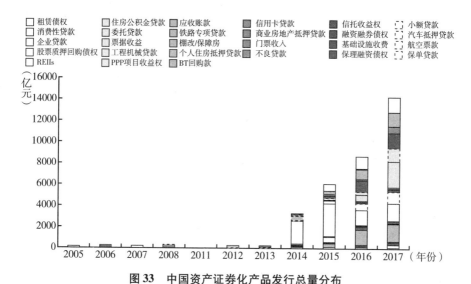

图33 中国资产证券化产品发行总量分布

数据来源：厦门国金ABS云数据库（www.abscloud.com）。

4. 小结

中美两国在资产证券化基础资产类型方面，存在一定的共性和个性。在大类基础资产方面基本相同，比如 RMBS、CLO、Auto ABS、消费性贷款等。但美国是 RMBS 独大，市场占有率在 80% 以上。CDO 等创新类资产证券化产品尚未在我国资产证券化市场出现。相比之下，我国资产证券化的基础资产可谓是"百花齐放"，将近 30 种，创新品种主要出现在企业 ABS 中。就当前的市场现状来看，大多数企业将资产证券化当作一种替代性的融资渠道或是规避资本监管、做大资产杠杆的工具使用，这离真正意义上的资产证券化差距很大。

从市场规模来看，美国资产证券化市场重新焕发了活力，2017 年资产支持证券总发行量达 2.31 万亿美元，占全球 ABS 市场的份额超过 65%；我国在 2014 年底银行间市场和交易所市场全部实行"备案制"之后，资产证券化市场规模急剧扩张，2017 年资产支持证券发行总额突破 1 万亿元，历史累计发行额突破 3 万亿元，发展空间非常可观。

（三）中美资产证券化运作模式比较

1. 美国资产证券化运作模式分析

美国资产证券化业务通常在交易结构上将证券化资产设计成"真实出售"，典型的交易结构如图 34 所示。首先，发起人将证券化资产转移给 SPE（Special Purpose Entity，特殊目的载体），采用真实出售或将资产所有权转让给 SPE 或两者皆有的方式，确保基础资产在原始权益人破产或其他特殊情况下不被认定为原始权益人的资产；然后，SPE 将这些资产转让或出售给发行人（通常以特拉华州法定信托或纽约州普通法信托的形式设立，主要依据信托协议运营）；最后，发行人以获取的资产为基础向投资者发行不同信用等级和期限的证券。大多数的证券化交易会利用双 SPE 运作模式（SPE + 发行人），但有些会没有发行人角色，因为 SPE 本身就可能发行证券。

值得注意的是，在整个证券化交易中，SPE 非常关键。SPE 通常以特拉华州有限责任公司的形式设立，有限责任协议是其运营的主要机构文件。为

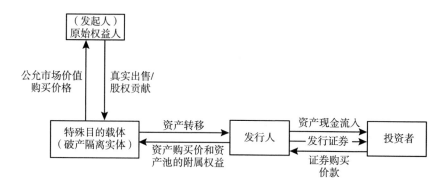

图 34　美国典型的资产证券化交易结构

资料来源：厦门国金根据公开资料整理。

体现 SPE 的有限目的性，以及确保其与母公司（通常为原始权益人）之间的破产隔离，有限责任协议会包含多项承诺，包括 SPE 的经营仅限于购买基础资产、发行资产支持证券等必要的证券化活动，SPE 对外举债受限，SPE 管理层应该至少有一个独立董事等，以限制 SPE 的活动和保持 SPE 的独立性。为实现"真实出售"和"破产隔离"，原始权益人和 SPE 需要对"真实出售"或"真实交付"做一系列法律承诺（称为"分离契约"），律师事务所会出具"关于真实出售的法律意见"和"非合并的法律意见"，旨在确定当原始权益人涉及破产诉讼时，证券化资产与原始权益人及其附属机构的资产相互独立，SPE 的资产负债表不会与原始权益人的资产负债表合并。①

另外，在美国资产证券化交易中，服务商的角色不可缺少。个人住房抵押贷款资产证券化项目通常需要雇佣贷款服务商（也称"基本服务商"）和主服务商，一般由原始权益人充当。其中，基本服务商负责从借款方归集贷款本息、在必要时候垫付本息、降低出现的亏损和通过出售物业（资不抵债形式）、止赎等方式恢复本金等；主服务商负责协调各基本服务商向借款

---

① Structured Finance Industry Group（SFIG），"A Comprehensive Guide to U. S. Securitization," http：//www. chinasecuritization. org/MT_ File/Editor_ File/file/SFIG% 20Chinese% 20Market% 20Committee% 20White% 20Paper. pdf，2016，pp. 12 – 18，pp. 137 – 150.

人回收本息，以及向个人住房抵押贷款信托垫付资金等工作。在商业地产抵押贷款证券化交易中，除了主服务商和基本服务商，还需要聘用特殊服务商，负责处理诸如评估贷款修改申请以及为"特殊服务"贷款进行清算和止赎等事务。特殊服务商通常是商业地产抵押贷款支持证券的 B - 级块的持有者，由控制层证券持有人（一般持有证券劣后级部分）指定。在非 MBS 的资产证券化交易中，服务商主要负责归集基础资产的回款本息，以及回收违约事件发生后的现金流。与 MBS 交易不同的是，在 ABS 交易中，服务商往往不需要为资产本金和利息的按时归集负责，因为 ABS 产品的交易结构中通常会设置诸如现金流储备账户的增信措施，以覆盖资金短缺情况。

2. 中国资产证券化运作模式分析

我国资产证券化的运作模式有两种，一种是依据《中华人民共和国信托法》，以信托公司设立的"特定目的信托"为载体，实现法律意义上的风险隔离，主要适用在银行间债券市场发行和交易的信贷资产证券化产品和资产支持票据；另一种是依据《中华人民共和国证券法》、《中华人民共和国证券投资基金法》和《中华人民共和国公司法》，以证券公司或基金管理公司子公司成立的"资产支持专项计划"为载体，"真实出表"和"破产隔离"需要会计师事务所和律师事务所依据相关规定进行认定，主要适用在交易所市场发行和交易的企业资产证券化产品（银行间债券市场和交易所资产证券化产品有关区别请见表10）。

具体来看，在典型的信贷资产证券化交易结构中，发起机构将信贷资产信托给受托机构（信托公司），受托机构以信托财产为支持向投资机构发行资产支持证券，将所得的募集资金扣除承销报酬和相关发行费用后的净额支付给发起机构，并以信托财产未来产生的现金流为限支付投资者收益（见图35）。贷款服务机构负责基础资产监控、本息回收和催收，以及违约资产处置等基础资产管理工作，因为发起机构拥有基础资产的现成信息系统以及相应的客户关系，贷款服务机构往往由发起机构或其附属机构担任。此外，为了保证发起机构与投资者的利益一致，信贷资产证券化产品有5%的风险自留规定，即发起机构必须"水平持有"、"垂直持有"或"L 型持有"到期至少5%的基础资产信用风险。其中，"水平持有"要求发起机构持有不低于证券发行总额5%的最低档次证券；"垂直持有"要求发起机构若持有至少5%的最低档次证券，其他档次证券应该同比例持有；"L型持有"要求在自留不少于发行总额5%的情况下，优先档证券每档留成比例相同，但可低于次级档证券留成比例。

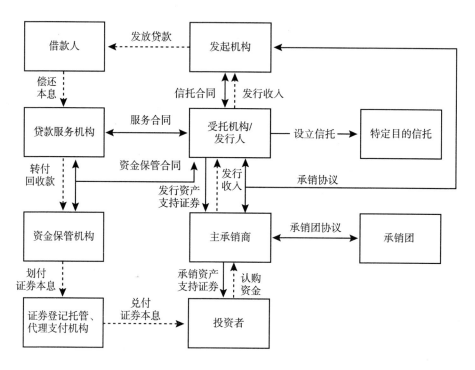

图35 中国典型的信贷资产证券化交易结构

资料来源：厦门国金根据公开资料整理。

企业资产证券化与信贷资产证券化交易不同的是，投资者将认购资金以资产支持专项计划的方式委托计划管理人设立和管理，管理人通过专项计划向原始权益人购买基础资产（见图36）。而且，为了构造合格基础资产，市场上出现了"信托计划＋专项计划"和"私募基金＋专项计划"的双SPV交易结构。监管对原始权益人的风险自留没有明确规定，原始权益人通常参照信贷资产证券化的做法，持有不低于发行总额5%的次级档证券。另外，如果企业证券化产品要在交易所市场挂牌转让，必须向交易场所（主要是上海证券交易所、深圳证券交易所和机构间私募产品报价与服务系统）申报取得无异议函。

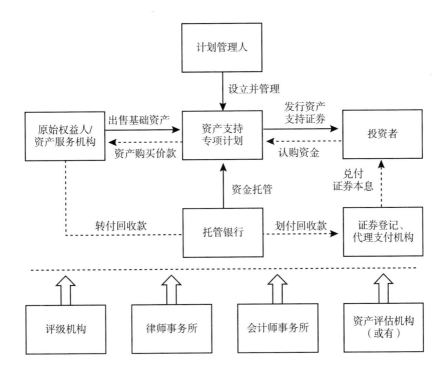

图36 中国典型的企业资产证券化交易结构

资料来源：厦门国金根据公开资料整理。

3. 小结

尽管同样叫作"资产证券化"，美国在SPE设立、存续期服务商管理等方面的规定，体现了资产证券化"真实出售"和"风险隔离"的创新本质。但我国资产证券化的SPV主体地位并没有明确的法律保障，特别是企业资产证券化。

（四）中美资产证券化监管模式比较

1. 美国资产证券化监管模式分析

美国的证券监管体系由联邦、州和自律组织三个层次共同组成。虽然美

国对资产证券化没有专门的立法，但《1933 年证券法》、《1934 年证券交易法》和《蓝天法案》构成了资产证券化业务的基本监管框架。

根据《1933 年证券法》，各类证券的发行需要向美国证监会（SEC）注册，发行人有提供信息的义务，并要保证提交信息的真实性、准确性和完整性，但是特殊证券种类和交易可豁免注册。《1934 年证券交易法》延续《1933 年证券法》的精神，除了要求证券注册登记外，还规定发行人要向 SEC 报送定期报表，目的在于使投资人获得持续、正确的相关信息。在证券化交易中，采用特殊目的公司（SPC）架构的，还受《1940 年投资公司法》的规范。《蓝天法案》是美国各州制定的证券法规，其基本架构与《1933 年证券法》类似，要求在各州发行的证券向该州的证券监管机构注册。对于私募发行的证券，可豁免注册，适用于美国证监会在 1972 年出台的《144 规则》、1982 年的《D 条例》和 1990 年的《144A 规则》。2010 年，美国发布的《多德－弗兰克法案》规定了发起机构风险自留模式，加强了对评级机构等市场中介机构的监管，引入中央对手方清算机制，要求更加透明的信息披露。

由于立法层面的证券法律虽包罗万象，但很多内容对资产证券化并不适用。2004 年 12 月，SEC 发布了专门针对资产证券化的监管规则——《资产支持证券注册、信息披露和报告规则》（简称 "Reg AB"，2006 年 1 月 1 日生效）；2014 年 8 月 27 日起，SEC 开始实施修改后的 "Reg AB" 最终规则，即 "Reg AB Ⅱ"，该条例主要在四个方面有所改进：①修改有关 "资产支持证券" 的定义；②针对搁置注册制定了一批新的注册人和交易适用要求；③针对以住房抵押贷款、商业地产抵押贷款、汽车贷款、汽车租赁、债务证券、再证券化产品为基础资产的资产支持证券，要求资产层面的资料披露及相关信息保密；④其他新的发行说明书披露要求。

在会计处理方面，涉及资产证券化基础资产 "真实出售" 的认定主要依据美国《通用会计准则》下，《财务会计准则》第 166 条和第 167 条的规定。资产证券化表外化处理包含两个关键步骤：①《财务会计准则》第 167 条防止发起人与发行人的财务报表合并；②《财务会计准则》第 166

条确保发起人对发行人进行会计销售。税务处理比较散乱，分散在各项法规中。①

2. 中国资产证券化监管模式分析

和美国类似，我国也没有针对资产证券化业务的专门立法。总的来说，资产证券化业务中的相关参与主体受《中华人民共和国证券法》《中华人民共和国证券投资基金法》《中华人民共和国公司法》和《中华人民共和国信托法》的约束。在我国实行的分业监管模式下，信贷资产证券化产品和资产支持票据在银行间债券市场发行和交易，由中国人民银行（简称"央行"）负责监督管理。其中，信贷资产证券化产品实行"备案制和央行注册制"相结合的方式，即金融机构向银监会申请相关业务资格，获批发行的产品须向银监会备案；对于已经取得监管部门相关业务资格、发行过信贷资产支持证券且能够按规定披露信息的受托机构和发起机构可以向央行申请注册，并在产品发行前由央行备案。资产支持票据的发起主体为非金融企业，实行银行间交易商协会注册制。企业资产证券化产品一般在证券交易所市场发行，由中国证监会负责监督管理，由中国证券投资基金业协会负责事后产品备案，而且产品公开挂牌转让有 200 个合格投资者的限制。

信息披露方面，央行和银监会依据《信贷资产证券化试点管理办法》针对信贷资产证券化专门出台了《资产支持证券信息披露规则》和《信贷资产证券化基础资产池信息披露有关事项公告》等文件，同时央行授权银行间交易商协会针对性地发布了个人汽车贷款、个人住房抵押贷款、个人消费性贷款等大类基础资产证券化的信息披露指引；企业资产证券化的信息披露则主要依据证监会在 2014 年底发布的《证券公司及基金管理公司子公司资产证券化业务管理规定》和《证券公司及基金管理公司子公司资产证券化业务信息披露指引》。

会计处理和税收政策方面，财政部发布了《信贷资产证券化试点会计

---

① Structured Finance Industry Group（SFIG），"A Comprehensive Guide to U. S. Securitization," http：//www. chinasecuritization. org/MT_ File/Editor_ File/file/SFIG% 20Chinese% 20Market% 20Committee% 20White% 20Paper. pdf，2016，pp. 12 – 18，pp. 137 – 150.

处理规定》和《关于信贷资产证券化有关税收政策问题的通知》，但这些规定仅适用于信贷资产证券化产品。一般而言，资产证券化交易是否实现会计出表，主要从是否合并 SPV、终止确认全部或部分资产、是否已转移资产和判断风险转移的程度四方面考量。从现有的文件规定来看，信贷资产证券化实现了税收中性，而企业资产证券化的税收政策比较模糊。

最后，在涉及资产证券化交易的"真实出售"和"风险隔离"问题上，信贷资产证券化依据《中华人民共和国信托法》和《中华人民共和国破产法》，基础资产属于信托财产，可视作实现了破产隔离；企业资产证券化中的基础资产转让仅为合同转让，是否构成真实出售还依赖于明确的法律意见书。

3. 小结

我国和美国在金融业监管模式（美国实行统一监管，我国实行分业监管）上截然不同，在具体监管政策方面也有较大差异。从法律层级来看，两国资产证券化都没有上位法。但是美国《1933 年证券法》将"资产证券化"纳入"证券"范畴，并在法律框架下，制定了更加细化、专门适用资产证券化的监管规则，而且兼顾公募和私募证券发行，培育了繁荣的私募证券市场。相反，我国《证券法》对"证券"的概念界定过于狭窄，使得它无法全面适用资产支持专项计划的发行与交易。此外，我国对于资产证券化会计、税收等方面的规定也不甚清晰，造成业务实操上的"左右为难"和市场资源的浪费，阻碍了资产证券化市场的健康发展。

（五）中美资产证券化发行方式比较

1. 美国资产证券化发行方式分析

依据《1933 年证券法》和《1934 年证券交易法》，美国资产证券化的公募发行要接受相应的注册登记和进行持续的信息披露。注册登记人一般为证券发行人，须向美国证监会（SEC）提供固定格式的注册登记申请表格（资产证券化最常用的是 S－1、S－3 和 S－11）。按照《1934 年证券交易法》的强制信息披露要求，公募资产证券化产品在存续期要向 SEC 提交年度报告、季度报告和临时报告等。由于吉利美和"两房"等机构具有政府信用背景或隐含的政府信用支持，它们发行的机构型 MBS 可豁免注册和自愿进行信息披露。迫于投资者要求和市场竞争压力，这些机构通常都会在自身官网或通过第三方信息服务商披露产品信息，信息披露的内容、形式和详细程度与非机构型资产证券化产品日益趋同。

在《1933 年证券法》的制度框架下，私募发行的资产支持证券亦可豁免注册。其中，4（a）2 节［即"第 4 章第（a）2 节"］规定了私募发行豁免（转让受限制），4（a）1 节规定了转售豁免（即除发行人、承销商和交易商以外的任何出售交易豁免 SEC 注册）。由此形成了所谓的"4（a）（1/2）豁免"，即只要满足上述两个条件，私募证券的发行和转售不受限制。但这只是理论上的推断，因为立法规定的豁免条件并不清楚，能否得到 SEC 和法院的认可也存在法律上的不确定性。为此，SEC 于 1972 年颁布了《144 规则》，明确规定了受限证券的转售条件，包括持有期限（至少持有 6 个月或 1 年）、转售量等。严苛的转售条件依然严重限制了私募证券市场的流动性。为进一步促进该市场的发行效率，提高二级市场流动性和透明度，1982 年 SEC 颁布了《D 条例》，其中"506 规则"指出，要享受 4（a）2 节的豁免保护，证券发行可面向"可资信赖的投资者"（Accredited Investors，人数无限制，定义见于"501 规则"），该投资者为有丰富金融市场经验的自然人（近 2 年内个人年收入超过 20 万美元或夫妻共同收入超过 30 万美元，且收入稳定）或银行、保险、经纪商和信托公司（总资产超过 500 万美元）等以及不超过 35 人的其他购买者（同样要求有丰富的金融和商业知识及经验，有投资风险识别能力），但不能通过广告或招揽的形式营销。1990 年，SEC 发布《144A 规则》，在《144 规则》基础上对私募证券二级市场进行细分，并提出"合格投资者"（QIBs，Qualified Institutional Buyers）的概念。合格投资者必须是机构投资者，包括银行和储贷机构（净资产在 2500 万美元以上）、投资公司、保险公司以及其他"可资信赖的投资者"实体等，在自主基础上拥有或投资无关联实体发行的证券至少达 1 亿美元。

以上一系列规则、条例的出台，活跃了私募证券市场的发行和交易市场，培养了专业的投资者群体，为组织化、集中化的私募证券二级市场打下了基础。最早出现的私募证券二级市场集中交易场所 NASDAQ 是在 1990 年获得 SEC 批准的门户市场（Portal Market），2007 年起高盛、花旗、美林证券等华尔街巨头开始开发私募证券二级转让电子交易平台。2007 年 11 月，纳斯达克联合高盛等主要华尔街投资银行组成纳斯达克门户联盟（NASDAQ Portal Alliance），合作共建了覆盖整个证券行业、便利 144A 证券柜台交易的自动化平台——门户市场。①

2. 中国资产证券化发行方式分析

我国资产证券化的公募和私募划分标准主要是两点：合格投资者及 200 人限制。银行间债券市场的主要投资者是以商业银行等金融机构为主的机构投资者，一般来说在该市场发行的资产支持证券被认为是面向不特定对象发行，且没有人数限制，属于公募产品。而在交易所发行的资产支持专项计划遵从《中华人民共和国证券法》《证券公司及基金管理公司子公司资产证券化业务管理规定》的要求，面向合格投资者发行，且发行对象不超过 200 人，属于私募产品。私募产品发行不得采用广告、公开劝诱和变相公开方式推广。

银行间债券市场资产证券化分为信贷资产证券化和资产支持票据。具体来看，信贷资产证券化实行银监会监管的业务资格审批制度，获批的金融机构在产品发行前向银监会备案，已备案产品需在三个月内完成发行，三个月内未完成发行的须重新备案；向中国人民银行申请注册的信贷资产支持证券可在注册有效期内自主分期发行。非金融企业发行资产支持票据由银行间交易商协会负责注册管理。在发行选择上，信贷资产证券化和资产支持票据可向投资者公开发行和定向发行，定向发行资产支持证券可免于信用评级，但只能在认购人之间转让。信息披露方面，相关文件（见本节第四小节第 2 部分）规定了信贷资产证券化参与机构（主要是受托机构）、基础资产池以

---

① 贺绍奇：《私募二级市场创新：美国 144A 私募市场经验及我国借鉴》，《中国市场》2014 年第 19 期，第 42～44 页。

及大类基础资产的信息披露内容；《非金融企业资产支持票据指引》和《非金融企业资产支持票据公开发行注册文件表格体系》对资产支持票据发行期和存续期的信息披露文件——《募集说明书》《信用评级报告》《财务报告》和《法律意见书》提出了详细的披露要求。

企业资产证券化产品可在证券交易所、全国中小企业股份转让系统、机构间私募产品报价与服务系统、证券公司柜台市场以及中国证监会认可的其他证券交易场所挂牌、转让，由中国证券投资基金业协会负责事后备案和负面清单管理。资产证券化产品只有拿到交易所的无异议函才能公开挂牌转让，不进行挂牌转让的产品只需在基金业协会备案。证监会发布的"一个规定两个指引"[①] 对尽调环节、发行环节和存续期间各资产证券化业务参与方的信息披露内容做了详细规定。

根据《中华人民共和国证券法》、《中华人民共和国证券投资基金法》和《私募投资基金监督管理暂行办法》，合格投资者是指达到规定资产规模或者收入水平，并且具备相应的风险识别能力和风险承担能力、认购金额不低于规定限额的单位和个人。具体指：①净资产不低于 1000 万元的单位；②金融资产不低于 300 万元或者最近三年个人年均收入不低于 50 万元的个人；③社会保障基金、企业年金等养老基金，慈善基金等社会公益基金；④依法设立并在基金业协会备案的投资计划等其他证监会认可的投资者。虽然有实力的个人投资者属于合格投资者，但目前资产证券化产品的购买者还是以机构投资者为主。

3. 小结

美国证券市场的立法理念以"完全信息披露"为指导，由投资者自主进行证券价值判断和投资决策，从而形成了证券"注册登记制＋持续信息披露"的监管制度。与此同时，对符合条件的私募证券豁免注册，并在一系列的政策演变下，明晰了私募证券发行、转售和合格投资者等概念，构建

---

① 指《证券公司及基金管理公司子公司资产证券化业务管理规定》、《证券公司及基金管理公司子公司资产证券化业务信息披露指引》和《证券公司及基金管理公司子公司资产证券化业务尽职调查工作指引》。

了活跃的私募证券一级市场和流动性充分的二级市场。我国公募和私募资产证券化市场分别对应在银行间市场和交易所挂牌转让的资产支持证券,更广泛来讲,未在交易所挂牌转让的证券化产品也属于私募产品,但这类产品基本上找不到任何公开信息。就合格投资者而言,美国的投资者主体更丰富,我国则太过狭窄和单一,不利于资产端和资金端的风险收益匹配以及证券风险分散等;在二级市场方面,美国私募证券市场流动性更高,形成了一级市场和二级市场"相互反哺"的良性互动,相反,我国企业资产证券化二级市场的流动性严重不足,很多机构投资资产证券化产品会持有到期,市场效率低下。

(六)美国资产证券化发展经验给我国的启示

美国资产证券化的发展初衷是解决金融市场流动性不足问题,之后则在多次经济危机和证券化技术创新的冲击下,不断向前发展,显示了强大的生命力。我国的经济环境与美国相比,有自己的独特性,简单照搬美国的成熟经验不见得有成效,但可在以下几方面完善改进,以更好地促进资产证券化助益经济发展。

1. 制定完善的法律体系

近年来,我国制定了一系列部门规章为资产证券化业务提供制度保障,资产证券化市场因此迎来了跨越式发展。但这离真正意义上的资产证券化还有不小差距。目前除了《中华人民共和国信托法》下的特殊目的信托计划具有行业普遍共识下的"破产隔离"功能外,企业资产证券化产品的发行载体并不具备独立的法律地位,资产风险的实质转移有待商榷。所以,建议我国建立一套类似《中华人民共和国信托法》的完整的资产证券化法律体系[①],解决资产证券化法律冲突和障碍问题,以适应资产证券化业务发展的规范化需要。另外,由于我国资产证券化基础资产类型较多,具体立法层面

---

① 洪艳蓉:《重启资产证券化与我国的发展路径》,《证券市场导报》2011 年第 9 期,第 9 ~ 10 页。

需要考虑不同基础资产的特性，尤其对不动产资产证券化要区别对待。

2. 统一监管，放松管制

资产证券化业务是一项复杂的金融创新，涉及的参与主体、行业领域较多，目前我国实行的"分业经营、分业监管"模式不利于监管的统一协调。因此，建议推行混业监管政策，将资产证券化监管工作划归为由单一部门或机构负责，避免重复监管或监管缺位问题。另外，我国应放松金融管制，扩大合格发行主体和投资者范围，提高二级市场的交易活跃度，促进资本市场深化发展。

3. 建立完备的资产证券化会计和税收制度

资产证券化有别于其他融资工具的两个重要特性是：会计出表和税收中性。我国目前对信贷资产证券化有相关的会计处理和税收处理规定，但在企业资产证券化领域还是空白，而且对于存续期间执行审计的主体尚无明确定义，也没有对 SPV 能享有的税收优惠予以规定。此外，与美国相比，我国资产证券化会计制度比较粗浅，并未体现美国资产证券化会计规范中的精髓。随着资产证券化的发展和创新，需要进一步完善会计和税收制度。

4. 推进资产证券化信息披露标准化

目前我国资产证券化信息披露的基本框架已经建立，覆盖了资产证券化的所有阶段。相对来讲，信贷资产证券化的信息披露更加完善，大力借鉴了美国"Reg AB II"的成熟经验，在双评级制度、大类基础资产差异化信息披露等方面增强了安排。企业资产证券化的信息披露主要遵循业务管理规定和配套的信息披露指引要求。总体而言，我国的资产证券化信息披露还停留在"重视主体、轻视资产"的阶段，不利于投资者对产品进行比较分析和识别、判断产品风险。所以，建议我国加强底层、基础资产的信息披露，实行差异化的信息披露制度（公募和私募发行区分、投资者和一般公众的信息可获得性区分等），促进交易文档的电子化和标准化，充分揭示产品风险，加强投资者保护。

5. 推动建设资产证券化私募市场

因为拥有高度健全的市场体制和完善的市场法律法规，美国资产证券化

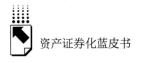

蓬勃发展，而繁荣的私募证券一级和二级市场是推动其发展的重要力量之一。我国目前对于合格投资者的限定条件太过严苛，投资者结构单一，而且在私募发行和转让方面存在政策和法律上的不确定性，严重阻碍了资产证券化产品定价、风险转移和流动性转换等功能的实现，不利于资产证券化市场的持续健康发展。建议适度放宽合格投资者标准，发展资产证券化私募市场，将其提高到建设多层次资本市场的战略高度，打破资产证券化产品的流动性瓶颈，提高资本市场效率，使之更好地为实体经济服务。

五　2018年中国资产证券化市场发展建议

（一）跨市场问题

从二级市场流通的角度来看，目前资产证券化（以下简称 ABS）产品挂牌流通于信贷 ABS 市场、企业 ABS 市场、资产支持票据（以下简称 ABN）市场等各交易市场，而这些市场由于所属监管机构及投资者计提标准的不同，存在相互割裂的情形。如能够实现各交易场所的联动，不仅仅可以直接拓宽投资者范围，更能够有效提升 ABS 产品的交易量和流动性；同时，交易场所联动会提高信息披露和产品标准化的程度，亦能够促进形成受市场认可的 ABS 产品估值与定价机制。

从一级与二级市场的角度来看，发行市场与交易市场也存在相互割裂的情形。二级市场的投资者很难了解一级市场的发行基础情况，投研成本与利差不甚匹配，加上尚未形成成熟公允的估值与定价机制，二级市场内可参与流转的交易对手非常有限。在发行市场上甚至存在投资者端驱动发行的 ABS 产品，该类产品下，发行端的投资者直接参与产品的设计和尽职调查，与二级市场的投资者形成较大的信息不对称，而 ABS 产品个性化较强，使得二级市场投资者实际上很难有发行端投资者那样高的主动性和驱动力评估研究和选择投资。

上述现象表明，跨市场问题实际上阻碍了 ABS 产品向标准化和高流动性方向的发展。这已引起监管部门的关注，即便在现阶段监管分立的大框架下，监管层对监管套利的整治，也已使未来各 ABS 产品交易市场监管标准开始趋同。

跨市场是一个多维度的问题。一方面，从二级市场增强流动性的角度来说，各交易场所之间形成联动，证券化产品进行跨市场流通，能够有效缩小一级市场的割裂情形；另一方面，跨市场问题的源起在于信贷 ABS 产品、企业 ABS 产品及 ABN 等的上位法依据和监管主体的不同，相应的 ABS 产品也天然地在各交易场所产生并流通。从监管角度出发，如能够自上而下地提高监管标准的一致性，加快出台加强信息披露和提高流动性的举措（如交易所关于 ABS 质押规则的出台），可有效改善当前市场割裂的情形。

（二）产品的标准化与统一化

如上所述，信贷 ABS 市场、企业 ABS 市场、ABN 市场的相互割裂，ABS 产品的跨市场现状客观上形成了 ABS 产品在各个市场上自成体系的局面。同样的证券化基础资产，由于发起人（原始权益人）的监管部门不同、产品发行的市场不同，形成的 ABS 产品和所受的监管标准也不同。随着基础资产日益多元化，所跨行业与领域也日益广泛，这个问题显得越来越突出，导致市场上 ABS 产品的标准化程度日益降低。促进产品的标准与统一，成为 ABS 业务发展需要解决的下一个痛点。为此，本文提出如下解决建议。

第一，规范信息披露。即使是在公开交易场所挂牌的 ABS 产品，其本质仍为私募产品，信息披露仅对特定合格投资者公开，而大量未在交易场所流通的 ABS 产品，信息更加不对称。因此，需要在发行及存续环节规范统一的信息披露，以利于增加二级市场的透明度和交易的公平性。

第二，建立标准化、统一化的产品估值与定价机制、现金流评估机制、风险收益曲线，以利于形成一级市场发行定价、二级市场交易定价的重要参考。

第三，积极推动同质化程度高、资产生成能力强、现金流稳定的基础资产进行证券化，鼓励该类资产稳定滚动发行，从此类资产着手，参考信贷 ABS，推动整个 ABS 的标准化与统一化。

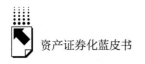

当然，这个问题的解决，不仅仅是技术上的改进，更重要的是必须进行监管体制的改革，只有具备统一的监管标准，才能促成 ABS 产品统一化和标准化。

（三）产品的估值与定价

随着监管政策，及监管对资管业务禁止套利、去通道化的监管要求趋紧，监管整治力度的增强使得各一级市场 ABS 产品的发行利率不断抬升。整体而言，企业 ABS 产品的 AAA 级证券发行利率仍高于信贷 ABS 产品。

（1）信贷 ABS 产品定价机制

信贷 ABS 产品目前的发行定价主要参考相同期限、相同信用等级信用债的利率水平，最终发行价格按照基准利率与利差之和的方式进行确定。信贷 ABS 产品有固定利率和浮动利率两种定价形式，基础资产现金流和票面利率均会影响浮动利率。就信贷 ABS 产品而言，其票面利率与基准利率息息相关，由于基础资产为信贷资产，除了资产管理方面的相关因素外，基础资产现金流还受到基准利率的影响。

除上述基本层面的影响因素外，信贷 ABS 产品在估值和定价上还受发行主体信用的影响，发行主体信用的影响弱化了基础资产的信用质量。资产池信用质量在较好的时候，可对主体信用起到补强作用，在债券定价表现上可能呈现与主体信用持平或略优于主体信用的情形；当资产池信用质量低于主体信用时，我们无法发现债券定价与资产池信用质量之间的直接关系，主体信用质量则呈现与债券定价相关的情形。如从汽车贷款 ABS 产品的发行情况看，银行作为发行主体的债券票面利率明显低于汽车金融公司作为发行主体的债券，国有性质的发行主体的债券票面利率明显低于非国有的发行主体的债券。

（2）企业 ABS 产品定价机制

企业 ABS 产品的定价影响因素较信贷 ABS 产品更加复杂，其定价方法因非信贷资产作为基础资产，基本上均为固定利率。

企业 ABS 产品由于破产隔离并未完全实现，基础资产仍依赖于发行机构的主体经营行为，且产品风险因素较信贷资产更为复杂。在市场对资产本身独立信用认可度不高的情况下，在产品设计及定价上还相当依赖于发起机构的主体信用水平，因此常以相同期限、相同信用等级公司债的利率水平作为参考。如对于无担保公司债下相同信用等级的发起机构，在它发行 ABS 产品时，可通过资产池的选择与构建、结构化分层等技术手段实现增信，从而能够提高证券端的信用等级；但由于公司债流动性明显优于企业 ABS 产品，且公司债已有成熟的质押、回购等杠杆操作，在流动性溢价上，ABS 产品又高于公司债。

就目前的发行情况看，虽然 2017 年受利率上行影响，企业 ABS 产品与同期限同级别公司债相比利差振荡收窄，但 ABS 产品的定价在整体上仍优于相同期限及相同信用等级的公司债。

（3）完善估值与定价机制的建议

无论是从信贷 ABS 还是从企业 ABS，都可以看到，目前我国 ABS 产品的估值与定价仍深受主体信用状况的影响。

基准利率的高低受到宏观经济环境及政府调控的影响，也受资金供求情况的作用，而利差层面的作用因素则更加复杂，利差反映了投资者对于风险的态度，反过来也影响资金的供求关系。

ABS 产品的结构化性质决定了所面临风险的复杂化，如与基础资产相关的风险中通常存在现金流无法达到预期水平的风险、增信主体的信用风险、现金流评估预测与实际回款情况的偏差风险、资金账户管理的混同风险，与ABS 产品相关的风险则主要为受宏观环境变化影响的利率波动风险、流动性风险、评级下调的风险，等等。风险的复杂化使得 ABS 产品对投资者投研能力有一定要求，特别是在目前我国尚未形成标准化 ABS 产品估值与定价机制的情况下，对 ABS 产品风险的判断和投资回报率的预期的差异也是普遍存在的。

如上所述，ABS 产品本身结构及风险均较为复杂，当前信息披露制度尚未完善，对资产池质量的把控力不足，使得市场对资产池信用的认可度普遍

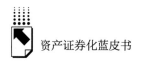
不高，投资者更倾向于以融资主体信用作为投资判断的基础。因此，要解决当前存在的 ABS 产品估值与定价问题，仅凭加强投资者投研能力的建设是不够的，一方面需要加强信息披露，另一方面需要引入更加专业的定价工具及第三方数据服务商，此类数据服务商应当能够以行之有效、标准化的数据模型对资产池情况做出真实客观的判断，以助形成一套完整、统一、标准的 ABS 产品估值与定价机制。

（四）二级市场流动性

与 ABS 一级市场的蓬勃发展相比较，二级市场的交易情况则略显低潮。现阶段 ABS 产品交易仍然以银行间市场和交易所市场为主。

ABS 二级市场流动性与宏观环境及 ABS 一级市场的发展息息相关。自企业 ABS 重启至今，虽然市场驱动下的企业 ABS 产品发行量已于 2016 年超过信贷 ABS 产品当年发行总量，且二者发行量差额呈现进一步加大的态势，但从二级市场交易情况看，银行间市场 ABS 产品的流动性仍然表现出优于交易所市场 ABS 产品的状况。

2017 年，银行间市场 ABS 产品交易量较 2016 年有显著增长，然而交易所市场 ABS 产品的交易量则降幅较大，企业 ABS 产品流动性更加低迷。整体而言，ABS 二级市场交易量在 2017 年较 2016 年有所下滑，暂且不论因 2017 年宏观市场环境导致的二级市场交易量波动的情形，上文所述的跨市场问题、产品标准与统一问题、产品估值与定价问题，实际上亦是造成流动性欠佳的原因。

ABS 产品投资群体的单一化及其市场定价能力和交易策略也是影响 ABS 二级市场流动性的因素。较之 2017 年，尤其是在 2016 年及 2017 年上半年消费金融 ABS 蓬勃发展及 pre－ABS 业务出现的背景下，ABS 产品中间级及劣后级已逐渐由部分私募投资机构、金融机构与相关机构合作成立的 ABS 投资基金等非银机构参与认购、持有，此类主体也开始参与 ABS 产品的交易环节，投资者的多元化一定程度上拉高了二级市场的活跃度。但随着 2018 年初开始实行的增值税新政（在金融商品转让业务中，持有至到期的资管产品免增值税），ABS 产品投资者的交易策略偏向于持有到期。

二级市场流动性是 ABS 业务发展现状的直接表现，也是 ABS 业务发展特点所呈现出来的结果。二级市场的流动性如能有效提升，将进一步吸引非银机构的投资参与，并与其他类固定收益产品一起作为投资者投资策略的可选择品种；同时，二级市场的交易越活跃越需要一级市场的支持，且较高的活跃度亦将刺激投资者的参与积极性，而畅通的融资渠道则会吸引融资人选择 ABS 作为融资工具，这也将进一步助力 ABS 业务的健康发展。

从近几年 ABS 市场发展历程上看，我们认为提升二级市场流动性可以从以下几个方面着手。

第一，建立统一的 ABS 产品估值与定价机制。以融资租赁债权类 ABS 和消费金融 ABS 两类业务的基础资产为例，融资租赁债权和消费金融债权作为企业 ABS 在 2017 年的主要基础资产，属于比较典型的标准化债权资产，易形成标准及统一的估值及定价机制。2017 年也出现了金融科技带动 ABS 业务发展的很多案例，越来越多的大数据机构作为独立第三方，参与到 ABS 业务中，并对 ABS 产品存续期内的表现情况进行持续监控和分析。这些机构通过开发和搭建系统，分析 ABS 资产在系统内积累的历史表现及数据，有助于进一步促进市场的透明化、标准化，实现 ABS 产品估值与定价机制的完善，降低投资者的决策成本，从而能有效提高二级市场的流动性。

第二，改善各交易市场相互割裂的情况，逐步实现 ABS 产品的跨市场流通。目前，信贷 ABS 市场、企业 ABS 市场、ABN 市场相互独立、相互分割的情况仍然存在。各交易场所目前分属各监管主体，对 ABS 产品的监管政策也有所差异，相应 ABS 的登记托管亦分属中债登、中证登等不同监管下的机构。就 ABS 业务发展而言，从基础资产的标准上进行监管口径的统一，不失为推动 ABS 产品标准化的一个突破口。

第三，促进投资者类型的多元化。从投资的角度来说，风险管理及超额利差是投资者投资的驱动力。提高非银机构投资者的参与积极性，丰富 ABS 产品的投资者类型，可从投资端有效提升 ABS 产品的流动性。

第四，鼓励证券公司等机构提供类似做市商的报价服务，持续提供双边

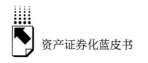

报价，引导市场收益率曲线的形成，促进价格发现，挖掘分层证券的投资价值，有效匹配供需，以报价驱动交易，增加市场活跃度。

（五）风险自留规定

风险自留与真实出售是一个问题的两面。做到真实出售，原始权益人不再在基础资产损失后进行补偿，也不再参与剩余利润的分配，虽然这样利于实现风险隔离，但一方面会减少原始权益人自身的最佳经济效益，另一方面也会面临原始权益人不再承担证券化后果带来的道德风险。为规范 ABS 参与主体的行为，特别是防范参与主体的道德风险，在 2008 年金融危机后，相关国家的监管部门提出，要求 ABS 参与主体进行风险自留。

我国对于 ABS 风险自留的明确规定是在信贷 ABS 规范中，企业 ABS 下的风险自留仍为空白。

在信贷 ABS 领域，《中国人民银行、中国银行业监督管理委员会、财政部关于进一步扩大信贷资产证券化试点有关事项的通知》（银发〔2012〕127 号）及《关于进一步规范信贷资产证券化发起机构风险自留行为》（中国人民银行、中国银行业监督管理委员会公告〔2013〕第 21 号，以下简称"2013 年 21 号文"）规定了信贷 ABS 产品发起机构持有其发起产品的最低比例为 5%，且持有期限不低于各档次 ABS 产品存续期限。由于商业银行资本管理的相关规定有投资于 ABS "B + 及 B + 以下或未评级部分"的风险权重要求为 1250%，因此，"2013 年 21 号文"在 2012 年规定水平持有的基础上允许垂直持有，大幅提高了 ABS 的风险缓释效果，明显改善资本消耗，鼓励银行推动信贷 ABS、盘活存量、加快信贷资产周转。

在企业 ABS 领域，从市场化实践上看，绝大多数原始权益人自持其发起产品的次级档证券，比例在 5% ~ 30%。较高的次级证券自持比例，实质上类似担保措施，对优先级证券设置了较厚的安全垫，可提升优先级证券的信用评级，但也使得原始权益人通过 ABS 实际获得的融资额可能过分少于发行规模。实际上，从原始权益人的角度来说，它更愿意将风险尽量移出，但当前市场发行对高评级低风险产品的投资环境和偏好，以及原始权益人主体的依赖程度较高，使计划管理人和投资者对原始权益人的风险自留比例有一定要求。

与成熟国际经验相比较，目前我国 ABS 中的风险自留不仅在规定上还有待补充和完善，而且在实操上也相对单一化。为较好地平衡发起机构道德风险与实务需要，本文建议如下。

第一，建立起适应我国 ABS 市场实际情况的风险自留体系，补充并完善关于信贷 ABS 和企业 ABS 风险自留的规定，确立风险自留的利益共担机制。

第二，多元化风险自留模式。除信贷 ABS 目前的水平持有和相对灵活的垂直持有外，参考国际 ABS 成熟经验，增加抽样模式、销售基础资产模式、循环购买模式等风险自留模式。

第三，建立风险自留的豁免规则，根据基础资产及发起机构主体的具体情况，在满足如担保措施的完善等特定条件下，适当放宽对发起机构道德风险的控制力度，设定适当灵活的豁免范围。

第四，建立风险自留的动态机制，增强风险管理能力和判断能力，动态评估和调整风险自留。

（六）投资者的多元化

截至 2017 年底，根据非官方不完全统计，银行间市场信贷 ABS 产品的商业银行投资者及非法人机构投资者在持有数量及产品余额方面均属于占比前两位，这两类投资主体占比之和超过 80%，其余投资主体包括非银行金融机构、境外机构、特殊结算成员；交易所市场企业 ABS 产品的投资者则集中于商业银行自有及理财资金。

银行作为 ABS 产品的主力投资者不必赘述。银行间市场内的信贷 ABS 产品也多为银行间互相持有。就交易所市场发行的企业 ABS 产品而言，在过去几年企业 ABS 市场尚处于萌芽阶段，一级市场从发起机构到它用于证券化的基础资产都有优质信用、低风险的表现，市场发行的 ABS 产品普遍以发起机构完全自持次级、优先级为主，这与银行投资逻辑相适应，因此在

初期，市场上优先级投资人几乎均为商业银行。随着交易所市场规模迅速增加，融资人对 ABS 的需求不再仅为创新，企业 ABS 逐渐真正成为一种融资手段和工具，中间级与次级渐渐开始由部分非银行金融机构持有。

对证券公司而言，参与投资企业 ABS 产品，是出于拓展 ABS 业务。如担任承销商或计划管理人的证券公司，倾向于以自有资金或管理的资产管理产品投资于自己参与了尽职调查、交易环节的 ABS 产品。由于证券公司及其管理的资产管理产品更关注产品的收益率及流动性，风险承受力较商业银行稍高，因此它主要参与中间级证券的投资，在底层资产标准化程度和分散度均较高的项目中，该类投资者亦可参与到次级证券的投资中。

对保险机构而言，保险资金的投资标的对 ABS 产品的发起主体和债项评级均有较高要求，目前保险资金持有 ABS 产品的比例较少。

对基金公司而言，货币基金和债券型基金目前也参与投资 ABS 产品，但由于当前 ABS 产品的流动性欠佳，基金投资的比例也不高。

2016 年起，市场上开始出现专注于 pre-ABS 投资和夹层投资的私募基金、证券公司或基金子公司的资管计划等产品，主要由商业银行与证券公司、基金子公司合作，以私募基金或资管计划的形式参与 ABS 产品的设计和成立。pre 的前身主要以过桥资金的形式体现，后续发展成专门化的投资主体。此类机构从基础资产的生成环节参与到 ABS 产品的成立前期，也有机构在 ABS 产品设立之初参与，后将持有份额在二级市场进行交易。同时，随着系列化产品、储架式产品在市场上出现，以蚂蚁金服、京东世纪贸易为代表的消费金融类 ABS 产品和银行发起的应收账款债权系列等多期滚动发行的 ABS 产品发行量急速增加。系列化、储架式的此类 ABS 产品，因资产池标准化程度较高、同质性较强，且具备小额分散的特性，产品分析模型相对标准化，同时诸如消费金融类资产高收益率的特性使得夹层和次级档证券的利差较厚，吸引了较多非银金融机构及私募基金机构投资者参与投资。但随着现金贷的监管政策出台，2017 年下半年起，大部分消费金融产品选择非公开发行，完全私募化，而交易所市场上的其他产品的夹层和次级档则无法提供较高的利差，因此对收益率要求较高的此类私募机构在交易场所 ABS

产品上的投资比例又有所减少。

基于当前 ABS 产品的上述投资现状，实际上在 2017 年，参与投资的机构已较过去几年呈现多元化的趋势，囿于目前估值与定价机制未能建立、ABS 产品缺乏流动性的现状，银行以外的投资主体仅占了相当少的比例。

一方面，投资者多元化意味着不同证券投资价值得到体现，各类型的投资者基于不同的风险偏好、收益偏好、久期偏好对分层证券投资价值进行把握，使得夹层证券的价值能够被充分挖掘。另一方面，过于单一的投资者群体会导致系统风险的集中，目前银行是占大比例的 ABS 产品投资者，如 ABS 产品出现兑付问题，则风险将继续在银行体系内循环。

基于上述，在此建议：①继续鼓励多元化、专业化的投资者加入 ABS 产品的投资中，形成一级、二级市场的有效联动，鼓励投资者聚焦化、专业化，就细分行业或领域进行精细化投资，形成 ABS 市场投资者分层，优化投资者的定价能力和交易策略，提高二级市场的活跃度；②鼓励标准化、统一化的 ABS 产品稳定滚动发行，形成相对标准化的市场，降低决策成本，匹配专门化的投资策略；③加强信息披露，利于不同类型投资者对 ABS 产品风险的判断，从而提升市场定价能力，吸引更多类型投资者的参与，带动一级、二级市场共同发展。

（本文由多位学者合作撰写而成，具体分工安排如下：第 1~3 节，王学斌；第 4 节，吕巧玲、陈雷、郭杰群；第 5 节，王学斌）

分 报 告

Sub-reports

B.2
信贷资产证券化的新特点和新趋势：
内生增长时代的开启

杨 军

摘 要： 经过近四年的持续快速发展，2017 年，信贷资产证券化市场进
　　　　 入成熟期。发起机构持续扩容，中介机构专业性持续提升，产
　　　　 品的投资价值进一步显现，投资者更加主动，市场各项配套政
　　　　 策和制度日趋完善。总体上看，我国信贷资产证券化市场的驱
　　　　 动力已经从外部的政策因素转化为市场各方的自身需求，市场
　　　　 进入了内生增长时代。2018 年，在直接融资加快发展、资产信用
　　　　 时代开启、标准化产品创设加快等动力驱动下，信贷资产证券化
　　　　 的主动管理工具功能将进一步显现，市场将持续深化发展，推动
　　　　 新时代、严监管形势下新型商业模式和生态模式的加快形成。

关键词： 信贷资产证券化　 内生增长时代　 市场深化

我国资产证券化领域最早进行试点的是信贷资产证券化，至今已经12年，积累了许多经验，在各类资产证券化业务中最为规范和成熟。2017年，我国共发行信贷资产证券化产品133单，同比增长23.15%；发行规模达5972.37亿元，同比增长54.41%（见图1）。从基础资产类型看，具有小额分散特征的零售类资产已经确立了市场主流地位。从市场参与者看，发起机构持续扩容，中介机构日趋集中，投资者更加主动和专业。从市场机制看，市场各项配套政策和制度日趋完善。总体上看，我国信贷资产证券化市场的驱动力已经从外部的政策因素转化为市场各方的自身需求，市场进入了内生增长时代。

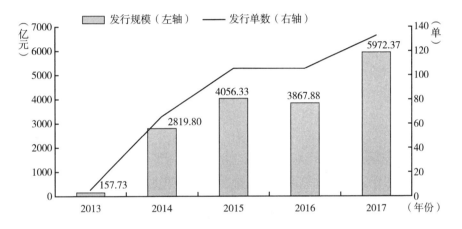

图1　2013~2017年信贷资产证券化市场发展情况

资料来源：Wind。

一　发起机构：参与机构持续增加，发行重点趋于集中

自2012年重启信贷资产证券化试点以来，银行间市场信贷资产证券化产品的发起机构持续扩充。试点初期，信贷资产证券化产品的发行主体主要是国开行、大型国有商业银行以及全国性股份制银行，目前已逐步扩充至政策性银行、五大行、邮储银行、股份制银行、城商行、农商行、汽车金融公司、金融租赁公司、消费金融公司、公积金中心等多类型、多样化机构。

2016 年，有 63 家机构发行信贷资产证券化产品，2017 年发起机构总数为 61 家，与 2016 年基本持平。其中，39 家机构连续两年发行，主要是五大行、股份制银行及汽车金融公司；24 家机构 2016 年发行过信贷资产证券化产品，但本年未发行，主要是城商行和农商行；22 家机构为 2017 年新增发行，主要是城商行、农商行、金融租赁公司和汽车金融公司，公积金中心及邮储银行本年未发行（见表 1）。

表 1　2017 年信贷资产证券化发起机构变动情况（与 2016 年相比）

单位：家

发起机构类型	本年未发行	本年继续发行	本年新增发行
政策性银行	1	1	0
五大行	0	5	0
邮储银行	1	0	0
股份制银行	1	9	1
城商行	10	7	8
农商行	7	1	4
汽车金融公司	0	10	3
金融租赁公司	0	4	6
消费金融公司	0	2	0
公积金中心	4	0	0
合　计	24	39	22

资料来源：Wind。

总体看，重点发起机构向五大行、股份制银行及汽车金融公司集中（见图 2），且每单发行规模增长明显（见表 2）。2017 年，五大行发行规模达 1989.15 亿元，市场占比为 33.31%，发行规模同比增长 100.38%；平均每单规模达 66.31 亿元，同比增长 26.91%。这主要是因为个人住房贷款成为基础资产的主流，五大行 RMBS 每单规模明显较大。股份制银行在信贷资产证券化领域也同样发展迅猛。2017 年共计发行 1748.94 亿元，同比增长 96.52%。平均每单规模也在不断增加，2017 年平均每单 54.65 亿元，同比增长 41.25%。农商行及城商行受自身区域布局、资产体量和投资端等因素的

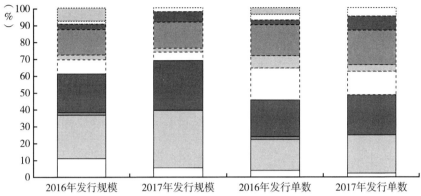

图 2 2016 年及 2017 年各类金融机构信贷资产证券化产品发行占比情况

资料来源：Wind。

表 2 2016 年及 2017 年各类金融机构信贷资产证券化产品发行情况

单位：亿元，单，%

发起机构类型	发行规模			发行单数			平均每单规模		
	2016 年	2017 年	同比增长	2016 年	2017 年	同比增长	2016 年	2017 年	同比增长
政策性银行	441.94	369.52	−16.39	5	4	−20.00	88.39	92.38	4.51
五大行	992.69	1989.15	100.38	19	30	57.89	52.25	66.31	26.91
邮储银行	38.17	0	−100.00	1	0	−100.00	38.17	—	—
股份制银行	889.95	1748.94	96.52	23	32	39.13	38.69	54.65	41.25
城商行	341.50	311.12	−8.90	20	17	−15.00	17.08	18.30	7.14
农商行	79.64	115.85	45.47	8	6	−25.00	9.96	19.31	93.88
汽车金融公司	560.94	937.29	67.09	18	26	44.44	31.16	36.05	15.69
金融租赁公司	130.87	360.96	175.82	4	12	200.00	32.72	30.08	−8.07
消费金融公司	45.04	139.00	208.61	3	6	100.00	15.01	23.17	54.36
公积金中心	347.14	0	−100.00	5	0	−100.00	69.43	—	—
合计	3867.88	5971.83	54.40	106	133	25.47	36.49	44.90	23.05

资料来源：Wind。

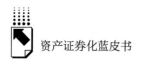
影响，每单规模明显偏小。汽车金融公司发行规模同样有较快增长，增幅达67.09%，平均每单规模相比于2016年略有增长，表明资产证券化已经成为汽车金融公司成熟的资产负债管理工具。金融租赁公司、消费金融公司虽然发行规模体量不大，但增长迅猛，同样反映出资产证券化对于不能公开吸收公众存款的非银行金融机构，具有独特的功能优势，日益成为其平衡资金来源、打造流量经营模式的重要工具。

对于银行类金融机构而言，作为发起机构的城商行与农商行持续扩容，但发行量日益向政策性银行、五大行与股份制银行等大中型机构集中。对于城商行与农商行，开展资产证券化，不仅能够破解资金和资本的限制，打通融资及资本释放的渠道，同时还能够分散资产的集中度风险，规范与提升内部管理，但自身的资产体量限制了它们开展资产证券化的持续性。对于大中型银行业机构而言，资产证券化对于它们盘活存量、优化结构、化解不良贷款问题的作用正在日益显现。

非银行类金融机构正在成为市场的重要组成部分。一是发起机构数量不断增加。2017年，汽车金融公司数量新增30%，金融租赁公司数量新增150%，主要合资汽车金融公司和主流金融租赁公司均已参与资产证券化市场。二是发行产品数量及规模不断增加。发行产品数量占比由2016年的23.58%攀升到2017年的33.08%，已经接近半壁江山；发行规模占比从2016年的19.05%提升到2017年的24.07%，接近1/4。三是汽车金融公司的发行规模、单数及平均每单规模在非银行类金融机构中均占据主导地位。2017年的发行规模达937.29亿元，仅次于五大行和股份制银行，在各类机构中列第三位。非银行金融机构特别是汽车金融公司积极参与信贷资产证券化市场，原因有三。（1）非银行类金融机构不具有吸收存款的能力，信贷资产证券化是其加速资金周转、提高资源利用率的有效工具。开展信贷资产证券化业务既能优化报表结构，同时也能在不增加负债的情况下进行融资。（2）非银行类金融机构资产证券化产品发行规模的增长主要集中在零售类和消费类资产上，此类资产市场投资端较为认可，其基础资产利率定价更为市场化，普遍存在超额利差，产品销售较为容易。（3）相比于商业银行，非银行类金融机构在汽车类和消费类资产方面具有行业优势和交易场景优势，在借款人管理及贷款管理上的专业性较为突出。

二 基础资产：零售类和不良类发行高涨

（一）零售类信贷资产证券化发展火热

目前，国内信贷资产证券化市场上的零售类基础资产主要包括四类：个人住房抵押贷款、汽车贷款、消费性贷款及信用卡贷款。2017年，零售类贷款资产证券化产品发行规模达4291.68亿元，同比增长96.50%；为同期正常对公贷款资产证券化产品发行规模的3.56倍，而2016年该差距仅为1.56倍（见图3）。2017年，四类零售类贷款资产证券化产品的发行规模均有较大幅度增长，其中，个人住房抵押贷款的资产证券化产品发行规模首次超过正常对公贷款，跃居细分基础资产的首位。

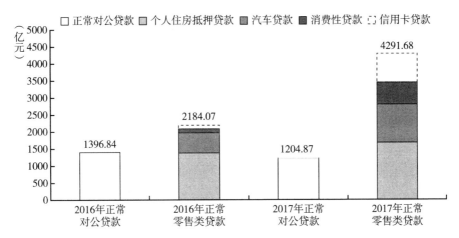

图3 2016年及2017年银行间正常对公贷款及零售类基础资产证券化产品发行规模

资料来源：Wind。

零售类基础资产的快速崛起表明，我国的信贷资产证券化市场正在与国际接轨。相比对公贷款，零售类贷款具有小额、分散的特点，适用于统计上

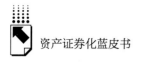

的大数定律，风险特征易于估算，并且资产的生成高度标准化，贷款合同均为制式合同，交易场景分散。从我国的信贷资产证券化发展历程来看，初期以对公 CLO 为主，逐渐发展到以 RMBS 为主，究其原因主要有四方面。（1）投资因素。市场发展初期，投资者对于如何评价零售类基础资产包缺乏相应技术和工具，而 CLO 产品可直接沿用投资者熟悉的信用债分析方法拆包分析。近年来这个问题正在得到解决，越来越多的投资者逐步具备了零售类资产证券化的分析模型与分析能力。（2）发起人因素。零售类贷款金额小，笔数多，对发起机构信息系统的要求较高，否则它难以支撑资产证券化的需要，近年来，发起机构信息系统建设日益完善，市场也出现了系统解决方案的专业提供商，这个问题得到很大的缓解。（3）基础资产因素。2016 年 10 月以来，在金融去杠杆的背景下，市场利率中枢不断攀升，对公信贷市场与资金市场利率出现倒挂，投资者开展对公贷款资产证券化的意愿受到抑制。而零售业务是商业银行的转型和未来发展方向，汽车消费、信用卡、个人消费贷款的定价较为市场化，不存在倒挂现象。随着房地产市场调控的持续，长期存在的优惠利率逐步消失，个人住房抵押贷款利率与市场利率之间的倒挂现象得到缓解，加上市场处于利率上行期，发起机构有动力通过资产证券化的手段盘活低定价资产，将腾挪出的资金投放于高定价的新贷款。（4）产品设计因素。对公贷款资产证券化尽调要求较高，而零售类贷款由于合约的制式化，可采取抽样尽调，尽调难度大大下降。在结构设计上，对公贷款资产包次级档的比例一般在 10% 以上，且单笔大额违约很容易击穿次级档，难以市场化销售，随着监管的趋紧，对公贷款资产包次级档的处理始终是难题，影响资产出表。而零售类贷款资产包次级档的比例一般在 5%～10%，市场上也开始逐步出现涉猎的投资者，零售类贷款资产包证券化后的出表问题容易得到解决。

（二）不同机构的资产创设能力存在差异

五大行在个人住房抵押贷款、不良贷款及信用卡贷款资产证券化上具有比较优势（见图 4），这主要得益于它们相关资产创设能力强，不良资产清收及处置更为专业，市场销售能力也较强。股份制银行在企业贷款、消费性贷款及信用卡贷款市场上具有比较优势，尤其是在消费性贷款方面。汽车贷款资产证券化产品的发行以专业的汽车金融公司为主。

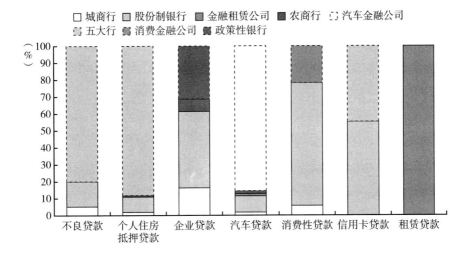

图4　2017年各类基础资产证券化产品中不同发起机构发行规模占比情况

资料来源：Wind。

（三）汽车贷款资产证券化成为市场新宠

汽车贷款资产证券化产品迅速扩容，汽车金融公司主导地位依旧，部分商业银行亦有涉足（见图5）。2017年，车贷资产证券化产品发行1094.79亿元，同比增长86.45%；宝马、大众、奔驰、东风日产及招商银行保持市场领先地位，占据发行规模前五位（见表3）。2016年发行规模最大的大众汽车金融公司共发行99.5亿元，而2017年前5家机构发行规模均突破百亿元，其中宝马汽车金融公司发行规模最大，达到120亿元。18家发起机构中，14家为汽车金融公司，仅4家商业银行入围。除招商银行外，发行规模前五的机构均为汽车金融公司，主要原因在于，与商业银行相比，汽车金融公司在客户资源、交易场景、客户识别、发放管理上有一定的比较优势。

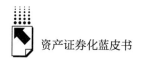
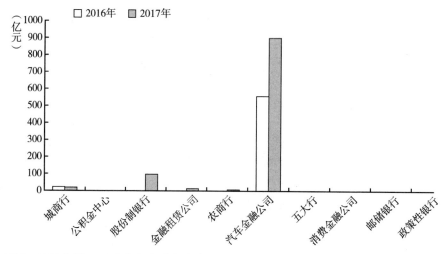

图5 2016年及2017年银行间市场汽车贷款资产证券化产品中不同发起机构发行情况

资料来源：Wind。

表3 2016年及2017年不同发起机构车贷资产证券化产品发行规模情况

单位：亿元，%

发起机构	2016 年		2017 年	
	发行规模	占比	发行规模	占比
宝马汽车金融(中国)有限公司	80	13.62	120	10.96
大众汽车金融(中国)有限公司	99.5	16.95	119.4	10.91
梅赛德斯－奔驰汽车金融有限公司	67.16	11.44	107.47	9.82
东风日产汽车金融有限公司	70	11.92	105	9.59
招商银行股份有限公司	0	0.00	101.48	9.27
上汽通用汽车金融有限责任公司	70	11.92	80	7.31
北京现代汽车金融有限公司	45	7.66	69.99	6.39
奇瑞徽银汽车金融股份有限公司	0	0.00	69.79	6.37
福特汽车金融(中国)有限公司	59.43	10.12	66.52	6.08
丰田汽车金融(中国)有限公司	30	5.11	60	5.48
广汽汇理汽车金融有限公司	0	0.00	40	3.65
上海汽车集团财务有限责任公司	29.85	5.08	39.13	3.57
东风标致雪铁龙汽车金融有限公司	10	1.70	30	2.74
瑞福德汽车金融有限公司	0	0.00	29.99	2.74
晋城银行股份有限公司	26.25	4.47	23.19	2.12
海马财务有限公司	0	0.00	15.29	1.40
江苏常熟农村商业银行股份有限公司	0	0.00	12.54	1.15
杭州联合农村商业银行股份有限公司	0	0.00	5	0.46
总　计	587.19	100.00	1094.79	100.00

资料来源：Wind。

（四）不良资产证券化升温

2017 年，不良资产证券化产品发行持续高涨，全年共发行不良资产证券化产品 19 单，总发行金额为 129.61 亿元（见表 4），累计处置不良资产 494 亿元，基础资产几乎涉及商业银行全部表内资产类型，包括对公不良、个人住房不良、个人消费不良、个人经营不良、信用卡不良。

表 4 2016 年及 2017 年银行间市场不良资产证券化产品发行情况

单位：单，亿元

发起机构类型	发行单数		发行规模		平均每单规模	
	2016 年	2017 年	2016 年	2017 年	2016 年	2017 年
城商行	—	1	—	7.25	—	7.25
股份制银行	4	8	18.06	19.81	4.52	2.48
五大行	10	10	138.04	102.55	13.80	10.26
合 计	14	19	156.10	129.61	11.15	6.82

资料来源：Wind。

2017 年，从发行单数看，不良资产证券化产品同比增长 35.71%，但发行规模同比下降 16.97%，平均每单规模同比下降 38.83%。主要原因是 2016 年不良资产证券化基础资产以对公贷款为主，规模较大，而 2017 年不良资产证券化基础资产以零售资产为主，19 单产品中对公贷款资产证券化产品仅 3 单，零售类贷款资产证券化产品有 16 单，与 2016 年相比出现逆转。零售类不良资产成为证券化的主体资产，主要原因在于对公不良贷款处置手段较为多样，传统的打包出让方式较为便捷，而资产证券化在尽调、产品设计等方面更为复杂。而零售类不良贷款处置方式较为单一，以清收和核销为主，效率较低，缺乏批量快速出表的方式。

不良资产证券化的兴起，反映出资产证券化在处置不良资产方面的功能优势正日益得到商业银行的认可。一是为不良资产特别是零售类不良资产提供了快速出表的途径。二是有利于降低处置成本。不良资产通过证券化可以面向更广泛的投资人群体，特别是银行间投资者资金成本较低，要求回报水平低。三是对商业银行利益更有保障。相比一次性卖断的打包出让，资产证

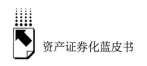
券化普遍设置了大比例超额回收分成机制，在满足优先级投资者回报和次级投资者预期回报后，商业银行一般可取得超额回收80%的分成，由一次回收变为持续回收，有利于激发商业银行的持续管理动力。

（五）绿色资产证券化大有可为

目前，我国绿色信贷规模已达72600亿元，而绿色信贷资产证券化产品规模仅为75.74亿元，证券化率仅为千分之一。绿色金融的发展，需要绿色信贷的持续投入，通过资产证券化方式盘活存量绿色资产，不失为金融服务绿色发展的有效途径。2017年，农业银行发行了首支经认证的绿色资产证券化产品，为绿色信贷资产证券化的发展树立了典范。中债资信和毕马威华振会计师事务所均对该产品出具了双绿色认证报告，即基础资产均投向绿色领域，募集资金用途均承诺继续投向绿色领域。经认证的绿色资产证券化产品的出现，为资产证券化更好地服务生态文明建设提供了良好的范例。

自资产证券化市场开放以来，绿色资产证券化产品的发行情况如表5所示。

表5　资产证券化市场开放以来绿色资产证券化产品发行情况

项目名称	发起机构/原始权益人	发行总额（亿元）	发行年
农盈2017年第一期绿色信贷资产支持证券	中国农业银行股份有限公司	14.34	2017年
兴银2016年第一期绿色金融信贷资产支持证券	兴业银行股份有限公司	26.46	2016年
兴元2014年第二期绿色金融信贷资产支持证券	兴业银行股份有限公司	34.94	2014年

资料来源：Wind。

三　中介机构：专业能力和集中度提升

信贷资产证券化项目的参与中介机构较多，包括券商、信托机构、会计师事务所、律师事务所、财务顾问、信用增进机构及第三方认证机构等。

（一）主承销商情况

2017 年，信贷资产证券化产品主承销商共 38 家，与 2016 年相比，增加 15 家。从机构变动情况来看，有 8 家机构2017 年没有开展业务，31 家机构继续开展业务，新增 7 家机构。整体来看，2017 年，招商证券、中信证券、中信建投证券三家占据市场份额前三位，其承销金额占全年总发行额度的 58.09%，2016 年该占比之和仅为 48.15%，同比增加了近 10 个百分点（见表6），表明承销商的市场集中度明显提升。该现象的产生主要有两方面因素。（1）承销商在信贷资产证券化业务中起核心作用，须承担中介团队组织协调、交易方案设计，以及与监管、投资人的沟通对接等工作，这对其专业能力、组织协调能力、资源动员能力要求较高，大型机构才能更专业地胜任。目前，深度参与信贷资产证券化业务的券商均设有专门的部门从事此项工作。（2）大的承销机构与主要发起机构存在长期紧密的合作关系，发起机构在选择承销商时也较为看重市场排名、规模及能力，这进一步加剧了市场的集中。招商证券在各类基础资产证券化产品的承销中均居市场首位，表明市场专业化机构日益成熟，未来中国资产证券化产品承销市场是否会出现"巨无霸"级承销机构值得关注。

表6　2017 年与 2016 年前 10 大承销商排名

2017 年承销排名				2016 年承销排名			
机构名称	承销金额（亿元）	金额占比（%）	项目数（单）	项目数占比（%）	机构名称	承销金额（亿元）	金额占比（%）	项目数（单）	项目数占比（%）
招商证券	1757.95	29.41	61	20.61	招商证券	845.93	21.64	37	18.88
中信证券	1065.46	17.83	38	12.84	中信证券	619.00	15.84	30	15.31
中信建投证券	648.34	10.85	30	10.14	国开证券	417.20	10.67	5	2.55
国开证券	405.64	6.79	8	2.70	中信建投证券	325.02	8.32	17	8.67
中国工商银行	245.54	4.11	15	5.07	华泰证券	180.90	4.63	9	4.59

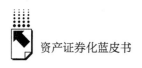
续表

2017 年承销排名				2016 年承销排名				
机构名称	承销金额（亿元）	金额占比（％）	项目数（单）	项目数占比（％）	机构名称	承销金额（亿元）	金额占比（％）	项目数（单）	项目数占比（％）
国泰君安证券	199.42	3.34	13	4.39	海通证券	169.50	4.34	6	3.06
华泰证券	165.96	2.78	9	3.04	中国建设银行	166.31	4.26	2	1.02
交通银行	137.35	2.30	5	1.69	东方花旗证券	158.16	4.05	9	4.59
中国银行	130.08	2.18	12	4.05	中国国际金融	106.99	2.74	7	3.57
中国国际金融	115.55	1.93	10	3.38	中国工商银行	102.14	2.61	8	4.08

资料来源：Wind。

2016 年及 2017 年，均有部分商业银行进入前 10 大承销商行列。商业银行参与信贷资产证券化产品承销，其职能角色与券商存在较大差异。由于资产证券化产品设计等前期工作较为烦琐，工作量大，需要投入的人力资源多，商业银行主要参与产品的销售和投资阶段，通过发挥自身在金融市场上的优势给予支持。

（二）发行机构情况

2017 年，共有 23 家信托公司作为信贷资产证券化产品的发行机构，较 2016 年增加 1 家。从机构变动情况来看，有 4 家机构 2017 年未参与信贷资产证券化产品的发行，18 家机构继续参与发行，新增 5 家机构。2017 年发行机构的集中度也有所提升，市场份额前三的信托公司发行规模占全市场的 53.98％，发行数量占市场的 41.04％，分别较 2016 年上升了 5.39 个百分点和 7.07 个百分点，其中中信信托连续两年发行规模居市场第一（见表 7）。

表7 2017年与2016年前10大发行机构排名

2017年				2016年			
发行机构	发行总额（亿元）	金额占比（%）	项目单数（单）	单数占比（%）	发行机构	发行总额（亿元）	金额占比（%）	项目单数（单）	单数占比（%）
中信信托	1286.12	21.52	18	13.43	中信信托	760.53	19.66	14	13.21
华润深国投信托	1054.26	17.64	23	17.16	上海国际信托	565.78	14.63	14	13.21
建信信托	886.08	14.82	14	10.45	建信信托	553.22	14.30	8	7.55
交银国际信托	811.92	13.58	10	7.46	交银国际信托	287.02	7.42	10	9.43
上海国际信托	520.63	8.71	18	13.43	中国金谷国际信托	264.78	6.85	4	3.77
安徽国元信托	199.96	3.35	7	5.22	中国对外经济贸易信托	208.29	5.39	8	7.55
英大国际信托	193.98	3.25	3	2.24	华能贵诚信托	177.19	4.58	7	6.60
兴业国际信托	191.28	3.20	4	2.99	中粮信托	176.48	4.56	5	4.72
中国对外经济贸易信托	187.74	3.14	8	5.97	北京国际信托	165.31	4.27	3	2.83
中粮信托	160.00	2.68	4	2.99	华润深国投信托	158.90	4.11	6	5.66

资料来源：Wind。

信托公司的专业能力和市场参与深度也在不断提升。部分专业机构已经构建了自身资产证券化业务系统，业务参与也从单一的后续管理工作逐步向前端转移。

（三）专业化服务机构情况

除券商和信托公司外，信贷资产证券化项目还需要会计师事务所、律师事务所、评级机构以及财务顾问的参与。这些专业化服务机构的专业化程度和集中度也在不断提升。

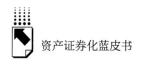

会计师事务所方面，2017 年主要集中在德勤、毕马威及普华三家（见表8），参与项目数占比为 76.15%，2016 年该占比为 67.68%。

表8 2017 年与 2016 年前 10 大专业服务机构排名

单位：单

2017 年						2016 年				
会计师事务所	项目单数	律师事务所	项目单数	财务顾问	项目单数	会计师事务所	项目单数	律师事务所	项目单数	财务顾问	项目单数
德勤华永	36	中伦律师	63	建信资本	11	毕马威华振	30	中伦律师	45	建信资本	7
毕马威华振	34	金杜律师事务所	27	渣打银行（中国）	8	普华永道中天事务所	21	金杜律师事务所	17	汇丰银行	7
普华永道中天事务所	29	大成	15	东方花旗证券	4	安永华明	16	大成	16	花旗环球金融亚洲	4
安永华明	19	君合律师	6	招商证券	3	德勤华永	13	环球律师	5	瑞穗银行（中国）	3
立信	5	兰台律所	4	三菱东京日联银行（中国）	3	天健会计事务所	6	君合律师	5	三菱东京日联银行（中国）	3
华普天健	3	BAKER MCKENZIE	3	汇丰银行	3	立信	6	BAKER MCKENZIE	2	渣打银行（中国）	3
信永中和	1	环球律师	3	招商财富	2	信永中和	3	君泽君	1	星展银行	2
大华会计师事务所	1	联合信实	2	花旗环球金融亚洲	2	苏亚金诚	2	中银律所	1	华泰证券	1
天健会计事务所	1	中咨事务所	1	瑞穗银行（中国）	2	中审众环	1	联合信实	1	三井住友银行（中国）	1
苏亚金诚	1	君泽君	1	中金公司	2	华普天健	1	锦天城	1		

资料来源：Wind。

律师事务所方面，2017 年市场占比最高三家机构为中伦、金杜及大成，参与项目数占比为 84.00%，2016 年该占比为 82.98%。

评级机构方面，信贷资产证券化采用双评级模式，中债资信为投资付费模式评级公司，参与了全部产品的评级。2017 年，发行人付费模式下的评级机构共有 5 家，其中中诚信市场份额最高，占比达 53.37%，较 2016 年提升了 3.44 个百分点。

资金保管机构方面，2017 年共有 25 家，与 2016 年持平。前 10 大保管机构市场份额为 82.7%，较 2016 年亦有所上升，提升 1.76 个百分点。

第三方服务商逐步出现。信息化是资产证券化市场下一步发展的方向之一，随着金融科技（FinTech）的快速发展，目前，国内已经出现部分专业的信息系统建设商，协助发起机构建立和完善业务系统，部分机构还开发了能够进行资产筛选和预评级的系统，帮助发起机构完成基础资产的组包，以及现金流测算、结构测算和模拟评级。2017 年，部分机构推出了基于大数据和共享平台的资产证券化云平台，提供数据库建设、信息共享和数据发布等服务。

专业化第三方认证机构兴起。随着绿色经济的发展，在绿色债券火热发展的同时，绿色资产证券化也在不断发展，市场上涌现出了一批专门从事绿色认证的专业机构。

市场生态圈逐步形成。随着市场的日益繁荣，各类行业组织也在不断出现，通过开展业内交流，建立数据库，发布研究报告，打造专家库，出版行业著作，组织年度论坛和评奖活动等，进一步提升了行业影响力和市场活跃度。

四　产品结构：趋同性突出，精细化亟待提升

正常类贷款资产证券化结构安排基本趋同，一般设置优先级、中间级和劣后级。114 单正常类贷款资产证券化产品共分 362 档，其中优先档 114 档，夹层档 134 档，次级档 114 档。绝大多数产品采取了优先—夹层—劣后的安排，部分产品优先级中又拆分为多层，主要是在期限、收益和分配方式上进行区分，以满足投资人多样化需要。从次级厚度看，一般对公贷款资产证券化次级厚度在 10%～15%，零售类贷款资产证券化次级厚度在 8%～10%。

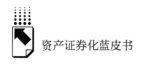

不良资产证券化项目结构安排呈现类似特点。由于基础资产存在一定特殊性，未来还款现金流来自不良资产的处置回收，现金流分布的不确定性较大。分层方面，一般采用简单方层，全年发行的 19 单产品中，均只设置优先级和次级两档，优先级采用过手支付方式。"次级档资产支持证券"以偿付顺序安排在内部为"优先档资产支持证券"提供信用增级，即入池资产产生的现金流在支付"信托"税负和"信托"相关费用之后，优先用于偿付优先档资产支持证券的本息，然后再偿付次级档资产支持证券。为保障优先级本息的及时兑付，一般还采取设置流动性储备账户、次级投资者提供流动性支持、第三方机构提供增信等方式。当某一支付日基础资产自身回收现金流无法偿付当期优先档资产支持证券利息时，由储备账户或流动性支持机构进行补足，缓解未来不良资产因回收时间波动而对优先档资产支持证券按期支付利息可能产生的影响 。在优先档证券本息偿付完毕，并支付次级证券本金及固定资金成本时，贷款服务机构除获得基本服务报酬外，还有权按约定比例获得超额奖励服务费，该项激励机制将进一步提升贷款服务机构的尽职履责意愿。

从优先档付息频率看，考虑到过手测试以及降低发起机构成本的需要，正常类一般采取按季付息方式，不良类一般采取按半年付息方式。对于次级档，由于存续时间长，一般也要提供一定的期间收益。

还本方式上，一般还本方式包括三种：过手摊还、固定摊还及到期偿还。过手摊还有利于加快优先档的结束，减少优先档利息对发行整体成本的负担，但当存在夹层档时，由于它的收益率往往比优先档高 50 个基点左右，过手摊还对减少夹层档本金余额作用不大。此时，可考虑选择固定摊还，通过为不同优先层设置每期摊还定额，减少优先档整体利息负担。但在还本方式设计上，还需考虑投资者的利益，因此对于短期限产品可以选择到期偿还的方式，在总成本可控的前提下，更好地满足投资者的需求。

目前，在信贷资产证券化产品的结构设计方面，尤其是个人住房抵押贷款资产支持证券的分层设计还较为粗放，各类产品次级厚度远超发起机构同类资产平均不良率，产品分层设计的精细化还有待提升。

五　投资者：专业投资者逐步出现

（一）信贷资产证券化产品的投资价值

1. 资产信用

传统上，中国债券市场上依然以主体信用产品为主，缺乏资产信用产品。主体信用产品的累积，导致主体信用被不断放大，对投资人的边际保障逐步削弱。资产证券化产品的大量出现，有利于完善投资市场，形成主体信用与资产信用均衡发展的模式。

2. 流动性溢价

由于资产证券化产品的流动性比利率债及信用债差，投资者对于资产证券化产品有更高的流动性溢价要求。一般同信用评级、同期限的信贷资产证券化产品，较信用债依然存在 20 个基点左右的流动性溢价。

3. 风险溢价

结构化设计和内外部增信，以及基础资产的分散性，使得资产证券化产品实际风险较低，特别是对于小额分散的零售类贷款资产证券化产品而言，发起机构的不良率远远低于产品次级厚度，存在事实上的风险溢价。

4. 资本节约

在监管趋严及流动性紧张的大背景下，资本金充足率已经成为投资者的关注点。通常，银行持有的 AAA 至 AA－级资产支持证券，以 20% 的权重计入风险资产；A＋至 A－级资产支持证券，以 50% 的权重计入风险资产。

5. 标准化产品

随着一系列监管新政的出台，标准化产品将受到更多政策鼓励，投资者迫切需要加大标准化产品配置。

6. 资产配置价值

大型机构资产创设能力较强，能够提供高等级、跨区域的基础资产组合，并且在资产的形成和后续管理过程中，输出了自身的风控和管理能力。

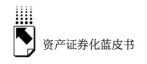

可以预计，在市场去杠杆、穿透式、标准化的发展趋势下，对于中小银行类投资者而言，资产证券化产品独特的投资价值将进一步显现，未来有可能出现"大型银行创设＋中小银行投资"的市场生态。

（二）多样化投资者涌现

2017 年，信贷资产证券化市场投资者更加专业化和多样化。传统的商业银行自营部门、资管部门仍是投资者主力，股份制银行和部分城商行、农商行积极参与；与此同时，公募基金特别是货币基金，以及保险资管等投资人也在寻找投资机会。对于不良资产证券化，次级投资人更加丰富，逐步从传统的国有资产管理公司一家独大向地方资产管理公司、私募基金等机构转变。随着"债券通"的推出，从汽车消费贷款开始，境外投资者亦开始关注与投资国内资产证券化产品。部分机构还开始关注夹层档甚至次级档的投资价值，成立了专门投资此类产品的基金，挖掘阶段性市场红利。总体看，投资人日益活跃，但不良资产、次级档等类型产品投资人仍然较少；资产证券化产品的二级市场交易还不活跃。

六　发展趋势：市场进入持续深化阶段

在各方的积极参与和推动下，近年来，中国资产证券化市场伴随着金融改革和深化的进程，走过了一段波澜壮阔的发展历程。下一步，在直接融资加快发展、资产信用时代开启、标准化产品创设加快等动力驱动下，信贷资产证券化市场将持续深化发展。

（一）信贷资产证券化市场将继续保持多样性和较高的活跃度

1. 发起人动力更加强烈

2018 年，随着金融去杠杆和强监管的持续推进，发起人的需求将更加多样化。一是通过资产证券化盘活存量，缓解投放压力。二是通过资产证券化优化结构，包括信贷的客户、行业、区域、期限、收益结构。特别是在信贷市场定价进入上行通道的背景下，可以将低定价贷款证券化，释放占用规模，在新投放过程中重新定价。三是通过资产证券化打造流量经营模式，在节约资本占用的前提下，提升对客户的维护能力。四是通过资产证券化快速压降不良，净化资产负债表。在经济盘整期，此类需求将长期持续存在。五是通过资产证券化提升经营管理水平，包括信息化管理水平和内部信贷管理水平，以及优化信贷定价机制。六是通过资产证券化提升经营效益，打通信贷业务和中间业务，优化收入结构。资产证券化可以发挥灵活多样的功能，助力金融机构经营转型。

2. 基础资产保持多样性

零售类资产受投资者认可，发起人需求强烈，2018 年仍将是市场发行的主体。在资金面趋紧的形势下，预计对公类资产证券化需求将显著提升，发行规模和占比较 2017 年有所扩大。出于加速处置不良、净化资产负债表的需要，不良类资产证券化仍将继续保持活跃。在政策导向下，商业银行在绿色和生态发展、保障房和租赁房建设等领域的投放加大，此类资产证券化的需求也将继续提升。

3. 市场更加活跃

资管新政带来对标准化产品需求的提升，2017 年我国银行间、交易所资产证券化产品发行规模已达 1.4 万亿元，超过了公司债和中期票据发行规模，加上资产证券化产品目前仍具有一定的流动性溢价，以及结构设计上的风险溢价红利，投资人需求的扩大将促进一级、二级市场的进一步发展。除此以外，随着专业化机构能力的提升，在信息服务、系统集成、行业组织等其他第三方机构的共同参与下，市场生态圈将更加繁荣。

4. 信息化程度提升

区块链、云平台、大数据等金融科技将为信贷资产证券化市场的发展提供更好的助力。区块链技术将能很好地解决信息披露问题，多维度全面展现基础资产情况，包括历史还款情况，存续期还款情况，对现金流进行精准展示，可提高对基础资产全生命周期的管理能力。对于中介机构而言，尽调的准确度和公信力得到保障，产品设计可以更加精细，逐步积累的大类资产数

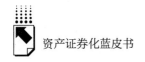
据将有利于降低产品结构设计冗余带来的交易成本；对于投资者而言，资产透明度进一步提升，投资决策更有据可依。预计在零售类特别是信用卡、个人住房、个人消费领域，区块链技术的运用将成为值得期待的看点。大数据的积累，以及现金流测算、分层、评级、估值等模型云平台的建立，将有利于市场各方，包括发起人、投资人、中介机构掌握更充分的数据，降低资产证券化的技术门槛，进一步缩小信息不对称导致的定价扭曲。

（二）信贷资产证券化将有力推动资产信用发展

长期以来，我国信用市场以主体信用为主，缺乏资产信用产品。主体信用具有可累加性和易获得性，可以被不断叠加和放大，在资金、杠杆的共同推动下，滋生助长了金融风险。主体信用的泛滥，还扭曲了市场定价机制，各方过度关注强主体、强担保，在市场风险上行阶段，使得强主体受到过度追捧，一些较弱主体难以获得认可，风险定价不能得到真实反映。随着我国经济和金融的发展，经济体系中已经积累了大量优质的金融资产和实物资产。与主体信用相比，资产信用具有唯一性、独占性和稳定性，其未来现金流更易于预测，因此风险更容易被判断和把控，这对于防风险具有重大意义。信贷资产证券化是非常典型的由主体信用向资产信用转化的产品。通过结构化、证券化手段，将经过银行风控体系认可的信贷资产进行组合，转化为可流通证券，在此过程中，单一的主体信用风险被分散、重组、对冲，投资者可以根据自身偏好选择不同的层级进行投资。随着近几年来信贷资产证券化市场的发展，投资者逐步认可、接受了资产信用产品，特别是小额、分散的住房、消费贷款资产证券化产品。

（三）信贷资产证券化调节信贷结构的功能进一步显现

我国商业银行的资产是被动式、自发式积累的，缺乏主动调整工具。近年来，信贷资产证券化作为信贷结构调整工具的功能日益受到重视，商业银行开始主动对信贷资产的区域结构、行业结构、客户结构、期限结构、定价结构进行调节。特别是在利率定价的上行期，将低利率资产进行证券化，腾挪出信贷规模，投放到高定价资产上去，总体看收益大于成本。随着金融市场波动性的加大，银行负债的稳定性和资产负债错配问题将越发显现，资产证券化还可成为弥补商业银行资产负债的期限和流动性缺口的重要工具。信贷资产证券化提供了商业银行破解资本约束难题的可行途径。商业银行是我国社会融资的主要提供者，伴随着经济的增长，资产规模长期保持较高的刚性增速，"信贷扩张—资本补充—信贷再扩张—资本再补充"的循环对资本市场产生较大的压力，过度依赖资本市场融资还会对实体经济产生排挤效应。资产证券化从调节存量的角度提供了解决这一问题的有效方式，同时还将推动国内商业银行资产业务从"发放—持有"模式向"发放—交易"模式转变，扭转我国商业银行长期单一外延式扩张的经营模式。总体来看，信贷资产证券化将成为商业银行灵活、有效的主动调整工具和经营转型工具。

（四）信贷资产证券化推动信贷定价机制的进一步完善

信贷资产证券化联通了信贷市场和资金市场。我国资金市场定价已经高度市场化，对市场、政策的反应非常灵敏，而信贷市场定价则具有一定的黏性。随着信贷资产证券化市场的深化，资金市场的价格波动将传导至信贷市场，资金市场的定价逻辑将反作用于信贷市场，对信贷市场定价机制的优化发挥积极作用，有助于进一步提升信贷市场定价的市场化。

（五）信贷资产证券化将持续改进中国金融圈的生态模式

当前一系列监管规定的出台，指明了金融领域降杠杆、去通道、实施穿透式监管、回归本源的发展目标。新形势下各类机构如何找准自身定位，找到自身的商业模式，成为各主体面临的普遍难题。新形势下，传统模式难以持续，更强调机构的资产创设能力、资金获取能力和专业经营能力，需要形成分工合作的新型生态圈。在开展信贷资产证券化的过程中，大银行发挥点多面广、客户众多、管理规范、风控严谨的优势，通过输出客户、技能、风控、渠道资源，成为资产仓库，形成大机构专业创设资产与中小机构跟投资

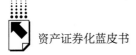

产的格局；商业银行作为资产提供者与交易发起方，整合券商、信托、会计、法律、评级等各类专业机构，各方发挥自身优势，共同完成整体交易，体现了有序分工合作的格局；各方积极引入区块链、大数据、云平台等新兴金融工具和金融方法，形成技术驱动业务发展的新格局……凡此种种，在推动金融领域新的生态格局形成过程中，信贷资产证券化已经成为先行者和探索者。

商业地产资产证券化的新特点和新趋势

刘焕礼　郭俊芳*

摘　要：　本文从政策、市场、交易结构等方面分析了商业地产资产证券化的新特点和新趋势。商业地产是指用途为商业运营的地产，其相关企业的传统融资方式为银行贷款和信托贷款。但随着持有型存量物业越来越多，地产企业亟须盘活资产，并通过细化融资工具来优化资本结构。此时，资产证券化的出现为商业地产提供了更灵活有效的融资方式，相关政策也逐渐丰富成型，积极推动商业地产ABS的发展。

　　从市场角度分析，国内商业地产ABS以商业地产抵押贷款支持证券（Commercial Mortgage Backed Securities，CMBS）与房地产信托投资基金（Real Estate Investment Trusts，REITs）作为主要发行方式，基础资产不仅包括以商业租金、物业费等地产经营收益作为还款来源的信托受益权，还包括租金、物业债权、保障房销售权益、购房尾款等地产相关收益权。未来CMBS和类REITs仍将继续主导商业地产ABS的市场，同时挤压如企业债权ABS等不涉及底层物业产权的商业地产ABS。另外，长租公寓ABS在2017年首发，发展趋势被长期看好，其储架发行模式或将成为未来主流趋势。

　　从交易结构分析，商业地产运营收益权ABS会摆脱委托贷款的通道模式，长期看此类产品的交易优势有限；REITs

---

* 刘焕礼，广发证券资产管理（广东）有限公司资产支持证券部总经理、中国融资租赁研究院专家委员、中国融资租赁西湖论坛（南沙）研究院结构融资委员会主任。郭俊芳，广发证券资产管理（广东）有限公司资产支持证券部产品经理，厦门大学法学博士。

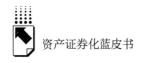
将使更多的地产企业和金融机构参与 Pre-REITs 过程，并朝着公募 REITs 的方向发展；CMBS 作为商业地产企业的重要融资工具，未来会强调底层资产的质量和专业资管能力，并设计多种风险收益组合产品来满足投资人的需求。

关键词： 商业地产　商业地产抵押贷款支持证券（CMBS）　房地产信托投资基金（REITs）　长租公寓　运营收益权

一　商业地产资产证券化概述

（一）商业地产定义与融资现状

1. 商业地产定义

商业地产，英文为"Commercial Real Estate"，也称为"Investment Property"或者"Income Property"，是指商业运营用途的地产，以区别于个人占有用途的地产。同时，商业地产是用于投资而非消费的地产业态，其核心特点是可以持续产生收入和现金流。[①]

2. 商业地产融资现状

自 2006 年至今，我国商业地产企业融资渠道经历了阶段性的变迁过程。2006~2009 年，IPO、股票增发是主要的融资渠道。随后，2009 年底出台"国四条"，股权融资受限，非标兴起。在市场调控作用下，2014 年后房地产非标再次被重启的定增所取代。2015 年初证监会颁布公司债新政，公司债发行主体扩容，政策放松下的房企纷纷放量发行债券，债券融资在 2015~2016 年增长迅速。2017 年以来，房地产企业融资收紧，房地产企业信用债发行缩量 75%，重新回归银行贷款和房地产信托贷款。[②]

---

① 周以升、张志军、万华伟：《CMBS：国际经验和中国实践》，中信出版社，2017，第 2~3 页。
② 管清友、张瑜、李俊德：《房地产企业融资全梳理——房地产研究手册》（第一集），民生证券研究院，2017 年 7 月 10 日。

商业地产开发商的传统商业模式为通过传统的融资方式获取扩张或建设资金，同时通过销售的高周转率实现现金回流，两者结合形成收益创造机制。在房价快速上涨、销售活跃的情况下，房地产开发商依靠高杠杆可以快速积累利润，扩张资产负债表。

而目前，这个商业模式遇到了很大挑战。①销售周转趋缓。随着城镇化发展到一定阶段，整体经济流动性收紧，加上中央对地产的调控政策，住宅销售不可能维持此前的快速销售周转。②粗放地提高杠杆模式已经走到尽头，需要细化融资工具来优化资本结构。③持有型存量物业越来越多，亟待盘活。

房地产开发商的过渡模式为：一方面运用传统融资方式配合传统的高周转模式，另一方面靠经营性抵押贷款或者其他高息非标贷款来错配其持有商业物业的融资和流动性。商业物业开发和运营商原来依靠经营性抵押贷款来支撑资产负债表扩张的模式也遇到了非常大的挑战：①经营性抵押贷款的融资效率低；②持有型存量物业收益率低，无法实现资本循环，拉低了整体净资产收益率。

3. 资产证券化在商业地产融资上的优势

对于具有稳定现金流或者可预见未来收益的资产，资产证券化可将其打包成为资本市场上具有流通性的可销售证券产品，并出售给特定的发行人，或者将该资产委托给特定受托人管理。资产证券化突破了传统金融工具需要依赖融资主体信用的做法，完成了从融资主体信用基础向资产本身信用基础的转化。

资产证券化方式有如下优势：第一，基础资产与融资人信用资质不会互相依赖，极大地满足了以中小企业为代表的主体信用较弱的企业融资的需求；第二，凭借优质资产与产品结构设计，可获得更高的信用等级，从而降低融资成本；第三，通过资产证券化获得的资金，期限和用途灵活；第四，通过合理设计可以实现证券化资产出表，优化资产负债结构。资产证券化可以为商业物业开发商提供更灵活、更有效、期限更长的融资方式，有助于拓展商业物业直接融资渠道。

资产证券化可以提高商业地产企业的融资效率，实现融资结构的多元化，优化资产负债结构。因此，市场呼吁以 CMBS 和 REITs 为代表的商业地产资产证券化创新。

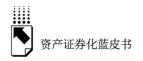

（二）商业地产资产证券化

1. 商业地产资产证券化定义

商业地产资产证券化（以下简称"商业地产ABS"）是一种以商业地产作为基础资产的证券性质金融工具，它向投资者支付的本息来源于基础资产池产生的现金流。与股票和一般债券不同，它不是对某一经营实体的利益要求权，而是对基础资产池所产生的现金流的要求权，是一种以资产信用为支持的证券。

2. 国内商业地产资产证券化产品梳理

根据产品特点，商业地产ABS产品主要可以分为商业地产运营收益权资产支持证券、房地产信托投资基金、商业地产抵押贷款支持证券、商业地产抵押贷款支持票据和长租公寓资产支持证券。

（1）商业地产运营收益权资产支持证券

商业地产运营收益权是指，物业运营主体如写字楼、办公楼、商场、酒店等物业在特定时期内因运营管理服务获得收入的权利，这些收入包括租金、管理费、服务费等，而商业地产运营收益权ABS则是以该类收益权为基础资产的证券化产品。这类证券化的两大优势是：融资规模大于经营性物业贷款，融资成本略低于经营性物业贷款。

（2）房地产信托投资基金（Real Estate Investment Trusts，REITs）

REITs是一种通过发行股份或受益凭证汇集资金，由专门的基金托管机构进行托管，并委托专门的投资机构进行房地产投资经营管理，将投资综合收益按比例分配给投资者的一种信托基金。由于法规限制，国内的REITs产品一般为类REITs，操作模式主要是发行专项资产管理计划。该方式虽然为证券提供了可在交易所转让的流动性，但专项资产管理计划并不能直接收购物业公司股权，所以一般通过私募基金收购物业公司股权。不同于国外REITs的主流形式，类REITs的收入来源限于项目成立时物业公司的经营、处置收入，范围不会扩大。而收益的分配也因有优先级与次级之分而存在差异。

（3）商业地产抵押贷款支持证券（Commercial Mortgage Backed Securities，CMBS）

国际主流的 CMBS 是指银行将所持有的商业抵押贷款组建资产池，真实出售给 SPV，由 SPV 向投资者发行以商业抵押贷款所涉商业地产的未来租金收入为支持的金融债券。但从国内实践来看，我们定义的 CMBS 是由原始权益人先设立资金信托或借助委贷银行，向实际融资方（房地产投资运营机构）发放以目标物业为抵押的抵押贷款，然后将信托受益权或委托贷款债权作为基础资产真实出售给 SPV，由 SPV 以该目标物业未来租金收入为支持所发行的资产支持证券。所以，国内的 CMBS 在与国际主流 CMBS 存在明显差异，实质上属于类 CMBS。而国际主流的 CMBS 和国内的 CMBS 的差异具体表现在以下方面。①基础资产，前者是商业抵押贷款本身，后者是信托收益权或委托贷款债权。②交易结构，前者是由贷款人把贷款卖给与其相关的储贷方，储贷方把贷款卖给由储贷方按照资产组合服务合同而成立的信托（发行人）；后者通常采用双 SPV 或单"SPV + 委贷银行"的架构。③现金流分配来源，前者完全来源于物业租金收入，后者则是基于信托贷款或委托贷款的现金流分配，不完全依靠于物业租金。④流动性机制，前者一般由服务商、托管人或第三方提供流动性机制，用来垫付现金流不足带来的现金流短缺；后者一般由原始权益人对贷款进行担保并对专项计划进行流动性支持。⑤物业分散性，前者的物业分散性高，后者往往只有单个物业。⑥增信措施，前者依靠资产本身结构增信，后者除了资产本身和结构增信外，还会加入主体增信。

（4）商业地产抵押贷款支持票据（Commercial Mortgage Backed Notes，CMBN）

基础资产与 CMBS 类似，将信托收益权作为基础资产委托给信托公司设立"资产支持票据信托"，由信托公司以资产支持票据信托为特殊载体，在银行间市场发行资产支持票据。与 CMBS 的区别在于，CMBN 采用注册制，可以公募发行，所以流动性会高于 CMBS，且发行成本相对较低。

（5）长租公寓资产支持证券

长租公寓资产证券化是以公寓运营商所持有的物业未来租金为底层资

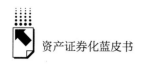

产，以信托收益权构建资产池向投资者募集资金的过程。长租公寓是资金和资源双密集型的行业。如果长租公寓企业在运营模式上以购买或自建的方式掌控房源，不仅会面临巨额资金占用，还要承担很高的资产交易成本。如果长租公寓企业以包租方式获取房源，又会面临利润空间较小的问题。事实上，长租公寓租金收入稳定，适合通过资产证券化获得融资。例如，采用包租运营模式的长租公寓企业可以通过租金收入的证券化，将未来租金收入折现后一次性付给业主，从而换取未来若干年的运营权，既能实现成本控制和资产管理，又可以规避不必要的交易成本。从国外发展经验来看，资产证券化（轻资产型）和 REITs（产权持有型）可以成为长租公寓领域金融创新的主要方式。

二　商业地产资产证券化的政策解读

随着商业地产 ABS 的不断发展，相关政策也逐渐丰富成型。本节首先介绍关于商业地产 ABS 整体的政策，然后按产品细分介绍其各自特殊的政策制度。整体而言，商业地产 ABS 的政策趋于完善，对各个交易环节有了更为详细的规定，也有利于保障项目质量、减少项目风险。但是，这也给许多资质优良的原始权益人带来难题，限制了投资回报率和项目收益。同时，政府希望能用 ABS 产品切实解决民生问题，在一些投资要求大却难以融资的民生项目中应用 ABS 的各类产品，这也推动了 ABS 产品的不断创新。目前，政府大力鼓励房屋租赁，提倡"房子是用来住的，而不是用来炒的"，希望解决现在社会上"住房难"的问题。在这样的政策导向下，可以预见长租公寓 ABS 将得到很好的应用，后文案例中会就此做深入探讨。另外，随着我国老龄人口的赡养问题日益严重，政策上鼓励民间资本参与养老服务，未来将促使养老服务相关的 PPP 与 REITs 相结合。

（一）商业地产资产证券化整体政策

资产证券化帮助商业地产拓宽了融资渠道，并相比其他融资渠道具有负

债成本低、融资期限匹配等优势，因此国务院及各相关部门陆续给予政策性
支持，为商业地产ABS提供了良好的发展环境，以积极推动资产证券化及
其产品在房地产领域的发展。商业地产ABS相关政策包括但不限于表1中
所列举的内容。

表1　商业地产ABS相关政策

时间	发文单位	文件或主旨	核心要点
2005年11月	商务部	"开放国内REITs融资渠道"的建议	明确提出开放国内REITs融资渠道
2008年	国务院	"国九条""金融30条"	国务院出台金融"国九条"，提出发展REITs，随后，国务院发布了细化的"金融30条"，明确提出"开展房地产信托投资基金试点，拓宽房地产企业融资渠道"
2009年	央行联合11个部委	REITs实施方案	制订REITs实施方案，并在北京、上海、天津开展试点
2013年3月	证监会	《证券公司资产证券化业务管理规定》	规定商业票据、债券、股票等有价证券，以及商业物业等不动产资产均可作为证券化的基础资产，这些都为商业地产资产证券化的发展奠定了基础
2014年8月	证监会	《私募投资基金监督管理暂行办法》	私募基金财产的投资包括买卖股票、股权、债券、期货、期权、基金份额及投资合同约定的其他投资标的；各类私募基金管理人应当根据基金业协会的规定，向基金业协会申请登记；各类私募基金募集完毕，私募基金管理人应当根据基金业协会的规定，办理基金备案手续；私募基金应当向合格投资者募集，单支私募基金的投资人数累积不得超过《中华人民共和国证券投资基金法》《中华人民共和国公司法》《中华人民共和国合伙企业法》等法律规定的特定数量
2014年9月	中国人民银行、银监会	《关于进一步做好住房金融服务工作的通知》	明确提出"积极稳妥开展房地产投资信托基金试点"
2014年11月	中国人民银行、住建部	推行REITs试点	在北京、上海、广州和深圳四个城市推行REITs试点

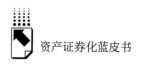

续表

时间	发文单位	文件或主旨	核心要点
2016 年 1 月	国务院	《关于积极稳妥降低企业杠杆率的意见》(国发〔2016〕54 号)	进一步指出"积极开展以商业不动产等不动产财产或财产权益为基础资产的资产证券化业务""支持房地产企业通过发展房地产信托投资基金向轻资产经营模式转型"
2016 年 3 月	国务院转批国家发展改革委	《关于 2016 年深化经济体制改革重点工作的意见》(国发〔2016〕21 号)	明确"研究制定房地产投资信托基金规则,积极推进试点"
2017 年 3 月	深圳证券交易所固定收益部	《深圳证券交易所资产证券化业务问答》(2017 年 3 月修订)	新增商业物业抵押贷款类基础资产的评审关注要点

(二)商业地产资产证券化各类产品相关政策

1. 商业地产运营收益权资产支持证券相关政策

商业地产运营收益权 ABS 作为商业地产 ABS 中的细分领域,相关政策不多。2017 年 3 月,深圳证券交易所固定收益部公布《深圳证券交易所资产证券化业务问答》(2017 年 3 月修订),相比之前版本,新增物业服务费收入资产证券化的关注要点。

2. 房地产信托投资基金相关政策

REITS 相关政策具体如表 2 所示。

表 2 REIT s 相关政策

时间	发文单位	文件或主旨	核心要点
2015 年 1 月	住房城乡建设部	《关于加快培育和发展住房租赁市场的指导意见》(建房〔2015〕4 号)	要求地方建立住房租赁信息政府服务平台,培育住房租赁机构,支持房地产开发企业出租房源,推进 REITS 试点
2015 年 4 月	财政部、国土资源部、住房城乡建设部、中国人民银行、国家税务总局、银监会	《关于运用政府和社会资本合作模式推进公共租赁住房投资建设和运营管理的通知》(财综〔2016〕15 号)	支持以未来收益覆盖融资本息的公共租赁住房资产发行房地产投资信托基金(REITs),探索建立以市场机制为基础、可持续的公共租赁住房投融资模式

时间	发文单位	文件或主旨	核心要点
2016年12月	国家发展改革委、中国证监会	《关于推进传统基础设施领域政府和社会资本合作（PPP）项目资产证券化相关工作的通知》（发改投资〔2016〕2698号）	共同推动不动产投资信托基金（REITs），进一步支持传统基础设施项目建设
2017年6月	财政部、中国人民银行、中国证监会	《关于规范开展政府和社会资本合作项目资产证券化有关事宜的通知》（财金〔2017〕55号）	推动不动产投资信托基金（REITs）发展，鼓励各类市场资金投资PPP项目资产证券化产品
2017年8月	北京市住房和城乡建设委员会等	《关于加快发展和规范管理本市住房租赁市场的通知》（京建法〔2017〕21号）	研究制定鼓励房地产投资信托基金（REITs）发展的优惠政策，协调与指导金融机构积极参与，支持住房租赁企业利用房地产投资信托基金融资
2017年9月	上海市人民政府办公厅	《关于加快培育和发展本市住房租赁市场的实施意见》（沪府办〔2017〕49号）	进一步拓宽住房租赁企业的直接融资渠道，支持符合条件的住房租赁企业发行专门用于发展住房租赁业务的各类债券、不动产证券化产品；加快推进针对租赁用房的各类房地产投资信托基金（REITs）试点，在试点后尽快形成规模
2017年9月	深圳市人民政府办公厅	《关于加快培育和发展住房租赁市场的实施意见》（深府办规〔2017〕6号）	鼓励符合条件的住房租赁企业或经营住房租赁业务的企业通过IPO、债券及不动产证券化产品等方式融资，稳步推进房地产投资信托基金（REITs）试点

3. 商业地产抵押贷款支持证券相关政策

目前，对于通过CMBS方式融资，虽暂无明文规定，但是区别对待的色彩明显。如对国有房地产企业、房地产前100强企业和其他民营房地产企业，实际上是区别对待的，对主体的信用等级要求存在差别，融资额度的限制也有一定差别，融资额度通常不得超过房产估值的50%。此外，对于商业地产，一般要求具备历史现金流记录，新建的商业地产就很难满足这一要求。要求一二线城市的商业地产有优越的地理位置，对三四线城市的商业地

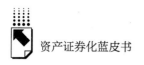

产限制更多。但总的来说，拥有运营稳定的酒店、写字楼的商业地产企业，仍可通过商业地产资产证券化融资，且融资后的资金使用目前也暂不受限制。

4. 长租公寓资产支持证券相关政策

长租公寓的发展得到政府鼓励，所以长租公寓 ABS 相关政策较多，具体如表 3 所示。

表 3　长租房 ABS 相关政策

时间	发文单位	文件或主旨	核心要点
2015 年 2 月	民政部等十部委	《关于鼓励民间资本参与养老服务业发展的实施意见》	鼓励社会力量举办规模化、连锁化的养老机构，鼓励养老机构跨区联合、资源共享，发展异地互动养老，推动形成一批具有较强竞争力的养老机构
2015 年 11 月	国务院办公厅	《关于加快发展生活性服务业促进消费结构升级的指导意见》	要求重点"发展短租公寓、长租公寓等细分业态"；公寓首次纳入生活服务业
2015 年 12 月	国务院	中央经济工作会议	提出以满足新市民住房需求为主要出发点的住房制度改革，深化改革以建立购租并举的住房制度为主要方向
2016 年 3 月	财政部	"两会"	公寓业所在的生活服务业也纳入营改增试点
2016 年 4 月	国家发改委、教育部、工信部等 24 部门	《关于促进消费带动转型升级的行动方案》	分城施策化解房地产库存，建立租购并举的住房制度，加快培育和发展住房租赁市场
2016 年 5 月	国务院	国务院常务会议	培育和发展住房租赁市场，以满足新型城镇化住房的多样化需求
2016 年 5 月	国务院办公厅	《关于加快培育和发展住房租赁市场的若干意见》	全面部署加快培育和发展住房租赁市场工作，出台一系列鼓励和规范住房租赁市场的政策
2016 年 11 月	国家税务总局	《关于在境外提供建筑服务等有关问题的公告》	纳税人以长（短）租形式出租酒店式公寓并提供配套服务的，按照住宿服务缴纳增值税
2017 年 2 月	住建部	国务院新闻办公室新闻发布会	规范租赁市场：加快住房租赁市场立法；多渠道增加租赁住房有效供应；大力发展公租房；加强住房租赁市场监管

续表

时间	发文单位	文件或主旨	核心要点
2017 年 4 月	住建部等	《关于加强近期住房及用地供应管理和调控有关工作的通知》	鼓励房地产开发企业参与工业厂房改造;开展集体建设用地上建设租赁住房试点;鼓励个人依法出租自有住房
2017 年 7 月	九部委	《关于在人口净流入的大中城市加快发展住房租赁市场的通知》	在人口净流入的大城市中,加快发展住房租赁市场;选取广州、深圳、南京、杭州、厦门、武汉、成都、沈阳、合肥、郑州、佛山、肇庆 12 个城市为首批试点单位,明确各地要搭建住房租赁交易平台,增加新建租赁住房供应
2017 年 6 月	广州市人民政府办公厅	《广州市加快发展住房租赁市场工作方案》	赋予符合条件的承租人子女享就近入学等公共服务权益,保障租购同权
2017 年 8 月	南京市人民政府办公厅	《南京市住房租赁试点工作方案》	符合条件的承租人的子女在居住区内享受义务教育,享受医疗卫生等国家规定的基本医疗公共服务;建立承租人权利清单,逐步实现购租同权
2017 年 8 月	厦门市人民政府	市政府常务会议	多渠道解决租赁房源问题,健全住房租赁市场管理体系
2017 年 2 月	武汉市人民政府办公厅	《武汉市居住证服务与管理暂行办法》	承租人申领居住证后,可享受在武汉市义务教育、基本公共就业服务等国家规定的基本公共服务;对符合条件的家庭给予住房租赁货币化补贴
2017 年 8 月	成都市人民政府办公厅	《成都市开展住房租赁试点工作的实施方案》	符合申领居住证条件的居民凭房屋租赁合同备案,坚持租补并举、以补为主,有效支持保障对象通过市场租赁解决住房困难,确保应保尽保
2017 年 7 月	合肥市人民政府	《关于印发合肥市住房租赁试点工作实施方案的通知》	可申请办理居住证,居住证持有人按规定享受公积金、义务教育、医疗卫生等基本公共服务
2017 年 7 月	沈阳市人民政府办公厅	《沈阳市住房租赁试点工作方案》	持有居住证的承租人在就业扶持、养老服务、社会福利以及随迁子女入学、中考等方面,享受公共服务,实现购租同权

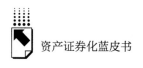
时间	发文单位	文件或主旨	核心要点
2017 年 8 月	郑州市人民政府	《郑州市培育和发展住房租赁市场试点工作实施方案》	要发挥国有住房租赁企业的引导作用,2020 年前,国有租赁平台企业持有的住房租赁房源将占全市增量的20%左右

三 商业地产资产证券化市场情况及趋势

（一）市场情况概述

截至 2017 年 12 月 31 日,国内已成功发行的商业地产资产证券化产品共计 70 单,总发行规模为 1649.46 亿元,ABS 类型涉及 CMBS、类 REITs、商业地产运营收益权 ABS、CMBN、长租公寓 ABS（见图 1）。其中,CMBS 产品共25 单,发行规模 762.66 亿元;类 REITs 产品共 25 单,发行规模 594.39 亿元;运营收益权 ABS 共 12 单,发行规模 125.21 亿元;CMBN 产品共 4 单,发行规模 116.00 亿元;长租公寓 ABS 共 4 单,发行规模 51.20 亿元。除上述产品外,在房地产资产证券化市场中底层物业未涉及商业用途的产品不在本文统计范围内,如底层资产为供应链金融产品与房屋住宅管理费产品等。

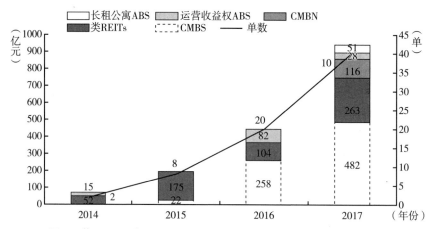

图 1 截至 2017 年 12 月 31 日已发行商业地产 ABS 产品规模统计

资料来源:Wind 数据库。

（二）国内商业地产资产证券化产品基础资产情况分析

截至 2017 年 12 月 31 日，国内已成功发行的 70 单商业地产资产证券化产品（见表 4）中，基础资产类型涉及不动产投资信托 REITs、商业房地产抵押贷款、信托受益权、应收账款、信托受益债权、租赁债权、委托贷款债权、租赁租金以及企业债权。其中，不动产投资信托 REITs 产品 27 单，发行规模 619.09 亿元；商业房地产抵押贷款产品 17 单，发行规模 638.08 亿元；信托受益权产品 13 单，发行规模 169.58 亿元；应收账款产品 7 单，发行规模 45.71 亿元；其他产品 6 单，发行规模 177.00 亿元（见图 2）。

表 4　商业地产 ABS 项目清单

序号	项目名称	发行公告日	底层物业	规模（亿元）	ABS 类型
1	招商创融－海富通－步步高资产支持专项计划	2017－12－28	综合体	12.40	类 REITs
2	北京住总房地产开发有限责任公司 2017 年度第一期资产支持票据	2017－12－26	写字楼、零售	10.00	CMBN
3	飞驰－建融招商长租公寓系列 2017 年度第一期定向资产支持票据	2017－12－25	公寓	40.00	长租公寓 ABS
4	开源－云城投置业成都银泰中心资产支持专项计划	2017－12－12	综合体	35.00	CMBS
5	华福－北京西国贸汽配基地资产支持专项计划	2017－12－08	零售	19.23	CMBS
6	平安汇通泛海民生金融中心资产支持专项计划	2017－11－27	综合体	24.00	CMBS
7	高和德邦－复地商业物业资产支持专项计划	2017－11－10	综合体	33.70	CMBS
8	平银国君华邦银泰城资产支持专项计划	2017－11－02	零售	7.65	CMBS
9	新派公寓权益型房托资产支持专项计划	2017－10－23	公寓	2.70	长租公寓 ABS
10	中金－印力深国投广场信托受益权资产支持专项计划	2017－10－23	综合体	37.90	CMBS
11	红星美凯龙家居卖场资产支持专项计划一期	2017－10－18	零售	24.00	CMBS

续表

序号	项目名称	发行公告日	底层物业	规模（亿元）	ABS 类型
12	新城控股集团股份有限公司 2017 年度第一期资产支持票据	2017 – 10 – 16	写字楼、零售	21.00	CMBN
13	红博会展信托受益权资产支持专项计划	2017 – 09 – 30	零售	9.50	CMBS
14	渤海汇金 – 中信资本悦方 ID Mall 资产支持专项计划	2017 – 09 – 26	零售	27.70	类 REITs
15	嘉实资本中节能绿色建筑资产支持专项计划	2017 – 09 – 25	写字楼	8.20	CMBS
16	南京金鹰天地 2017 年度第一期资产支持票据	2017 – 08 – 30	综合体	20.00	CMBN
17	畅星 – 高和红星家居商场资产支持专项计划	2017 – 08 – 29	零售	26.50	类 REITs
18	中信·保利地产商业一号资产支持专项计划	2017 – 08 – 29	写字楼	35.30	CMBS
19	上海世茂国际广场有限责任公司 2017 年度第一期资产支持票据	2017 – 08 – 29	综合体、酒店	65.00	CMBN
20	华泰资管 – 保利置业一期资产支持专项计划	2017 – 08 – 18	写字楼	16.21	CMBS
21	天风光大 – 亿利生态广场二期资产支持专项计划	2017 – 08 – 17	写字楼	7.36	类 REITs
22	中信证券 – 自如 1 号房租分期信托受益权资产支持专项计划	2017 – 08 – 14	公寓	5.00	长租公寓 ABS
23	中民 – 科瑞物业信托受益权资产支持专项计划	2017 – 08 – 11	商业物业	20.20	运营收益权 ABS
24	中联前海开源 – 勒泰一号资产支持专项计划	2017 – 08 – 02	零售	35.00	类 REITs
25	招商创融 – 福晟集团资产支持专项计划	2017 – 06 – 29	写字楼	17.00	类 REITs
26	平安汇通 – 平安金融大厦资产管理费资产支持专项计划	2017 – 06 – 12	写字楼	3.00	运营收益权 ABS
27	2016 西安高科一期资产支持专项计划	2017 – 06 – 06	商业物业	4.91	运营收益权 ABS
28	中信 – 金石 – 碧桂园凤凰酒店资产支持专项计划	2017 – 05 – 31	酒店	35.10	类 REITs
29	金融街（一期）资产支持专项计划	2017 – 05 – 19	写字楼	66.50	CMBS

续表

序号	项目名称	发行公告日	底层物业	规模（亿元）	ABS类型
30	天风－华贸SKP资产支持专项计划	2017－04－28	写字楼	52.00	CMBS
31	开源－北京海航实业大厦资产支持专项计划	2017－04－17	写字楼	22.00	类REITs
32	汇富－建投汇宇－搜候复兴广场资产支持专项计划	2017－03－27	写字楼	38.10	CMBS
33	中银招商－北京凯恒大厦资产支持专项计划	2017－03－16	写字楼	30.05	类REITs
34	恒泰弘泽－广州海航双塔资产支持专项计划	2017－03－02	综合体	27.00	类REITs
35	天风光大－亿利生态广场一期资产支持专项计划	2017－02－15	写字楼	10.77	类REITs
36	恒泰弘泽－华远盈都商业资产支持专项计划	2017－01－24	零售	7.36	类REITs
37	深圳益田假日广场资产支持专项计划	2017－01－19	零售	53.01	CMBS
38	魔方公寓信托受益权资产支持专项计划	2017－01－16	公寓	3.50	长租公寓ABS
39	长江楚越－中百一期资产支持专项计划	2017－01－04	零售	10.40	类REITs
40	平安苏宁广场资产支持专项计划	2017－01－04	零售	16.80	类REITs
41	中信皖新阅嘉一期资产支持专项计划	2016－12－13	零售	5.55	类REITs
42	中信华夏三胞南京国际金融中心资产支持专项计划	2016－12－12	综合体	30.53	类REITs
43	国金－金光金虹桥国际中心资产支持专项计划	2016－12－09	综合体	78.00	CMBS
44	北科建·创新信托受益权资产支持专项计划	2016－11－02	科技园	22.00	运营收益权ABS
45	华泰美吉特灯都资产支持专项计划	2016－10－10	商业物业	21.00	运营收益权ABS
46	首誉光控－光控安石大融城资产支持专项计划	2016－09－26	零售	25.00	类REITs
47	航洋城信托受益权资产支持专项计划	2016－09－19	综合体	24.90	CMBS

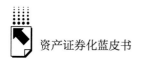

续表

序号	项目名称	发行公告日	底层物业	规模 （亿元）	ABS 类型
48	高和招商－金茂凯晨资产支持专项计划	2016－08－31	写字楼	40.01	CMBS
49	北京银泰中心资产支持专项计划	2016－08－18	综合体	75.00	CMBS
50	汇富富华金宝大厦资产支持专项计划	2016－07－04	写字楼	13.50	CMBS
51	博时资本－世茂酒店信托受益权资产支持专项计划	2016－07－04	酒店	26.90	CMBS
52	中信华夏苏宁云享资产支持专项计划	2016－06－30	物流	18.47	类 REITs
53	东证资管－青浦吾悦广场资产支持专项计划	2016－06－17	零售	10.50	类 REITs
54	天风－中航红星爱琴海商业物业信托受益权资产支持专项计划	2016－06－15	零售	14.00	类 REITs
55	平安宝龙荣耀一期资产支持专项计划	2016－04－19	商业物业	6.00	运营收益权 ABS
56	保利置业物业资产支持专项计划	2016－04－13	商业物业	17.60	运营收益权 ABS
57	华鑫－德基广场资产支持专项计划	2016－04－05	综合体	3.00	运营收益权 ABS
58	潍坊北大科技园建设开发有限公司商业物业租金合同债权资产支持专项计划	2016－03－04	商业物业	4.80	运营收益权 ABS
59	扬州迎宾馆信托受益权资产支持专项计划	2016－02－15	宾馆	3.80	运营收益权 ABS
60	山东东宇工贸集团股份有限公司商业物业租金合同债权资产支持专项计划	2016－02－02	商业物业	3.90	运营收益权 ABS
61	招商创业（一期）信托受益权资产支持专项计划	2015－12－30	商业物业	3.00	CMBS
62	中信·茂庸投资租金债权信托受益权资产支持专项计划	2015－12－24	商业物业	10.55	CMBS
63	恒泰浩睿－彩云之南酒店资产支持专项计划	2015－12－23	酒店	58.00	类 REITs
64	招商创融－天虹商场（一期）资产支持专项计划	2015－12－14	零售	14.50	类 REITs

序号	项目名称	发行公告日	底层物业	规模（亿元）	ABS 类型
65	恒泰浩睿－海航浦发大厦资产支持专项计划	2015－12－01	写字楼	25.00	类 REITs
66	汇富河西嘉实 1 号资产支持专项计划	2015－10－19	酒店、会展	8.50	CMBS
67	中信华夏苏宁云创二期资产支持专项计划	2015－07－13	零售	33.35	类 REITs
68	中信华夏苏宁云创一期资产支持专项计划	2015－02－03	物流	43.95	类 REITs
69	海印股份信托受益权专项资产管理计划	2014－09－12	商业物业	15.00	运营收益权 ABS
70	中信启航专项资产管理计划	2014－05－21	写字楼	52.10	类 REITs

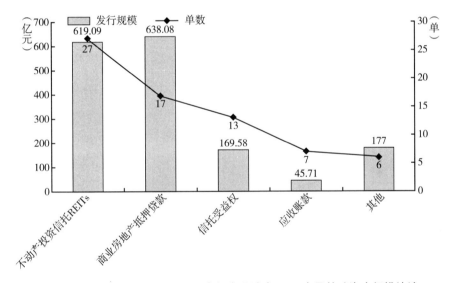

图 2　截至 2017 年 12 月 31 日已发行商业地产 ABS 产品基础资产规模统计

资料来源：Wind 数据库。

由于国内商业地产 ABS 以 CMBS 与类 REITs 作为主要发行方式，基础资产主要由不动产投资信托 REITs、信托受益权、企业债权构成。对 2016 年和 2017 年两个年度基础资产结构进行对比分析，受新银行间发行方式 CMBN 的影响，2017 年信托受益权产品占比下降 16.92 个百分点，且新增委

托贷款债权、信托受益债权、租赁债权三种基础资产类型。CMBN 的基础资产类型十分丰富，这表明 CMBN 在交易结构设计上具有较强的灵活性，能够适用于多样化的商业地产资产证券化。

1. CMBS 基础资产构成的特点与趋势

CMBS 是商用地产资产证券化的主要方式。一般构成 CMBS 的基础资产包括信托受益权、企业债权以及应收账款，其中信托受益权占比超 60%。2015~2017 年 CMBS 基础资产构成中信托受益权产品占比呈下降趋势（见图 3~图 5），基础资产逐步趋向多样化，为未来差异化的商业地产项目提供了更为灵活的交易结构。

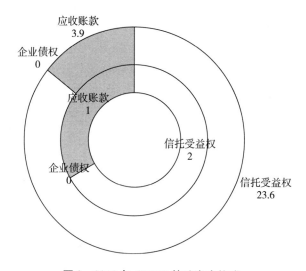

图 3　2015 年 CMBS 基础资产构成

资料来源：Wind 数据库。

注：内环数字表示已发行单数（单位为单），外环数字表示已发行总规模（单位为亿元），图 4~图 6 同。

2. 长租公寓 ABS 基础资产构成的特点与趋势

2017 年是长租公寓项目资产证券化元年，长租公寓资产证券化的发行方式以及交易结构设计都处于探索的阶段。目前已发行的 4 单长租公寓 ABS 基础资产类型涉及租赁债权、不动产投资信托 REITs 以及信托受益权（见表 5），既有银行间资产支持票据也有证券交易所资产支持证券。预计

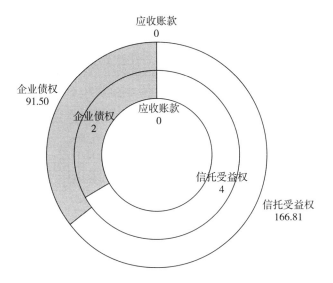

图4　2016年CMBS基础资产构成

资料来源：Wind数据库。

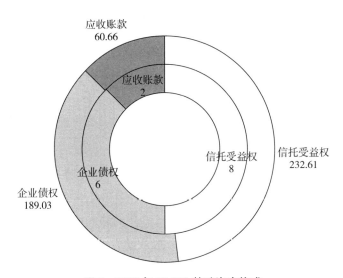

图5　2017年CMBS基础资产构成

资料来源：Wind数据库。

随着长租公寓ABS的深化与创新，长租公寓ABS将围绕物业产权及租金收取方式不断细分。

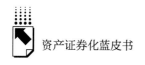

表5　2017 年长租公寓 ABS 发行情况

序号	项目名称	基础资产	原始权益人	发行总额（亿元）	计划管理人
1	飞驰－建融招商长租公寓系列 2017 年度第一期定向资产支持票据	租赁债权	建银国际（深圳）投资有限公司	40.00	建信信托
2	中信证券－自如 1 号房租分期信托受益权资产支持专项计划	不动产投资信托 REITs	北京自如众诚友融信息科技有限公司	5.00	中信证券
3	魔方公寓信托受益权资产支持专项计划	信托受益权	魔方（南京）企业管理咨询有限公司	3.50	北京方正富邦创融资管
4	新派公寓权益型房托资产支持专项计划	信托受益权	洋部落（北京）企业管理咨询有限公司	2.70	渤海汇金证券资管

（三）国内商业地产资产证券化产品底层物业情况分析

从物业类型上看，已发行商业地产 ABS 产品涉及写字楼、零售、酒店、综合体、物流物业以及商业物业等。零售、写字楼、综合体物业格外受到市场青睐，占据发行规模前三位（见图6）。其中，零售物业有多宗产品将零售门店打包组合发行，以扩大资金池资产规模。写字楼资产证券化产品多数以单个物业作为底层资产发行，底层核心资产涉及写字楼的共 18 单，总发行规模高达 468.1 亿元，平均项目规模为 26.01 亿元/单，写字楼物业具有价值高的特点。

截至 2017 年 12 月 31 日，物流资产成功发行 2 单，长租公寓成功发行 4 单，开创了除传统商用物业以外其他底层资产物业形态的资产证券化。首个储架类 REITS "中联前海开源－保利地产租赁住房一号资产支持专项计划"的成功发行，打开了国内租赁住房资产证券化的新局面。

分析各类 ABS 类型中的底层物业形态，写字楼、综合体等高单体价值物业的 ABS 主要通过 CMBS、类 REITs 以及 CMBN 的形式发行，其中 CMBN 仅应用于写字楼与综合体两种物业形态的商业地产资产证券化产品中；酒店、零售等多门店打包组合项目主要通过类 REITs 发行，其余以 CMBS 的形式发行；商业物业，由写字楼、出租物业、商用商铺等多处物业共同组成的底层物业，具有物业分散的特点，一般通过经营收益权的形式发行 ABS（见图7）。

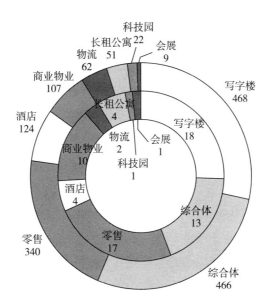

图6 截至2017年12月31日已发行商业地产ABS产品底层核心物业规模统计

资料来源：Wind 数据库。

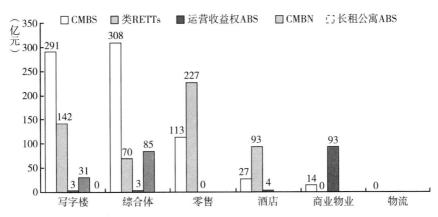

图7 截至2017年12月31日已发行商业地产ABS产品底层核心物业构成规模统计

资料来源：Wind 数据库。

（四）国内商业地产资产证券化产品原始权益人情况分析

目前，国内发行商业地产 ABS 产品的原始权益人主要有三类（见

图8）。一是传统房地产行业的地产开发公司，发起规模占比为36.98%，如新城控股集团、上海世贸国际广场有限责任公司、增城市碧桂园物业发展有限公司等，业务涵盖写字楼、综合体。第二类是不动产投资行业的投资公司，发起规模占比为24.53%，业务涵盖写字楼、综合体以及具有混合特性的商业物业。例如，招商局蛇口工业区控股股份有限公司发起的"招商创业（一期）信托受益权资产支持专项计划"项目，是以多处租赁物业作为底层资产。第三类是零售企业，发起规模占比为11.31%，底层物业以零售、物流为主，如苏宁云商集团股份有限公司、红星美凯龙家居集团股份有限公司等。

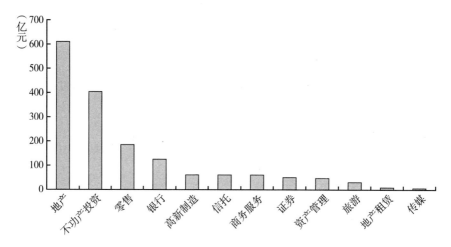

图8 截至 2017 年 12 月 31 日原始权益人行业已发行商业地产 ABS 产品规模统计

商业地产 ABS 以单体项目为主，因此发起机构/原始权益人呈现分散化趋势，极少存在同一原始权益人多次发行产品的情况。现有的 70 单商业地产 ABS 产品中，发行规模前五的原始权益人分别是：苏宁云商集团股份有限公司，共发行产品 3 单，发行规模 95.77 亿元；平安银行股份有限公司，共发行产品 2 单，发行规模 85.65 亿元；中国银泰投资有限公司，共发行产品 1 单，发行规模 75.00 亿元；金融街（北京）置地有限公司，共发行产品 1 单，发行规模 66.50 亿元；上海世贸国际广场有限责任公司，共发行产品 1 单，发行规模 65 亿元（见表 6）。

表6 最近3年商业地产ABS情况比较

序号	原始权益人	发行单数	项目名称	发行年份	发行规模（亿元）
1	苏宁云商集团股份有限公司	3	中信华夏苏宁云享资产支持专项计划	2016年	18.47
			中信华夏苏宁云创二期资产支持专项计划	2015年	33.35
			中信华夏苏宁云创一期资产支持专项计划	2015年	43.95
2	平安银行股份有限公司	2	平银国君华邦银泰城资产支持专项计划	2017年	7.65
			国金－金光金虹桥国际中心资产支持专项计划	2016年	78.00
3	中国银泰投资有限公司	1	北京银泰中心资产支持专项计划	2016年	75.00
4	金融街（北京）置地有限公司	1	金融街（一期）资产支持专项计划	2017年	66.50
5	上海世茂国际广场有限责任公司	1	上海世茂国际广场有限责任公司2017年度第一期资产支持票据	2017年	65.00

（五）国内商业地产资产证券化产品计划管理人情况分析

从计划管理人看，恒泰证券在商业地产ABS中占有较高地位，共发行5单，位列第二；发行规模为192.36亿元，位列第一。无论从发行数量还是从发行金额上看，恒泰证券、中信证券、招商资管、天风证券以及华夏资本均位列前五（见表7和表8）。前五大计划管理人中除华夏资本外，均发行有多处底层资产为写字楼、综合体的ABS产品。

表7 截至2017年12月31日已发行商业地产ABS发行单数前十大计划管理人

排名	计划管理人名称	发行数量（单）
1	中信证券股份有限公司	6
2	恒泰证券股份有限公司	5
3	招商证券资产管理有限公司	5
4	天风证券股份有限公司	4

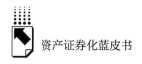

续表

排名	计划管理人名称	发行数量（单）
5	华夏资本管理有限公司	4
6	渤海汇金证券资产管理有限公司	3
7	深圳平安大华汇通财富管理有限公司	3
8	上海富诚海富通资产管理有限公司	2
9	长城证券股份有限公司	2
10	博时资本管理有限公司	2

资料来源：Wind 数据库。

表8 截至 2017 年 12 月 31 日已发行商业地产 ABS 发行规模前十大计划管理人

排名	计划管理人名称	发行规模（亿元）
1	恒泰证券股份有限公司	192.36
2	中信证券股份有限公司	137.96
3	招商证券资产管理有限公司	131.05
4	华夏资本管理有限公司	126.30
5	天风证券股份有限公司	84.13
6	国金证券股份有限公司	78.00
7	兴业国际信托有限公司	65.00
8	开源证券股份有限公司	57.00
9	渤海汇金证券资产管理有限公司	56.90
10	中信建投证券股份有限公司	53.10

资料来源：Wind 数据库。

　　详细分析 2017 年商业地产 ABS 发行情况，招商资管共发行 3 单，发行规模 113.55 亿元，跃居第一；发行金额上，中信证券、天风证券、兴业国际信托、开源证券在前五之列（见表 9 和表 10）。2017 年，发行规模前五计划管理人的底层资产均至少涉及一处写字楼物业。

表9　2017年商业地产ABS发行单数前十大计划管理人

排名	计划管理人名称	发行数量（单）
1	中信证券股份有限公司	4
2	招商证券资产管理有限公司	3
3	渤海汇金证券资产管理有限公司	3
4	天风证券股份有限公司	3
5	深圳平安大华汇通财富管理有限公司	2
6	恒泰证券股份有限公司	2
7	开源证券股份有限公司	2
8	华泰证券（上海）资产管理有限公司	1
9	信达证券股份有限公司	1
10	华林证券股份有限公司	1

资料来源：Wind数据库。

表10　2017年商业地产ABS发行规模前十大计划管理人

排名	计划管理人名称	发行规模（亿元）
1	招商证券资产管理有限公司	113.55
2	中信证券股份有限公司	80.31
3	天风证券股份有限公司	70.13
4	兴业国际信托有限公司	65.00
5	开源证券股份有限公司	57.00
6	渤海汇金证券资产管理有限公司	56.90
7	信达证券股份有限公司	53.01
8	建信信托有限责任公司	40.00
9	中信建投证券股份有限公司	38.10
10	中国国际金融股份有限公司	37.90

资料来源：Wind数据库。

（六）国内商业地产资产证券化产品承销商情况分析

从承销商上看，中信证券在商业地产ABS中占比为23.2%，共参与发行15单，发行总额为382.66亿元，无论是从发行数量还是从发行规模上看，它承销了近5成商业地产ABS产品。发行金额上，招商证券、恒泰证券、天风证券以及国金证券在前五之列（见表11）。

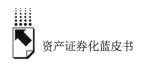

表 11　截至 2017 年 12 月 31 日已发行商业地产 ABS 前五大承销商

排名	承销商名称	发行规模（亿元）	发行数量（单）
1	中信证券股份有限公司	382.66	15
2	招商证券股份有限公司	217.16	8
3	恒泰证券股份有限公司	192.36	5
4	天风证券股份有限公司	84.13	4
5	国金证券股份有限公司	78.00	1

资料来源：Wind 数据库。

2017 年，中信证券共发行 3 单商业地产 ABS，发行规模为 198.71 亿元，位列第一，发行数量上仅次于招商证券；在发行金额上，招商证券、天风证券、兴业银行、开源证券在前五之列（见表 12）。

表 12　2017 年商业地产 ABS 发行规模前五大承销商

排名	承销商名称	发行规模（亿元）	发行数量（单）
1	中信证券股份有限公司	198.71	3
2	招商证券股份有限公司	159.65	5
3	天风证券股份有限公司	70.13	3
4	兴业银行股份有限公司	65.00	1
5	开源证券股份有限公司	57.00	2

资料来源：Wind 数据库。

（七）国内商业地产资产证券化产品发行利率分析

从已发行的商业地产 ABS 产品数据来看，优先档集中在 AAA 等级，平均债券期限为 7.5 年，夹层档集中在 AA＋、AA 等级，期限一般大于 1 年，部分期限在 10 年以上；在发行利率方面，2014 年商业地产 ABS 产品具有新产品红利，AAA 等级收益率均值为 6.59%，AA＋等级收益率均值为 7.7%。2015～2016 年，随着资产证券化市场不断发展，新产品红利消失，收益率逐步向下调整。2017 年上半年，债市调整，ABS 产品发行利率随之上行，受此影响，商业地产 ABS 产品收益率 AAA 等级均值上行至 5.91%，AA＋等级均值上行至 6.43%，AA 等级均值上行至 6.70%（见表 13）。

表13　商业地产 ABS 信用等级和利率水平比较

单位：%

年份	AAA	AA +	AA
2017 年上半年	5.91	6.43	6.70
2016 年	4.98	5.72	5.88
2015 年	5.44	5.97	—
2014 年	6.59	7.70	—

资料来源：Wind 数据库。

在利差方面，10 年以内的 AAA 级与 AA + 级商业地产 ABS 发行利率明显高于同等级中债 ABS 到期收益率（见图 9 和图 10）；10 年以上的 AAA 级、AA + 级商业地产 ABS 利率与同等级中债 ABS 到期收益率更为贴近，大部分时间利差仅在（+/−）30 个基点的变化区间以内（见图 11 和图 12）。由于商业地产项目的现金流存在一定的不稳定性，所以商业地产 ABS 发行利率一般略高于中债 ABS 到期收益率。而长周期大型物业如综合体、写字楼等租金收益，相较于零售业、酒店等短周期小体量物业现金流更为稳定，因此长周期商业地产 ABS 发行利率更贴近中债 ABS 到期收益率。

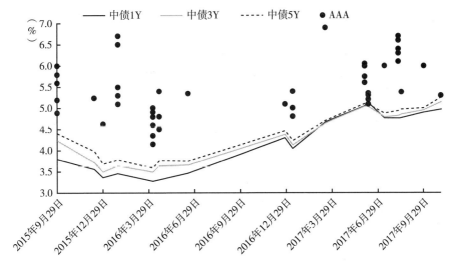

图9　商业地产 ABS 发行利率与中债 ABS 到期收益率（10 年以内 AAA 级）

资料来源：Wind 数据库。

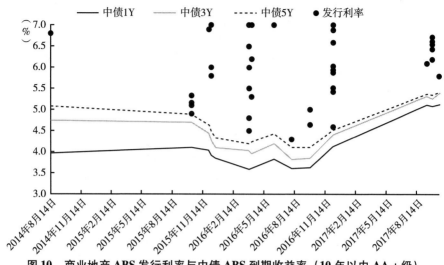

图 10　商业地产 ABS 发行利率与中债 ABS 到期收益率（10 年以内 AA + 级）

资料来源：Wind 数据库。

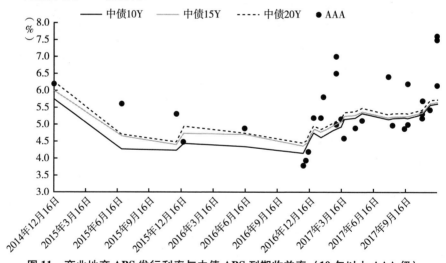

图 11　商业地产 ABS 发行利率与中债 ABS 到期收益率（10 年以上 AAA 级）

资料来源：Wind 数据库。

（八）国内商业地产资产证券化市场特点和趋势分析

1. CMBS 与类 REITs 仍将继续主导商业地产资产证券化产品的发行

据统计，国内商业地产资产证券化八成以上的产品通过 CMBS 和类

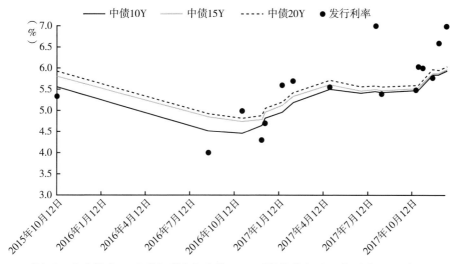

图 12　商业地产 ABS 发行利率与中债 ABS 到期收益率（10 年以上 AA + 级）

资料来源：Wind 数据库。

REITs 的方式发行，CMBS、类 REITs 发行规模占总发行规模之比分别为 46.24%、36.04%（见图 13）；自发行以来年均增长率分别为 368%、72%；平均发行规模分别达到 30.51 亿元/单、23.78 亿元/单。由此可以预测，在未来 CMBS 与类 REITs 仍将是商业地产资产证券化产品的主要发行类型。

2. 不涉及底层物业产权的商业地产 ABS 规模逐步缩小

商业地产运营收益权 ABS 为房地产资产证券化市场中未涉及底层物业产权的产品，包括底层资产为租金分期应收款、物业管理费分期应收款与运营收益权的产品。截至 2017 年 12 月 31 日，运营收益权 ABS 占总发行规模的比例为 7.59%，其中物业租金产品共 7 单，发行规模 75.70 亿元；物业管理费产品共 4 单，发行规模 45.71 亿元；运营收益产品共 1 单，发行规模 3.80 亿元。

随着国内 CMBS 与类 REITs 的成熟化，监管部门对资产证券化产品违约风险审核力度加大，对于 ABS 增信要求越发严苛，导致 2017 年无物业租金 ABS 产品发行与运营收益 ABS 产品发行，仅有物业管理费 ABS 产品 3 单，发行规模为 28.11 亿元（见图 14），占全年商业地产 ABS 总发行规模的

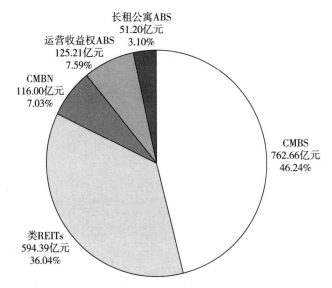

图 13　截至 2017 年 12 月 31 日已发行商业地产 ABS 产品构成规模

资料来源：Wind 数据库。

图 14　2016～2017 年商业地产运营收益权 ABS 产品构成规模

资料来源：Wind 数据库。

2.99%，较 2016 年下降约 1 个百分点，由此可预测未来不涉及底层物业产权的商业地产 ABS 规模将进一步缩小。

　　3. CMBN 为写字楼及综合体物业提供更多证券化选择

　　2016 年 12 月 12 日，银行间市场交易商协会发布了《非金融企业资产支持票据指引（修订稿）》，新规通过设立特定目的载体、明确基础资产性质、确认各方职责等方式，对发行模式以及交易结构进行了一系列的变更。2017 年，国内 4 单 CMBN 产品在银行间债券市场成功发行流通（具体见表14），发行规模达 116 亿元，占 2017 年商业地产 ABS 总发行规模的12.33%，平均发行规模为 29 亿元/单。CMBN 凭借注册制银行间公募发行所带来的高流动性与低发行成本而有望成为地产融资新模式。

表 14 2017 年 CMBN 产品发行情况

序号	项目名称	发起机构/原始权益人	发行总额（亿元）	基础资产类型	发行机构/计划管理人
1	上海世茂国际广场有限责任公司 2017 年度第一期资产支持票据	上海世茂国际广场有限责任公司	65	信托受益债权	兴业国际信托有限公司
2	新城控股集团股份有限公司 2017 年度第一期资产支持票据	新城控股集团股份有限公司	21	委托贷款债权	云南国际信托有限公司
3	南京金鹰天地 2017 年度第一期资产支持票据	南京金鹰国际集团有限公司	20	信托受益债权	上海国际信托有限公司
4	北京住总房地产开发有限责任公司 2017 年度第一期资产支持票据	北京住总房地产开发有限责任公司	10	信托受益债权	华润深国投信托有限公司

4. 长租公寓 ABS 2017年首发，储架发行或成未来主流趋势

长租公寓是近年商业地产开发的新兴领域，2017 年自如、魔方公寓、新派公寓等公寓品牌率先发行长租公寓 ABS 产品。2017 年长租公寓 ABS 共发行 4 单，发行规模为 51.2 亿元，占 2017 年商业地产 ABS 总发行规模的 5.44%。长租公寓项目一般是"轻资产"项目，无法进行资产抵押，还具有长租公寓债务人分散、先缴纳押金后入住的经营特点，比购物广场、写字楼等传统商业地产更能分散风险。同时，还可通过灵活的增信措施，有效提高基础资产质量。预计未来长租公寓 ABS 储架发行将成为主流趋势。

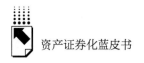

四 商业地产资产证券化产品的交易结构特点及趋势

（一）商业地产运营收益权 ABS

1. 交易结构和交易流程

（1）基本交易结构

从基础资产的性质可以总结出商业地产运营收益权 ABS 的一般交易结构。商业地产的运营收益权一般涉及合同项下的债权，分为既有债权和未来债权。对于既有债权的租金收入和物业费收入，可以选择简单的专项计划交易结构。对于未来债权，可以设计双 SPV 结构。

基础资产为既有债权的运营收益权 ABS，通常的交易模式为债权所有者将合同债权形成的应收账款直接转让给资产支持专项计划，证券公司再将应收账款进行证券化，按照支付优先顺序、收益率将其分为不同档次的证券。既有债权模式下的运营收益权 ABS 交易结构具体见图 15。

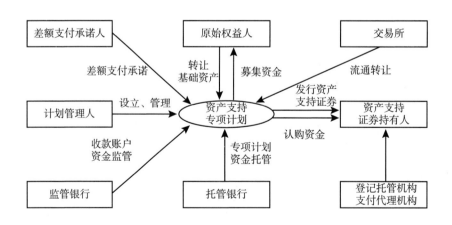

图 15 既有债权模式下的运营收益权 ABS 交易结构

当商业地产的运营收益权涉及未来债权时，由于未来经营状况的不确定性会导致现金流难以稳定预测，因此产品可以使用双 SPV 结构，将现金流稳定化。具体而言，先通过信托公司设立信托计划，信托资金放贷给融资方，再将信托受益权作为基础资产发行专项计划。此时，专项计划所取得基础资产对应的底层资产是信托贷款，未来债权将作为贷款债权的主要还款来源；另外可以将未来债权进行质押担保。未来债权模式下的运营收益权 ABS交易结构见具体图 16。

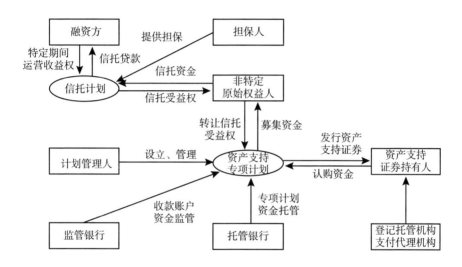

图 16　未来债权模式下的运营收益权 ABS 交易结构

（2）交易结构的特征

①循环购买与资产池。当未来现金流不稳定时，会重新购入物业资产，进行循环购买以充盈资产池，作为新增基础资产。

②强烈依赖增信水平/主体资信。物业公司的关联房地产公司通常作为差额支付承诺人或担保人，提供优先级本息偿付的最后一道保障。关联房地产公司的信用资质对于物业费 ABS 信用的影响十分显著。

③现金流稳定性与入池资产分散性相关。入池的物业合约数量越多，彼此之间的关联性越低（如非同一城市或非同一地点），则基础资产的现金流越稳定。

④银行信托参与基础资产转让。对于既有债权的基础资产，产品一般设计为普通的交易结构；对于涉及未来债权的基础资产，为使其尽可能贴近已

有交易模式，现有产品常试用两种方法：以物业服务合同债权质押担保作为基础的委托贷款债权转让和信托受益权转让。

随着商业银行委托贷款的监管逐渐规范，预计将来以委托贷款债权作为基础资产转让的交易结构产品会逐渐减少。

⑤设置监管账户。运营收益权 ABS 的现金流归集频率主要为 3 个月、6 个月及 1 年，这主要由基础资产的租金收取频率决定。现金流归集账户方面，部分项目直接将租金收入汇入信托账户，不再经过原始权益人，以最大限度地规避混同风险。其他项目也多半设置了监管账户，对原始权益人的租金归集账户进行监管。对于收益权类 ABS 而言，在交易结构中是否能够有效避免混同风险是投资者非常重视的一点。在混同风险较高的项目中，收益权现金流作为第一还款来源对 ABS 的增信可能是不存在的。

2. 增信措施

运营收益权存在较大的不确定性，而信托受益权中的信托贷款中也存在底层现金流流入不确定性、抵押物价格波动或被处置的风险。因此，运营收益权 ABS 通常会设置多重增信。常见的增信措施包括物业质押、项目公司股权或现金流权质押、超额覆盖、准备金/保证金账户、第三方流动性支持、保证担保、差额补足等。

（1）现金流超额覆盖

根据基础资产现金流及项目分层机制的设计，应合理采取现金流超额覆盖的措施提升项目评级，以降低发行成本。在一定的产品分层结构下，基础资产池产生的现金流总额能够超额覆盖资产支持证券的本金和利息。视物业资质及其他增信措施的不同，超额覆盖倍数通常在 1.1~1.5 倍，但收益权类 ABS 的现金流估计往往偏向于乐观。

（2）差额支付承诺

运营收益权 ABS 的产品本身具有现金流不稳定的风险，若原始权益人是采用轻资产的运营模式，则存在资本实力较弱的问题，因此产品通常需要依靠母公司的主体信用给产品增信。房地产母公司向资产支持证券持有人出具《差额支付承诺函》，承诺对专项计划资金不足以支付优先级资产支持证券的各期预收收益和/或应付本金的差额部分承担补足义务。

（3）外部担保

同差额支付承诺原理相似，在原始权益人资质较弱的情况下，产品通常还会选取主体评级较高的担保公司进行担保。担保公司出具《担保函》，按照约定对专项计划资金不足以支付各期预期收益和未偿本金余额的差额部分，在差额支付承诺人未及时、全额支付该差额部分时，对差额承担支付义务。

（4）物业抵押担保

部分项目将物业资产进行抵押，由于物业所处的区位往往为一线城市或二线城市核心区域，对于优先级本息兑付的增信作用较强。

（二）类 REITs

1. 交易结构和交易流程

（1）基本交易结构

目前我国类 REITs 产品已有两类形式，一种是以资产支持专项计划作为特殊目的载体，以资产证券化方式在证券交易所发行；另一种是以信托计划作为特殊目的载体，以资产证券化方式在银行间债券市场发行。以交易所类 REITs 为例，首先由管理人设立资产支持专项计划，以募集的资金投资于基金管理人设立的私募基金；私募基金持有项目公司的股权和债权，而项目公司持有商业物业；基础商业物业的租金或其他运营收益向合格投资者进行收益分配。

根据募集资金的投放形式，可分为"纯股权类 REITs"和"股债结合类 REITs"。无论哪种形式，均非直接持有不动产产权，而是通过项目股权持有。对于纯股权类 REITs 来说，主要的交易模式有三类：①基金管理人设立私募基金，并由专项计划用募集资金认购私募基金，再由私募基金收购项目公司股权；②基金管理人设立私募基金，并由原始权益人出资认购基金份额，专项计划用募集资金认购私募基金，最后由私募基金收购项目公司股权；③基金管理人设立私募基金，并由原始权益人出资认购基金份额，再由

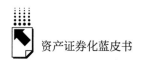
私募基金收购项目公司股权，最后由专项计划购买基金份额。后两种交易模式涉及原始权益人的出资认购基金份额，相比第一种模式增加了基金份额转让的印花税。纯股权类 REITs 的基本交易结构如图 17 所示。

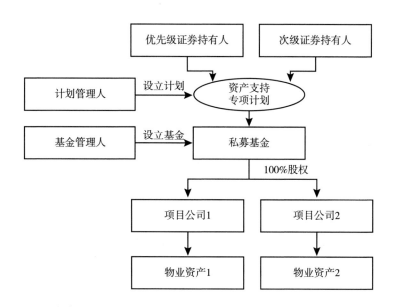

图 17　纯股权类 REITs 的基本交易结构

此类 REITs 的交易流程有如下步骤：①构建项目公司股权作为基础资产；②专项计划设立；③基金管理人设立私募基金，专项计划出资认购全部基金份额；④私募基金收购项目公司全部股权；⑤私募基金收益分配；⑥专项计划收益分配。

股债结合类 REITs 则是专项计划通过私募基金购买项目公司股权和发放委托贷款的形式将募集资金发放给融资主体，物业资产的产权归属项目公司，同时抵押给委托贷款并转让至类 REITs，成为私募基金和专项计划的还款来源。委托贷款发放给项目公司后置换其与原实际控制人之间的存量债务。此类操作的关键是构建项目公司存量债务，而没有现金留存在账面上。股债结合类 REITs 的交易结构具体见图 18。

股债结合类 REITs 的交易流程有如下步骤：①原始权益人成立项目公

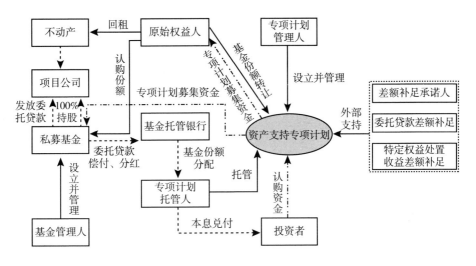

图18 股债结合类 REITs 交易结构

司，并将物业资产转至项目公司；②基金管理人设立私募基金，原始权益人认购私募基金全部份额，履行实缴初始基金出资；③私募基金收购项目公司股权；④计划管理人设立专项计划，并从原始权益人处购买基金份额（资产对价），并实缴剩余基金出资；⑤私募基金向项目公司发放委托贷款，提供物业资产抵押；⑥项目公司偿还存量债务；⑦现金流归集和转付，进行股权和债权分 S 配。

（2）交易结构的特征

为减少税收费用、保持物业控制权等，类 REITs 产品结构设计往往较为复杂，主要条款设置如下。

①大部分产品通过私募基金、项目公司间接持有物业资产，对项目公司的持有模式为"100% 股权＋债权"。

该设计主要考虑到增值税、所得税的减免以及物业资产的转让或上市。类 REITs 采取项目公司模式，主要是物业资产转让时会涉及高额的土地增值税，而成立项目公司来进行物业资产转让时可以享受税收优惠，暂免征收土地增值税；选用私募基金的形式，是考虑到私募基金更容易实现转让或者上市；采用持有"100% 股权＋债权"的模式，主要是由于利息支出可以抵扣所得税。

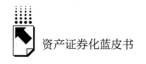

另外，根据相关规定，SPV 支付的委托贷款利息通常在债权与股权的比例为 2∶1 的范围内可以税前扣除。因此，目前国内市场上的类 REITs 产品通常以 2∶1 的债权与股权比例进行设计。由于债权比例远高于股权，因此股债结合类 REITs 也被形容为"明股实债"。

②对非优先 A 档设置优先购买权，并支付权利金。

设置优先购买权，一方面实现了夹层、次级的期间收益，另一方面使得原始权益人一定程度上保持了对物业的控制权（到期可以优先购买）。

③在优先 A 档期限较长的前提下，设置申赎、"回售 + 票面利率调整"等条款。

优先 A 档期限较长，可能无法将投资人的期限需求和融资人的资金需求匹配起来，因此可以设置申购赎回以及票面利率调整和回售的形式，实现期限错配，灵活满足不同投资人的期限需求。另外，可以通过二级市场撮合交易的形式，减轻流动性支持机构提供流动性的压力。

④浮动报酬在各档间进行分配

目前国内的类 REITs 项目将优先 A 档设置为固定报酬，而将浮动报酬分配到其他档，形成"固定报酬 + 浮动报酬"的回报形式。这种形式有利于满足目标投资者的风险收益需求并实现销售。

2. 增信措施

类 REITs 产品的增信措施分为内部增信和外部增信。内部增信措施除了常见的优先/次级分层以外，还需关注权利金支付安排，即计划管理人将支付的权利金作为专项计划的现金收入，用于支付资产支持证券的本金和利息。这项安排主要是让优先购买人分期向专项计划支付权利金，以取得在约定时间收购资产支持证券投资人所持有全部资产支持证券的优先权。

对于外部增信措施，类 REITs 通常会设置差额支付/担保支付/流动性支持承诺人、经营净现金流超额覆盖以及利用基础物业产权的拥有或抵押实现资产超额覆盖。第一个增信措施在 ABS 产品中较为常见，其中需要注意的是，若类 REITs 产品同时设置了回售条款，则通常需要流动性支持承诺人在回售行权日提供流动性支持。第二个增信措施经营净现金流超额覆盖，即在正常情况下要求基础资产底层的物业资产形成的息税折旧摊销前利润，能对当期优先级资产支持证券的本息形成超额覆盖。第三个增信措施资产超额覆盖，即类 REITs 管理人会要求将基础物业产权抵押给委托贷款银行，以获得唯一抵押权人或至少是第一顺位抵押权人的保障，同时要求成为基础物业商业保险的第一顺位受益人，以充分保护证券投资人的权益。物业资产评估价值一般为优先级资产支持证券发行总额的数倍。

3. 退出机制

真正的 REITs 是永续型证券，可以公开发行并交易，因此投资者主要通过二级市场交易完成退出，不存在到期清算或分配。而国内的类 REITs 通常安排在未来政策允许时发行公募 REITs 实现专项计划退出，同时安排固定期限届满时采取基础资产出售、发起人回购、交易流动性支持等多元化途径实现投资人退出。

发行公募 REITs 退出是指，在退出时点，非公募基金将所持物业 100% 的权益出售给基金管理人发起的交易所上市 REITs。通常在此安排下，优先级投资者会在 IPO 时点实现退出，而次级投资者获得部分现金分配及 REITs 份额。

基础资产出售是指第三方收购基础资产，可在产品中引入持有人大会机制，并由计划管理人主持持有人大会后，根据会议决议授权将基础资产出售予第三方。通常物业的租金及售价预计在产品发行后能有较好的升值空间，因此出售给第三方是 REITs 退出方式的重要补充。

发起人回购是指原始权益人在项目结束时以公允价值回购基础资产。对于流动性较紧的公司，若在回购时点无法提供资金，就将产生流动性风险。因此通常会设置流动性支持承诺人对回购款资金缺口提供补充。

4. 整体趋势

（1）Pre-REITs 兴起

虽然存在种种障碍，但 REITs 加速放开成为共识，因此开发商和金融机构都在布局 REITs 产品的对接，积极参与 REITs 项目，企望在 REITs 时代占据足够的市场份额。目前开发商和金融机构普遍尝试过理财产品，但它们参与 Pre-REITs 的形式有所不同。

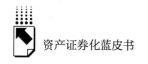

房地产企业会倾向于轻资产运营，通过与金融机构合作保证项目的资金投入，同时自身参与开发建设与运营，推动物业快速成熟，并在项目结束后通过租金收入增长等方式实现收益并退出。

对于金融机构而言，参与 Pre-REITs 的方式与私募基金原理相似，通过买入私募基金来深度参与商业地产项目，在重新定位和改造项目后，帮助项目运营增值，最终通过资产转让和 REITs 来实现退出。

（2）"公募基金＋ABS"契约型 REITs 呼声最高

2017 年 2 月，证券投资基金业协会开始研究推动"公募基金＋ABS"模式的契约型 REITs，即以公开募集的证券投资基金为载体，通过投资不动产支持证券或不动产项目股权间接持有不动产资产。

该模式充分利用了现行制度框架，以公募基金为载体，有效扩大投资范围，且投资者收益无须缴纳个人所得税；另外，叠加的 ABS 突破了公募基金不能直接投资不动产的限制，投资人可拥有不动产产权。

但这一模式采用外部管理人模式，依旧存在多层委托代理问题。预测将来能打破现有瓶颈，实现真正的公募 REITs。

（三）CMBS

1. 交易结构

（1）基本交易结构

CMBS 和类 REITs 的融资模式十分相似，而且 CMBS 会更加方便快捷，由于 CMBS 资产并不需要出表，不必像发行类 REITs 产品那样需要成立有限合伙公司，并且完成股权交割等较为烦琐的事项，同时，又能与类 REITs 一样，实现较大额度的融资。

图 19 是 CMBS 的基本交易结构，采用的是信托计划和资产管理专项计划相结合的双 SPV 结构，并以商业房地产抵押、商业房地产未来收入进行质押等作为信托贷款还款来源，以信托受益权作为基础资产设立资产支持专项计划。

在信托层面，引入过桥资金方来认购设立单一资金信托，随后单一资金信托成立后以融资人的身份向项目公司发放信托贷款，并与项目公司签署抵

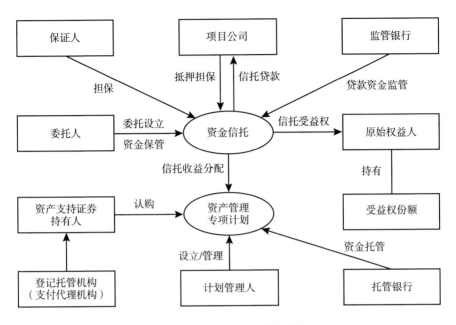

图 19　国内 CMBS 的基本结构

押合同和应收账款质押合同，为信托贷款提供担保。此时，信托计划享有项目公司的物业资产抵押权和物业运营收入质押权。

在专项计划层面，以信托受益权发行资产支持证券，并以物业资产的运营收入作为信托贷款的主要还款来源。单一资金信托受托人基于专项计划中信托贷款的偿付，向信托受益人分配信托利益。

（2）交易结构的特征和趋势

首先是项目的基础资产。在交易结构中设置信托计划主要是为了形成商业物业抵押贷款，同时也有一些 CMBS 产品采用银行发放委托贷款的形式来构建基础资产。另外，CMBS 项目中的信托受益权来源于资金信托或财产权信托。由于原始权益人通常没有合格的与 CMBS 项目规模匹配的存量债权来设立财产权信托，因此目前国内的 CMBS 项目主要还是以资金型信托为主来构建基础资产。从政策上看，商业银行委托贷款的资金用途会受到监管的规范和约束，因此由资金信托计划发行 CMBS 的方式在短期内会是主流。

其次是资产服务机构。在项目的存续期内，资产服务机构负责物业资产

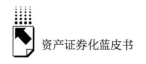

管理及现金流归集，这个角色通常由融资人承担。但近年来为了加大风险管理的力度，更多的融资人会选择独立第三方来担任资产服务机构，以保证产品存续期间的资产管理和现金流归集。

最后是解除权利限制的措施。由于目前商业物业大多作为银行经营性物业贷或其他信托贷款的抵押物，存在权利限制，所以一般会安排解除权利限制的措施，将募集资金用于偿还标的物业上的存量债务。

2. 增信措施

（1）CMBS常见增信措施

在国内的单一资金信托模式下，通常会设置优先和劣后的分级来进行内部增信。另外，为了给底层信托贷款作担保，通常会设计关联公司连带责任担保、物业资产抵押、物业经营应收账款反押、项目公司股权质押等外部增信措施。而各主要增信措施的具体含义如表15所示。

表15　国内CMBS项目主要增信措施

增信措施	具体含义
优先/次级分层机制	将资产支持证券按照受偿顺序分为不同档次证券,较高档次证券比较低档次证券在本息支付上享有优先权,以此为较高档次证券提供信用担保
现金流超额覆盖	根据基础资产现金流及项目分层机制的设计,合理采取现金流超额覆盖的措施提升项目评级,以降低发行成本
原始权益人差额补足/担保人提供担保	原始权益人持有全部次级证券,并对优先级证券的本金及预期收益提供差额补足承诺;担保人对差额支付负无限连带责任
项目公司委派董事	计划管理人向物业公司董事会委派董事,他对重大事项如年度财务预算、对外提供担保、更换物业管理公司等问题拥有一票否决权
目标资产抵押	根据信托受托人与物业所有人签订的《信托贷款抵押合同》,后者以其物业为《信托贷款抵押合同》的主债权提供抵押担保
项目公司股权质押	信托受托人与项目公司签订《股权质押合同》,信托受托人应被工商主管部门登记为物业全部股权的唯一质权人
应收账款质押	针对标的物业产生的租金现金流进行应收账款质押,并在中国人民银行的应收账款质押系统进行登记
流动性支持	增信主体在开放日买入应付款和实际付款之间差额部分的全部份额

除此之外，CMBS 较为特殊的增信措施有评级下调的增信安排和优先收购权的设计。

在项目的某档证券遭遇评级下调的情况时，增信主体可选择如下增信措施：信托贷款提前到期、申请行使信托受益权的优先收购权、支付保证金、启动专项计划临时开放程序。其中，优先收购权指优先收购权人根据其与计划管理人签署的《优先收购权协议》所享有的优先收购信托受益权的权利，在某些情形下可以向管理人要求行使优先收购权。

（2）CMBS 增信措施展望

由于 CMBS 底层资产规模较大并且数量单一，而商业物业在实际运营过程中会存在现金流管理风险，包括物业更新开支、意外退租、经营不善等情况，容易产生较大资产风险，影响产品正常兑付兑息，甚至会导致项目出现违约。因此，国外的 CMBS 中通常会设计特殊服务商并由它购买产品的次级资产，管理整个资产的风险，特别是在债务重组等极端事件出现时给予支持。

特殊服务商通常是独立第三方主体，因此会在较大程度上增强投资人的信心，同时提高产品的风控和资产管理水平，并在项目出现紧急事件时提供流动性支持。在监管层、计划管理层、投资层和融资层都具备优势（具体见图20）。

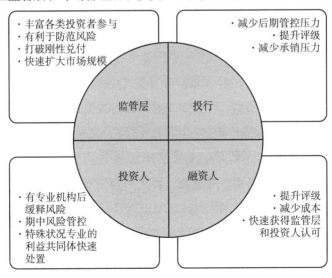

图20　特殊服务商在 CMBS 中的作用

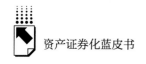

3. 退出机制

在 CMBS 中，资产支持证券持有人退出机制主要包括提前还款、持有至专项计划到期、专项计划续发以及票面利率调整和开放退出选择权。前两类是常见的退出机制，而后两类是 CMBS 项目的特色，重点介绍如下。

（1）专项计划的续发

资产专项计划持有人未行使提前还本权利的，专项计划管理人应在信托贷款还款日后，于续发交割日将新一期专项资产管理计划募集款项即资产交割款项划付至本专项计划的托管银行账户。管理人将托管账户中基础资产的转让对价作为专项计划的资产，向资产支持证券所有人进行分配。

新的专项计划继续将信托受益权作为基础资产发行资产支持证券，新的专项计划继续包括续发条款，且其计划文件在基本交易结构框架上与专项计划文件保持一致。

（2）专项计划的开放

由于 CMBS 项目的存续期通常较长，因此管理人会按照一定频率设立项目的开放时间，在开放参与日根据市场利率水平重新调整票面利率，并面向资产支持证券持有人开放退出选择权，以方便资产支持证券持有人退出专项计划，满足不同投资人对项目期限的需求。

专项计划的开放安排一般分为三个阶段，即开放退出登记期、开放转让期和回售期。

4. 整体趋势

CMBS 是 REITs 重要的融资工具，并推动轻资产化的发展。从已发行产品来看，CMBS 更多还是落在债权替换上，且对发行主体的信用等级等要求较高。

但随着市场环境日益成熟、相关法律法规进一步完善规范，长期来看CMBS 将逐步向国际标准化产品过渡，真正回归资产支持证券的本质，主要表现在以下几个方面。

（1）更多发挥证券类金融工具的优势

未来，CMBS 产品应与银行贷款进行差异化发展，其基础资产不再是单一债权，而是多个分散商业物业的不同抵押贷款（银团）汇聚到一个资产池中，以整个资产池为基础资产进行证券化。在证券化的过程中，通过产品分级和资产分散等风险分层设计，实现 CMBS 产品的风险隔离并有效降低底层违约风险率，进而提高分级证券信用评级，促进二级市场流通性、降低发行成本。

（2）强调底层物业资产质量多于主体信用

CMBS 作为资产支持证券，其本源就是依托于底层核心物业资产的质量，而非过度依赖主体信用增信。预计未来，随着国内评级体系和评级方式的日渐完善，国内 CMBS 产品将逐步向"相对弱主体、绝对强资产"的模式转变，也更趋近标准市场。

（3）专业资产管理能力的输出应大于主体增信

要通过 CMBS 这类创新的金融产品加持商业存量资产，关键就在于对底层核心物业资产质量的精准把握。落到实践中，就是需要房地产私募基金这类具备主动管理能力的机构，通过输出专业资产管理能力对底层资产进行深度孵化，包括项目重新定位、内容改造/改性升级和有效组合管理，最终使得物业产生持续稳定的经营现金流，且自身潜在价值被充分激发，整体收益率得到提升，全面满足 CMBS 产品的评级需求。

（4）分级和评级制度的完善将培育多层次投资者参与

从投资者角度出发，未来随着国内评级系统完善、产品分级更为细致，CMBS 领域有望设计出多种风险和收益组合的产品，能够满足不同风险偏好和收益要求的投资者的需求，扩大其市场参与面。

（四）总结

目前商业地产 ABS 仍存在诸多难点，不过未来的趋势已经较为清晰，商业地产运营收益权 ABS 会摆脱托贷款的通道模式，并在短期内仍旧依靠信托作为双 SPV 结构的工具，但是长期看此类产品的交易优势有限；REITs 将使房地产企业和金融机构更多地参与 Pre-REITs 过程，并朝着公募 REITs 的方向发展；CMBS 作为商业地产企业的重要融资工具，未来会更多地发挥证券类金融工具的优势，强调底层资产的质量，还有输出专业资产管理能

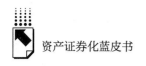
力，以达到脱离主体信用的目的，并依靠分级和评级制度来设计多种风险收益组合产品来满足投资人的需求。

五 商业地产资产证券化创新案例分析

（一）长租公寓与储架发行：中联前海开源－保利地产租赁住房一号资产支持专项计划

1. 项目介绍

2017 年先后出现了第一单储架发行的 CMBS 和第一单储架发行的 REITs，分别为招商创融－招商蛇口长租公寓第一期资产支持专项计划和中联前海开源－保利地产租赁住房一号资产支持专项计划。这不仅是储架发行在企业 ABS 应用的重大突破，还很好地支持了长租公寓行业的发展，起到了示范和启示的作用。

以中联前海开源－保利地产租赁住房一号资产支持专项计划为例，产品基本情况（见表16）和交易结构如下。

表 16　中联前海开源－保利地产租赁住房一号资产支持专项计划情况

发行总额	27000.00 万元	
起息日	2017－11－03	
法定到期日	—	
分档	优先级	权益级
评级	AAA	—
金额	13000.00 万元	14000.00 万元
占比	48.15%	51.85%
期限	5.00 年	5.00 年
票息	5.30%	—
还本付息	固定摊还：每年 10 月 15 日付息，节假日顺延	
增信措施	优先级先于权益级进行偿付、超额现金流覆盖、储备金、不动产抵押、信用触发机制等	

该单产品采用"专项计划＋私募基金"的双 SPV 的模式（具体见图 21）。首先，通过设立私募投资基金，保利地产实缴基金出资 100 万元，认购取得全部基金份额。然后，专项计划于设立日受让全部基金份额，并实缴剩余基金出资 16.69 亿元，间接持有项目公司的股权、基于项目公司股东身份向项目公司发放委托贷款及向项目公司增资。

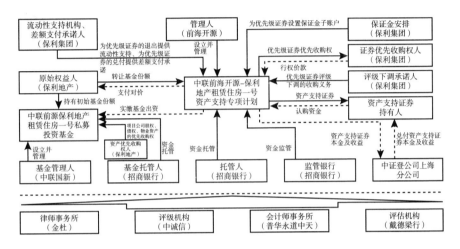

图 21 中联前海开源－保利地产租赁住房一号资产支持专项计划交易结构

2. 项目亮点

（1）长租公寓基础资产创新

2017 年，随着租房需求的不断增长和以"加快推进住房制度改革与长效机制建设"为工作重点的政策支持，长租公寓迎来良好的发展机遇。但是，部分长租公寓在"轻资产"模式下无法进行资产抵押，因此面临着投资需求大和融资成本高的困境。而长租公寓债务人分散、先缴纳押金后入住的运营模式十分满足资产证券化的融资要求，这也解释了 2017 年长租公寓资产证券化项目的不断出现，并且其基础资产的特点能够带来产品设计的创新。

（2）储架发行模式

目前的企业 ABS 储架发行是指在交易所首次申报时提交一整套框架性的申报材料，同时申请一个合计的发行期数和规模，审批通过后会获得交易

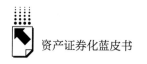
所出具的一份总的挂牌转让无异议函。在该无异议函约定的时间内进行分期发行时，只需将每次的发行材料上报备案即可，不必再次申报审批。

储架发行有利于简化 ABS 的审批流程，也让融资人能够灵活安排每次的融资规模和发行。在现行的资产证券化制度规则下，"扩募机制"问题一定程度上可通过借鉴 ABS 现有储架发行机制解决。目前该结构已经广泛应用于银行间市场资产证券化。但因其要求资产池的高质量、低风险和标准化，还未被广泛应用于企业 ABS。尤其在商业地产 ABS 方面，因为传统的百货公司、写字楼在基础资产上并不能充分满足风险分散的要求。而长租公寓因其特有的租户特点，与信贷资产有一定的相似性，有应用储架发行的基础。

3. 长租公寓的趋势发展

虽然案例中的基础资产主要为住房用途，但是我们可以从中归纳出有储架发行潜力的资产类型，从而在商业地产中寻找可能性。在商业地产中一些分散型的资产，如分散的商业物业费、多个承租人的商业租金债权，如果有较高的质量保证和足够的资产储备，都有寻求储架发行的可能，从而优化原始权益人的融资结构。

随着全国各地推出租赁住房用地，尤其在住房资源供不应求的大型城市，长租公寓将有很大的发展前景。而由于资源整合、资金供应的管理难度，将逐渐筛选出优质的开发商成为市场的主导力量，与此同时也将提高基础资产的整体质量，从而长租公寓能够与资产证券化甚至储架结构资产证券化相结合，从而实现良性循环。

未来长租公寓与 REITs 相结合的产品将有良好的发展前景。这类产品中，企业把公寓物业的产权装入项目公司，然后以项目公司的股权或"股权 + 债权"作为直接或间接的基础资产进行资产证券化，以经营净租金收益作为产品存续期间向投资者分配收益的现金来源，未来可通过标的资产处置、REITs 上市或发行人回购等市场化方式实现投资者本金的退出。例如，新派公寓权益型房托资产支持专项计划（其交易结构见图 22），虽主要涉及个人住房，但对于未来长租公寓的商业物业，亦有借鉴意义。

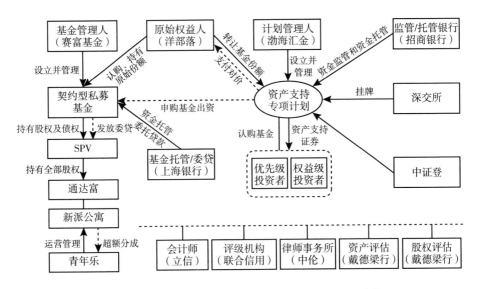

图 22　新派公寓权益型房托资产支持专项计划交易结构

（二）REITs 靠拢国际模式：中联前海开源－勒泰一号资产支持专项计划

1. 项目基本介绍

2017 年 ABS 市场不断探索如何在适应监管的条件下向国际 REITs 的公募模式靠拢，项目也在特征上与国际 REITs 走向一致。以中联前海开源－勒泰一号资产支持专项计划（具体情况见表 17，交易结构见图 23）为例，作为境内首单不依赖主体评级的 REITs 产品，该项目完全依靠基础资产信用，推动投资逻辑向真正的资产证券化靠拢。

表 17　中联前海开源－勒泰一号资产支持专项计划情况

发行总额	350000.00 万元		
起息日	2017－08－03		
法定到期日	—		
分档	优先 A1	优先 A2	次级

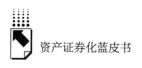
续表

评级	AAA	AA +	—
金额	100000.00 万元	210000.00 万元	40000.00 万元
占比	28.57%	60.00%	11.43%
期限	5.00 年	5.00 年	5.00 年
票息	5.70%	6.90%	—
还本付息	固定摊还：每年 2 月 28 日付息，节假日顺延		
增信措施	原始权益人提供差额支付、差额补足等		

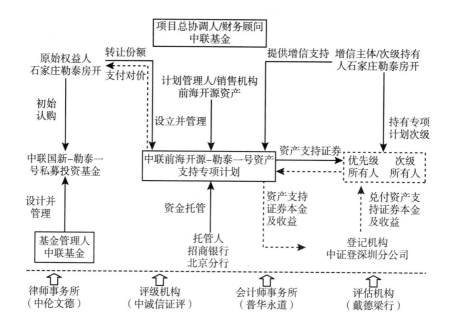

图23 中联前海开源 – 勒泰一号资产支持专项计划交易结构

2. 项目亮点

该项目的亮点为不依赖主体评级，而主要依靠基础资产本身。由于我国当前的监管环境所限制，从已经发行的类 REITs 产品结构来看，在设计交易结构时，为提高评级、降低发行利率，通常还会引入集团公司做担保，基础物业资产无法产生持续经营现金流时，担保机构有义务继续还款。而该单产品除了传统的由发行人认购次级以结构化的方式做内部增信外，并未提供集团公司对优先级的担保增信。

3. 趋势判断

可以看出，随着我国消费市场不断发展，很多非一线城市涌现出了一批优质的商业物业。由于供需矛盾，该类商业物业可以有稳定增长的人流量，其覆盖面和影响力甚至可以超越一线城市中面对激烈竞争的商圈地产。而非一线城市稳定的营收和相对较低的投资成本使得该类项目可达到更高的收益率和回报率。未来，对一线城市的商业地产进行筛选合作后，管理人将转向非一线城市的优质地产寻找发展前景，使 REITs 在地域上不断扩展，并不再囿于主体资质，而更多地关注资产本身的质量。

另外，首单社区商业类 REITs——中联东吴 - 新建元邻里中心资产支持专项计划不同于过往以百货商场、写字楼，将社区的邻里中心作为基础资产，为后续的项目提供了新思路：基础资产不局限于大型的购物中心，而可以通过组合社区的购物中心形成资产群。这体现了资产证券化对资产质量的关注，而非资产自身的类型。

并且，正如上文所说，未来长租公寓的优质基础资产完全可能与 REITs 相结合，其他类型的优质资产也必然带来新的创新。

（三）CMBS 基础资产的扩展：上海世茂国际广场有限公司2017年第一期资产支持票据

过去一年，CMBS 类产品一大创新在于，与 CMBS 对应的银行间市场首单商业地产抵押贷款支持票据（CMBN）落地。上海世茂国际广场有限公司2017 年第一期资产支持票据以信托贷款为基础资产（相关情况见表18），实现了银行间首单双 SPV 交易结构设计和增信方式多样化两个创新（见图24）。且与 CMBS 相比，CMBN 采用注册制，可以在银行间市场公募发行，流动性相对更高。

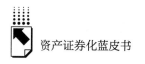

表18 上海世茂国际广场有限公司 2017 年第一期资产支持票据情况

发行总额	650000 万元		
起息日	2017 – 09 – 13		
法定到期日	2039 – 09 – 12		
分档	优先 A	优先 B	次级
评级	AAA	AA +	——
金额	380000 万元	240000 万元	30000 万元
占比	58.46%	36.92%	4.62%
期限	20.01 年	20.01 年	20.01 年
票息	4.50%	5.30%	——
还本付息	优先 A 固定摊还:每年 1 月 14 日和 7 月 14 日付息,节假日顺延;优先 B 到期还本		
增信措施	优先于次级安排、超额覆盖、不动产抵押、流动性支持等		

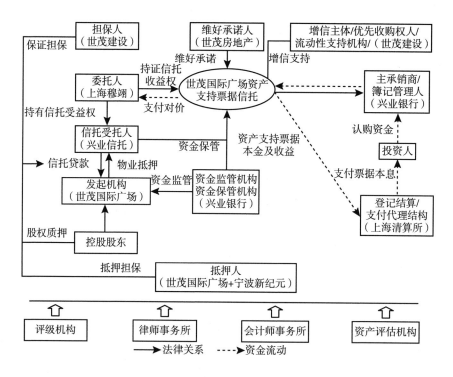

图24 上海世茂国际广场有限公司 2017 年第一期资产支持票据交易结构

本项目的双 SPV 结构中，兴业信托同时作为资金信托受托人和财产信托受托人。底层资产交易结构层面，上海穆翊委托兴业信托设立总规模为 65 亿元的单一资金信托，上海穆翊为唯一信托受益人。兴业信托与世茂国际广场（借款人）签署贷款合同，向世茂国际广场分别发放 38 亿元优先级贷款和 27 亿元次级贷款。基础资产交易结构层面，上海穆翊将持有的单一资金信托受益权作为基础资产委托给兴业信托设立"资产支持票据信托"，兴业信托以 ABN 信托为特殊目的载体发行资产支持票据。

该项目底层资产以核心商圈购物广场为主，增信方面在以维护费为优先 B 档提供利息来源的同时保证了一定控制权，维好承诺则实现增信补充，因而产品获得更高评级，在发行利率上相对更低。该项产品打开了新的产品市场，而 CMBN 自身的优势有利于融资人摆脱主体信用的限制，通过结构化设计增信、公募发行，降低了融资成本。

六　总结

本文从政策、市场情况、交易结构以及现有创新案例出发，分析了商业地产 ABS 的新特点和新趋势。从整体上看，REITs 和 CMBS 无论是从政策、市场还是从交易结构上看都有先行优势，并将逐渐走向成熟。长租公寓 ABS 是政策发展的重点类型，也在 ABS 市场上初步崭露头角，有望开辟蓝海，未来可以持续关注。

参考文献

［1］管清友、张瑜、李俊德：《房地产企业融资全梳理——房地产研究手册》（第一集），民生证券研究院，2017 年 7 月 10 日。
［2］胡喆、陈府申：《图解资产证券化：法律实务操作要点与难点》，法律出版社，2017。
［3］臧运慧：《REITs 机制及税收制度探讨》，兴业研究公司，2017 年 11 月 29 日。
［4］周以升、张志军、万华伟：《CMBS：国际经验和中国实践》，中信出版社，2017。

B.4
消费金融资产证券化的新特点和新趋势

吴远雅　吴笛　柴宇　陈雷*

摘　要： 中国经济进入新常态，国内消费市场发生了很大的结构性调整，这也给消费金融带来了全新的发展时代。资产证券化金融工具的运用逐步成熟，不断推动消费金融市场形成更具竞争力的格局，使国内消费金融资产证券化市场呈现新的发展特点与趋势。同时，值得关注的是，消费金融与资产证券化的结合发展也给从业者、监管者带来更多未来需要思考的问题。

关键词： 消费金融市场　资产证券化　消费金融体系　消费金融监管新规

经济、文化、科技、人口结构等各类因素的变化推动了国内消费市场很大的结构性调整，也给消费金融带来了全新的发展时代。当前，消费金融资产证券化占国内整个资产证券化（ABS）市场的比例较高，消费金融资产已成为我国资产证券化市场的重要基础资产类型之一。根据 Wind 数据统计，在国内主要的三大交易市场——银行间债券市场、上海证券交易所、深圳证券交易所，2017 年共计发行 198 单资产证券化产品，发行金额超过 5530 亿元，基础资产类型主要包括汽车贷款、消费性贷款、小额贷款、信用卡贷款等。

＊ 吴远雅，供职于厦门国际金融技术有限公司消费金融部。吴笛，供职于厦门国际金融技术有限公司消费金融部。柴宇，供职于厦门国际金融技术有限公司消费金融部。陈雷，伯克利加州大学博士，华尔街资深资产证券化专家。厦门国际金融技术有限公司（厦门国金）副董事长，兼任香港中文大学经济管理学院客座教授。

一 消费金融市场的格局及资产证券化的动因

（一）发达国家消费金融介绍

消费金融在发达国家已经有数百年的发展历史，消费金融公司已成为普遍的金融服务公司，消费金融体系不断完善，已成为成熟度非常高的专业化信贷市场。目前，发达国家消费金融公司业务范畴比较宽泛，包含了各种消费者信贷，也涵盖了商业信用和房地产抵押信贷，甚至延伸至租赁、保险等业务。同时，发达国家消费金融市场主体呈多元化态势，比如，美国消费信贷的主要提供者有商业银行、财务公司、储蓄机构、信用社以及非银行金融机构等；日本的消费金融公司包括专门向工薪阶层提供消费信贷的金融公司和票据贴现公司，还包括当铺、信用卡公司、邮购公司和综合租赁公司等。

此外，发达国家消费金融在运营中已建立起完善的个人信用体系。在消费金融行业的发展过程中，完善的个人信用体系对有效控制风险起着重要作用。目前，发达国家消费金融产品的使用过程基本都会置于信用体系的监管之下。通常，信贷机构可以很快地从信用报告机构获取消费者的诚信报告，以鉴别该项消费金融业务的风险程度。以美国为例，从20世纪初就开始个人信用制度的建立工作，到20世纪中期，消费信贷的各种制度逐步完善，如专门的征信机构TransUnion、Equifax和Experian提供消费者信用服务，庞大的信用信息数据库和大量的信用管理人员，此外，还拥有比较完备的与信用管理相关的法律，将信用产品生产、销售、使用的全过程纳入法律范畴。

在发达国家消费金融业的发展历程中，涌现了许多成功的企业与ABS发行案例。

1. OneMain Financial发行案例

OneMain Financial的前身是花旗金融公司（CitiFinancial），后者成立于20世纪初，是美国最具有代表性的消费金融公司之一。OneMain Financial服务的客户群体主要是信用水平较低、难以获得商业银行贷款的中低收入客

户，业务范围涵盖个人贷款、房屋贷款、按揭贷款等。以个人贷款业务为例，当客户面临家居装修等情况需要资金时，客户可通过公司网站申请贷款，公司将客户的申请发往离客户最近的分支机构，由贷款专家向客户提供专业服务，通过审批的客户可获得个人贷款。花旗金融公司强大的品牌优势、庞大的客户群体、分布广泛的分支机构和向客户提供面对面金融服务的能力，是花旗金融公司和其后的 OneMain Financial 取得成功的重要因素。

2. LendingClub 发行案例

LendingClub（NYSE：LC）创立于 2006 年，主营业务是为市场提供 P2P 贷款的平台中介服务。公司在运营初期仅提供个人贷款服务，至 2012 年平台贷款总额达 10 亿美元规模。2014 年后公司开始为小企业提供商业贷款服务。比起传统银行的放贷审批，LendingClub 最大的特点就是"自动化"。公司年报显示，LendingClub 使用内部研发的软件来"高度自动化地获取借款人和投资者，并处理注册过程、信贷决定和信用分数计算，以及服务和支付系统"，而且开发了自己的现金管理软件来处理电子化的现金转移"，几乎所有的支付都走 ACH（Automated Clearing House）电子支付网络来向出借人分发贷款、收取还款，以及向投资人分发及收取资金。2017 年，LendingClub 宣布完成首个由公司自行发起的 ABS 项目，涉及金额为 2794 亿美元，债券的主要类型为消费贷款基础债券和信贷信托类债券。

3. Prosper 发行案例

Prosper 同样也是美国 P2P 网贷平台，是一个让借款人和出借人能够自行配对的平台站点，目前拥有超过 98 万会员、超过 2 亿美元的借贷额，是世界上最大的 P2P 借贷平台。Prosper 的消费金融运行模式类似拍卖，借款方希望找到愿意以最低利率出借的出资人，而出资人则希望找到愿意支付更高利率的借款人。双方的重要参考指标就是个人信用评分。Prosper 在其中需要完成的工作就是确保安全、公平的交易，包括贷款支付和收集符合借贷双方要求的借款人和出借人。

（二）国内消费金融体系

从目前国内消费金融 ABS 发行市场来看，发行主体可以分为两大类：

持牌金融机构和非持牌机构。不同背景设立的公司在获客、风控、融资等方面各有特点和优势。2014~2017年持牌金融机构和非持牌金融机构的发行情况如表1所示。

表1 2014~2017年持牌金融机构和非持牌金融机构发行情况

2014~2017年合计数据	发行数量(单)	总规模(亿元)	发行占比(%)
持牌金融机构	1112	26286.24	80.74
非持牌金融机构	455	6268.65	19.26
总计	1567	32554.89	—
2017年	发行数量(单)	总规模(亿元)	发行占比(%)
持牌金融机构	466	11843.14	82.55
非持牌金融机构	178	2503.45	17.45
总计	644	14346.59	—

资料来源：Wind数据库。

1. 持牌金融机构

持牌金融机构主要包括银行、消费金融公司、汽车金融公司。这些机构因为归属银监会管理，经营方式规范，股东背景实力雄厚，融资渠道相对通畅（在负债端可以通过同业拆借、资产证券化等不同方式补充），且融资成本较低，商业银行和消费金融公司作为持牌金融机构发行的消费金融ABS产品多在银行间债券市场发行，银行间市场平均发行的票面利率低于交易所市场同类产品的票面利率。2017年银行间市场和交易所市场的消费金融ABS发行利率对比情况见表2。

表2 2017年银行间市场和交易所市场消费金融ABS的发行利率对比

ABS种类	平均发行利率(%)
银行间市场消费金融ABS：1~2年期,AAA	5.53
交易所市场消费金融ABS：1~2年期,AAA	5.46
银行间市场消费金融ABS：1年期,AAA	5.73
交易所市场消费金融ABS：1年期,AAA	5.40

资料来源：Wind数据库。

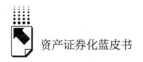

（1）银行

近年来我国消费金融得益于积极的财政政策和稳健的货币政策，商业银行消费金融业务迅速发展，规模不断扩大。截至 2017 年 12 月，现金贷 ABS 数量达到 8 单，发行总额为 144.68 亿元；信用卡 ABS 数量达到 21 单，发行总额为 1687.06 亿元；个人住房贷款证券化产品（MBS）数量达到 52 单，发行总额为 3573.45 亿元；汽车贷款 ABS 数量达到 57 单，发行总额为 1839.33 亿元。随着消费规模的不断扩大和结构升级，消费金融市场会迎来更多元化的市场需求和发展潜能。

（2）消费金融公司

截至 2017 年 12 月 30 日，全国持牌的消费金融公司共有 26 家，其中 2 家尚在筹备中，多家控股方为银行系，另有一部分为产业系，有一家由外资公司设立。持牌消费金融公司的股东情况见表 3。

表 3　持牌消费金融公司的股东情况

公司名称	发起公司
中银消费金融	中国银行、百联集团、陆家嘴金融、中银信用卡
北银消费金融	北京银行、桑坦德消费金融、利时集团
锦程消费金融	成都银行、Hong Leong Bank Berhad
捷信消费金融	捷信集团
招联消费金融	永隆银行(招商银行旗下)、中国联通
兴业消费金融	兴业银行、泉州市商业总公司、福诚、特步
海尔消费金融	海尔集团、红星美凯龙、海尔集团财务
苏宁消费金融	苏宁云商、南京银行、BNP Paribas Personal Finance
湖北消费金融	湖北银行、TCL 集团、武商集团、商联集团
马上消费金融	重庆百货大厦、中关村科金技术、重庆银行
中邮消费金融	邮储银行、DBS BANK LTD.、渤海国际
杭银消费金融	杭州银行、BBVA、海亮集团
华融消费金融	华融资产、合肥百货大楼集团、深圳华强资产、安徽新安资产
晋商消费金融	晋商银行、奇飞翔艺、天津宇信易诚
盛银消费金融	盛京银行、顺峰投资实业、大连德旭经贸
长银消费金融	长安银行、汇通诚信租赁、北京意德辰翔
哈银消费金融	哈尔滨银行、苏州同城软件、背景博升优势
尚诚消费金融	上海银行、携程

公司名称	发起公司
中原消费金融	中原银行、上海伊千网络信息技术有限公司
包银消费金融	包商银行、深圳萨摩耶互联网、百中恒投资
长银五八消费金融	长沙银行、城市网邻、通程控股
河北幸福消费金融	张家口银行、神州优车、蓝鲸控股集团
易生华通消费金融	吴江银行、海航旅游、珠海铧创、亨通集团、明珠银行
光大消费金融公司(筹备中)	光大银行、中青旅
江苏苏银凯基消费金融(筹备中)	江苏银行

资料来源：根据全国企业信用信息公示系统公开资料查询整理。

从 2014 年起，各类持牌机构发行消费金融类 ABS 产品的项目、总额均在不断扩张，见表4。

表4　已成功发行公募 ABS 产品的持牌消费金融公司

公司名称	发行项目	发行总额(亿元)
中银消费金融	①中赢新易贷 2017 年第一期个人消费贷款 ABS	25
	②中赢新易贷 2016 年第二期个人消费贷款 ABS	24.98
	③中赢新易贷 2016 年第一期个人消费贷款 ABS	6.99
捷信消费金融	①捷赢 2017 年第五期个人消费贷款 ABS	30.37
	②捷赢 2017 年第四期个人消费贷款 ABS	19.11
	③捷赢 2017 年第三期个人消费贷款 ABS	28.69
	④捷赢 2017 年第二期个人消费贷款 ABS	23
	⑤捷赢 2017 年第一期个人消费贷款 ABS	12.83
	⑥捷赢 2016 年第一期个人消费贷款 ABS	13.07

资料来源：Wind 数据库。

目前持牌消费金融公司只有中银消费金融公司和捷信消费金融公司发行了 ABS 产品，这是因为持牌消费金融公司发行 ABS 产品需要满足三年的经营期限，除了首期批准的四家消费金融公司，其他公司的开业时间都在 2014 年 8 月之后，2017 年还不具备这一条件。可以预期未来消费金融公司发行 ABS 将成为常态。

（3）汽车金融公司

汽车消费金融市场的特色：高利润、低风险、市场容量广阔。基于此，不同类型的机构都积极涌向汽车消费金融领域，当前参与新车贷的主体较多，援用车企前景的汽车消费金融公司，依靠汽车销售场景的资产方优势，在消费金融领域异军突起。2013～2017年已成功发行ABS产品的持牌汽车消费金融公司的情况如表5所示。

表5　2013～2017年已成功发行ABS产品的持牌汽车消费金融公司

公司名称	总数量（单）	总规模（亿元）
上汽通用汽车金融有限责任公司	9	290
宝马汽车金融（中国）有限公司	8	269
大众汽车金融（中国）有限公司，	8	246
东风日产汽车金融有限公司	7	198
福特汽车金融（中国）有限公司	7	193
梅赛德斯－奔驰汽车金融有限公司	4	175
北京现代汽车金融有限公司	4	115
丰田汽车金融（中国）有限公司	4	98
奇瑞徽银汽车金融股份有限公司	2	70
广汽汇理汽车金融有限公司	2	48
东风标致雪铁龙汽车金融有限公司	2	40
瑞福德汽车金融有限公司	2	30
总　计	59	1772

资料来源：Wind数据库。

对于不同的参与主体来说，资产证券化在融资、出表、市场创新能力的宣传方面有很强的吸引力。对于持牌金融机构来说，如银行、消费金融公司，一方面有资本充足率和杠杆率的限制，另一方面又面临资产端和资金端错配的压力。资产证券化这类创新的融资工具，通过匹配资金和资产，同时实现出表、不占用表内资产规模等，可以有效地满足参与主体各方面的诉求；通过有限的资本金，不断扩大资产规模，释放经营空间，提升资产周转率，从而为股东方创造更高的价值。

2.非持牌机构

（1）传统的小贷公司

小贷公司的牌照主要由地方金融办发放及管理，杠杆率的限制以及资产证券化、债权转让对杠杆率的影响也存在一定地域差异。2017 年各地金融办对小贷公司的杠杆率限制如表 6 所示。传统的小贷公司多是基于传统产业延伸的消费金融业务，具有一定的地域性，如瀚华小贷、宇商小贷、世联小贷。

表 6　2017 年各地金融办对小贷公司的杠杆率限制

地区	杠杆率限制
央行、银监会	50%
重庆	230%
江西	传统小贷 50%、网络小贷 200%
湖南	评级为 A，融资比例为 300% 评级为 B，融资比例为 200% 评级为 C，融资比例为 100%
广西	50%
云南	50%
上海	50%
山东	200%
宁夏	200%
河南	200%
江苏	100% 实行股东特别借款制度后，各类负债不得超过资本净额的 400%
黑龙江	200%
广东	100% 深圳 200%
吉林	50%
辽宁	普通小贷 50%、科技小贷 100%
天津	50%
北京	50%
甘肃	不得超过注册资本金的 100%
青海	50%
新疆	50%
福建	150%
河北	200%
山西	100%
浙江	50%

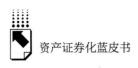

地区	杠杆率限制
安徽	50%
湖北	50%
海南	250%
四川	50%
贵州	130%
陕西	传统小贷 50% 网络小贷不超过注册资本的 250%

资料来源：第一消费金融。

　　传统小贷公司发行资产证券化产品主要是基于融资需求，在依托于资产的同时一般需要附加股东方的增信，如上市公司等。传统小贷公司发行的公募 ABS 产品如表 7 所示。

表 7　传统小贷公司发行的公募 ABS 产品

公司名称	发行产品
瀚华小贷	①中信证券 – 瀚华小额贷款资产支持专项计划
	②瀚华小贷一期资产支持专项计划
	③国信证券 – 瀚华小额贷款资产支持专项计划
	④招商创融 – 瀚华小额贷款资产支持专项计划
	⑤融通资本 – 瀚华小额贷款资产支持专项计划
	⑥银河金汇 – 瀚华小额贷款资产支持专项计划
宇商小贷	①一创宇商小贷资产支持专项计划
	②长城宇商小贷资产支持专项计划
	③融通资本 – 宇商小额贷款资产支持专项计划
世联小贷	①世联小贷一期资产支持专项计划

资料来源：Wind 数据库。

（2）融资租赁公司

　　本文所述的融资租赁公司主要为汽车融资租赁的形式。部分公司用商务部发放的融资租赁牌照，通过汽车的"以租代售"模式介入整个消费金融市场。

汽车融资租赁又称"以租代购"，也被定义为分期付款购车方式。"以租代购"可以实现汽车使用权、所有权分离，客户可以先用车、后买车，从经销商或租赁公司手中获得车辆使用权之后，按约定周期支付租金。待租赁期满后，用户可以选择把车归还给汽车租赁公司，也可以按照车辆残值购买。2017 年融资租赁公司发行的汽车租赁 ABS 产品见表 8。

表 8　2017 年融资租赁公司发行的汽车租赁 ABS 产品

发起机构	证券产品	发行时间	发行总额（亿元）	次级占比（%）	流通场所
创富融资租赁	天风证券－创富租赁一期资产支持专项计划	2017 年 1 月 11 日	1.77	14.69	上海
	天风证券－创富租赁二期资产支持专项计划	2017 年 8 月 30 日	1.75	16	上海
汇通信诚租赁	汇通九期资产支持专项计划	2017 年 1 月 13 日	13.16	11.93	上海
	汇通十期资产支持专项计划	2017 年 4 月 19 日	17.00	12.94	上海
	汇通十一期资产支持专项计划	2017 年 10 月 26 日	12.60	13.97	上海
德银融资租赁有限公司	德银租赁 2016 年第一期租赁资产支持专项计划	2017 年 2 月 17 日	2.22	9.82	上海
	德银租赁 2017 年第二期租赁资产支持专项计划	2017 年 6 月 23 日	2.22	9.86	上海
	德银租赁 2017 年第三期租赁资产支持专项计划	2017 年 11 月 15 日	2.22	9.88	上海
大搜车	德邦共赢系列定向资产管理计划	2017 年 3 月 6 日	2.3	—	私募
	万向信托－大搜车事务管理类集合资金信托计划	2017 年 3 月 31 日	—	—	私募
上实融资租赁有限公司	上实租赁五期资产支持专项计划	2017 年 3 月 16 日	30.02	12.03	上海
	上实租赁六期资产支持专项计划	2017 年 9 月 29 日	30.30	12.48	上海
先锋太盟融资租赁有限公司	民商 10 号中山证券－先锋太盟资产支持专项计划	2017 年 3 月 24 日	2.22	14.88	机构间私募
	国金－先锋太盟七期资产支持专项计划	2017 年 4 月 26 日	5.03	17.89	上海
	财通资管－先锋太盟第一期资产支持专项计划	2017 年 11 月 24 日	2.51	9.56	深圳

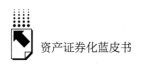

续表

发起机构	证券产品	发行时间	发行总额（亿元）	次级占比（%）	流通场所
上海易鑫融资租赁有限公司	中泰－易鑫二期资产支持专项计划	2017 年 3 月 29 日	20.89	10.58	上海
	中泰共赢－易鑫三期资产支持专项计划	2017 年 8 月 23 日	22.07	5.30	上海
	中信证券－易鑫租赁一期资产支持专项计划	2017 年 11 月 14 日	15.25	5.90	上海
狮桥融资租赁（中国）有限公司	狮桥六期资产支持专项计划	2017 年 4 月 18 日	9.00	12.22	深圳
	狮桥七期资产支持专项计划	2017 年 6 月 15 日	8.78	12.07	深圳
	狮桥八期资产支持专项计划	2017 年 8 月 17 日	18.74	12.49	深圳
第 1 车贷	浙金·微融 7 号资产证券化集合资金信托计划	2017 年 5 月	6.25	—	场外
车王（中国）融资租赁有限公司	柏瑞爱建车王租赁一期资产支持专项计划	2017 年 6 月 29 日	2.49	19.28	上海
美利金融	京东金融·华泰·美利车金融信托受益权资产支持专项计划	2017 年 7 月 26 日	1.89	15	上海
	浙金·京东资产证券化事务管理类财产权信托	2017 年 8 月 1 日	4.79	—	场外
科誉高瞻融资租赁（中国）有限公司	联储证券科誉高瞻租赁一期资产支持专项计划	2017 年 7 月 28 日	4.31	5.80	上海
海通恒信国际租赁股份有限公司	海通恒信四期资产支持专项计划	2017 年 8 月 4 日	16.50	5.00	上海
长安新生	百度－长安新生－天风 2017 年第一期资产支持专项计划	2017 年 8 月 18 日	4.00	9.00	上海

注：由于租赁 ABS 产品的租赁类型统一是租赁租金，表中对汽车租赁 ABS 产品的统计主要依据公司日常开展的业务，可能会存在不精确或未涵盖产品。

（3）新型互联网金融类公司

互联网公司依托其天然的技术优势、大数据分析能力、匹配的用户群体和消费场景进行延伸，成为目前市场最具活力的一类机构。

这类公司参与消费金融业务以及发行资产证券化产品，通常有三类：最主要的一类是依托互联网小贷的牌照开展业务，如重庆阿里巴巴小额贷款、重庆百度小额贷款；第二类是具有消费场景、分期功能的互联网平台，可以将消费金融不以信贷资产而以应收款的形式，甚至延伸到保理资产的形式，如京东白条、去哪儿拿去花、唯品花等；还有一类轻资产运作的互联网金融公司，本身不具有发放贷款的牌照，而是专注于建立风控体系，通过与持牌金融机构或通过信托的通道实现放款的合规性。

鉴于互联网金融的获客方式多通过线上，其规模效应明显，基本不受人力和地域性的限制，故其对资金的需求异常强烈。此外，这类机构通常选择交易所作为资产证券化产品的挂牌场所，交易所的证券化产品相对银行间市场而言更加灵活。两方面的因素均推动这类资产成为目前市场的主力军。

2014～2017 年互联网金融类发行公募 ABS 产品的情况见表 9。

表 9　2014～2017 年互联网金融类发行的公募 ABS 产品

平台名称	总数量（单）	总金额（亿元）
蚂　　蚁	135	3182
京　　东	22	306
百　　度	2	12.56
小　　米	8	43
分 期 乐	2	4
拉 卡 拉	1	5
中 腾 信	2	7.37
美 利 金 融	1	1.89

资料来源：Wind 数据库。

二　我国消费金融资产证券化市场的发展和特点

（一）市场份额大，发展迅速

自 2016 年下半年起，我国消费信贷 ABS 产品迅速发展，特别是交易所

ABS 品种。根据 Wind 数据库统计，2017 年至今消费信贷 ABS 占交易所企业 ABS 发行量的 37.6%，已成为交易所 ABS 市场第一大产品。2005～2017年消费金融 ABS 业务的发行规模和增长情况见图 1。

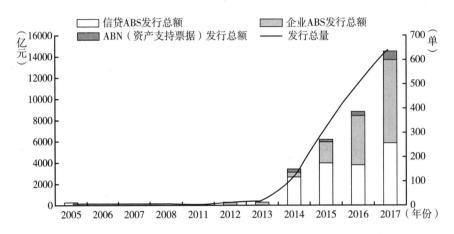

图 1　2005～2017 年消费金融 ABS 业务的发行规模和增长情况

资料来源：厦门国金 ABS 云数据库，http://www.abscloud.com。

2014～2017 年消费贷款 ABS 的发行情况见表 10。

表 10　2014～2017 年消费贷款 ABS 发行情况

年份	发行数量（单）	总金额（亿元）
2014	1	26.31
2015	5	83.02
2016	34	577.58
2017	89	2470.19
总计	129	3157.10

2016～2017 年信贷 ABS 和企业 ABS 基础分布情况分别见图 2 和图 3。

（二）非持牌消费金融机构 ABS 产品逐渐占据主流，但"寡头效应"明显

截至 2016 年 12 月，发行消费信贷 ABS 产品中，持牌机构（银行、消

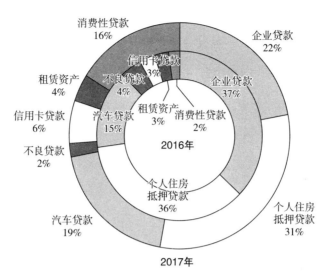

图 2 2016～2017 年信贷 ABS 基础资产分布

资料来源：厦门国金 ABS 云数据库（http：//www.abscloud.com）。

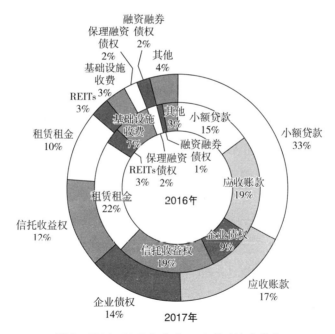

图 3 2016～2017 年企业 ABS 基础资产分布

资料来源：厦门国金 ABS 云数据库（http：//www.abscloud.com）。

费金融公司）发行总额占总发行总额的 50% 左右。而 2017 年以来，非持牌机构加速进入 ABS 市场，特别是互联网消费金融机构，占比持续提升。

根据厦门国金 ABS 云数据统计银行间及交易所发行的产品，截至 2017 年 12 月 1 日，非持牌机构发行总额已达 730 亿元，占消费信贷 ABS 发行总额的 88% 左右。其中，蚂蚁金服发行的花呗、借呗系列发行总额占 2017 年消费信贷发行总额的一半以上。由于其资产特性同质化较高，适合"储架发行"模式。

银行间、上交所、深交所信贷资产证券化储架发行的部分项目分别见表 11、表 12、表 13。

表 11　银行间信贷资产证券化储架发行的部分项目

序号	机构	底层基础资产	注册总金额（亿元）	发行期数	注册期数	注册日期
1	招商银行	个人消费贷款或信用卡分期债权	800	5～10 期	2 年	2017 年 10 月 17 日
2	招商银行	个人汽车贷款	300	4～6 期	2 年	2017 年 9 月 29 日
3	东风日产汽车金融	个人汽车抵押贷款	120	3～4 期	2 年	2017 年 9 月 1 日
4	捷信消费金融	个人消费贷款	50	8～10 期	2 年	2017 年 3 月 13 日
5	平安银行	房产抵押担保个人消费贷款	50	2～3 期	2 年	2016 年 2 月 16 日

资料来源：中债信息网，http://www.chirabond.com.cn。

表 12　上交所信贷资产证券化储架发行的部分项目

序号	债券名称	底层基础资产	拟发行金额（亿元）	项目状态
1	高和晨曦－中信证券－领昱系列资产支持专项计划	租赁合同债权	30	通过
2	中联前海开源－保利地产租赁住房一号资产支持专项计划	租赁合同债券	50	通过
3	德邦花呗第×期消费授信融资资产支持专项计划	个人消费贷款	300	通过
4	京东金融－华泰资管 2017 年第五至十期保理合同债权资产支持专项计划	保理合同债权	45	以回复交易所意见（待确认）
5	小米贷款 ABS（名称待确认）		30	

资料来源：《债市研究》。

表13 深交所信贷资产证券化储架发行的部分项目

序号	债券名称	底层基础资产	拟发行金额（亿元）	项目状态
1	招商创融－招商蛇口长租公寓第一期资产支持专项计划	物业资产	60	通过

（三）通过循环交易结构解决短期资产与长期证券的期限错配问题

循环购买是指基础资产池中产生的现金流可以持续购买新的满足合格标准的基础资产，从而使得基础资产形成一个动态的资产池。

1. 循环交易结构的特点

这种结构一般都会设计一个循环期和摊还期（分配期）。在循环期内产生的现金流只向投资者支付利息而不支付本金，在完成各项税费支付的前提下，剩余的现金用来购买新的满足入池要求的基础资产。而在摊还期内，产品进行过手摊还，资产产生的现金流全部用于产品层面的费用支付和投资者分配。

2. 循环交易结构的政策基础

2013 年证监会发布的《证券公司资产证券化业务管理规定》指出，券商资产证券化业务可以"以基础资产产生现金流循环购买新的同类基础资产方式组成专项计划资产"，这就为我国资产证券化采用循环交易结构提供了政策依据。

3. 循环交易结构的优点

循环交易结构的出现主要是为了解决短期资产与长期资产的错配问题，实现"一次发行，多次入池"，从而有效提高发行效率。

4. 循环交易结构的风险控制

对基础资产质量下降风险的控制形式有两种：①前端控制，即对初始入池资产的分析，采用循环结构的 ABS 基础资产都是较为同质的债权，这类资产可以根据其历史数据建立相应的模型进行分析；②后端控制，即循环阶

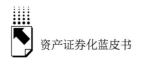

段新入池资产的分析，一般来说，互联网大数据类的资产由原始权益人作为筛选人。在资产筛选时，大数据技术可以起到很好的作用。

对合格资产不足风险的控制形式为：正确选择资产。可以重点关注原始权益人自身业务和所处行业的发展趋势，从而确认资产端的可持续性；建立信用触发机制。信用触发机制的设计最为重要，例如，闲置资金连续多久达到证券未尝本金余额规定比例时便触发加速清偿事件。

（四）创新不断，发行结构多样化

我国资产证券化中的双 SPV（特殊目的机构）交易结构的主要目的是构建合格的基础资产。银行间的信贷资产证券化作为一种明晰的债权关系，天然具有特定化、可预测性的特点，因此适合采用单 SPV 结构。

企业资产证券化中基础资产种类多样，双 SPV 结构也比较常见。双 SPV 结构分类有两种：一是"信托 + 专项计划"结构；二是"私募基金 + 专项计划"结构。

在"信托 + 专项计划"的双 SPV 结构中，借款人将收益权质押取得信托贷款，原始权益人以信托受益权作为基础资产发行资产支持证券，把未来不确定的收益权转化为确定的债权，满足特定的要求，同时法律上也方便转让。

自从 2014 年海印股份发行第一期信托受益权专项资产管理计划以来，截至 2017 年 9 月国内共发行"信托 + 专项计划"92 单，总金额达 1686 亿元。2017 年以来共发行 35 期受益权专项资产管理，穿透之后的基础资产类型多样，涉及学费、机场航空经营收入、保障房销售收入等，均为很难特定化的收益权。信托受益权资产证券化产品可以由出资人发起，也可以由信托机构发起，在这些项目中，信托机构不再单纯作通道，而是更多地参与到项目中，协调其他机构共同完成项目发行。

（五）大多数产品未完全实现破产隔离

目前在消费金融资产证券化领域，主要问题是大多数产品未完全实现破产隔离。鉴于消费金融资产具有小额、多笔、分散的特性，这类资产证券化产品在发行时，大多依赖原始权益人作为资产服务商，负责存续期的资产管理、收息、催收等工作。在实际操作中，考虑到系统的对接、还款方式的多样性、三方支付的操作性等问题，难以严格做到分账户管理，在产品结构上常会存在一定的资金混同风险。消费金融底层资产最大的一个特点是具有同质性。在 ABS 结构中，资金从任一账户随意进入其他账户，无法区分对应的到底是基础资产产生的现金流还是其他资产产生的现金流。所以 ABS 存在的一个比较大的问题是现金流的归集方式。

此外消费金融资产证券化操作时多设置了循环购买、差额补足、不合格资产置换或回购等条款，也使得与原始权益人的主体信用难以完全隔离，这也是目前公募市场上发行的产品多是股东背景强大的机构或者第一梯队互联网巨头集团（如蚂蚁金服、百度、京东等）的原因。

（六）消费金融资产证券化市场持续扩容，发展多元化

近年来，消费金融 ABS 市场爆发式增长趋势日益显著，参与机构、产品形态更加多元化，正在满足不断增长的市场需求。资产证券化逐渐从一项牌照型的业务，向一种风险识别、分层和定价的专业化投融资工具转变，这是一种非常理性的市场化回归。行业内比较受关注的事件如下。

1. "读秒－去哪儿网"消费分期资产支持专项计划——独立信贷技术服务商主导项目的发行

2017 年 6 月，PINTEC 集团旗下智能信贷技术公司读秒宣布，由其主导的"读秒－去哪儿网'拿去花'第一期消费分期资产支持专项计划"在上海证券交易所成功发行。该计划首期发行规模为 2.45 亿元，期限为 1 + 1 年，分为优先 A 级（73.47%，AAA 评级）、优先 B 级（16.33%，A 评级）、次级（10.20%）资产支持证券，中信证券担任本专项计划的管理人和主承销商。参与本次项目发行的中介机构还有中合担保、联合评级、奋迅律所、安永等，以上机构为本次计划发行以及存续期间的项目管理提供服务。

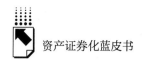
此次由读秒主导发行的 ABS，是首单以独立信贷技术服务商作为主要发起人的公募互联网消费金融 ABS，打破了以往发行主体是电商巨头和持牌金融公司的模式。在本次发行的"读秒 - 去哪儿网'拿去花'第一期消费分期资产支持专项计划"中，去哪儿网提供消费场景、用户流量以及数据支持，读秒为去哪儿网提供大数据风控与智能信贷技术解决方案。

以往消费金融场内 ABS 的发行主体一般为综合电商，拥有消费场景与巨大的用户流量。读秒作为独立信贷技术服务商，此次能够作为发行主体，是因为精准定位在互联网消金 ABS 产业链中的核心位置，利用数据和技术优势，在基础资产的筛选、大数据风控等方面体现出巨大价值，从而成功突破消费场景和用户流量的限制。此次 ABS 的成功发行，很大程度上代表机构投资人和公募市场对读秒风控能力的认可。

值得注意的是，本次专项计划在结构设计层面也进行了一些创新：去哪儿网在本次发行计划中担任资产服务支持机构，不仅承担传统职能，而且作为消费场景方，对基础资产的形成过程、项目存续期间的稳定运营提供支持工作。

2. 江苏银行 - 德邦证券消费金融 ABS 创新投资基金

2017 年 3 月，江苏银行与德邦证券在上海宣布共同发起设立"江苏银行 - 德邦证券消费金融 ABS 创新投资基金"。该基金为国内首只消费金融 ABS 创新投资基金，规模为 200 亿元，专注于消费金融领域，以 Pre-ABS 投资和夹层投资作为主要投资标的。

在投资策略上，该基金将结合两大发起方的优势，充分发挥本身的创新性，进行两大类资产的投资：一是在资产形成初期，以 Pre-ABS 的投资形式参与其中，全程把控基础资产的筛选、风控标准的制定以及产品结构的搭建，并获取基础资产与 ABS 标准资产间的利差收益；二是对 ABS 产品夹层进行直接投资，在风险可控的情况下赚取更高收益，发掘 ABS 夹层投资价值。

该基金结合前端 Pre-ABS（为发行 ABS 而设立的资金）、中端资产证券化发行、后端产品夹层投资，意在实现大消费金融资产证券化全链条服务、全风险把控以及价值深度挖掘。

目前 ABS 在交易所市场主体的资质要求都比较高，对资产端不仅有资产本身的质量要求，而且对信用风险有一定要求。但通过 Pre-ABS 形式为不同类型的消费金融公司设立创新基金，就可以为消费金融机构制定统一的风控标准、放款流程标准、资产筛选标准、资产隔离标准、信息披露标准和资产服务标准等，从而帮助各类消费金融机构能够规范化的运作，形成标准化的资产包。

从宏观层面来讲，Pre-ABS 基金也能够提高消费金融资产的一、二级市场联动效率。德邦证券总裁助理兼资产管理总部总经理左畅认为："标准化的资产包对应着标准化的 ABS 融资方案，脱离了对主体增信的依赖，市场认可度提高、发行效率提高，能让资产的流转速度最大化，持续让消费金融机构扩大资产规模，服务更多的实体经济。"从而使资金运转达到脱虚入实、创造价值的效果。

从微观层面来讲，消费金融公司通过 Pre-ABS 形式，可以在资产形成规模以前就获得一笔周转资金，解决融资难的问题，实现资产的快速迭代；对于投资者来说，也可提前锁定优质资产，开拓多层次业务收入来源，从而促进营收多元化发展。

3. 青岸投资管理有限公司——专注于消费信贷领域的专业买方

消费金融的快速发展也受到专业投资机构的关注，国内首家以"证券化"冠名的投资管理机构是阳光保险惠金所旗下子公司阳光证券化基金管理有限公司，该公司主要以买方形式参与 ABS 交易。

2017 年中信产业投资基金与阳光证券化基金达成合作，共同成立了定位于"做有能力识别资产的专业买方"的青岸投资管理有限公司，专注于消费信贷领域的 ABS 项目投资机会。该公司凭借充裕的资金支持和丰富的团队经验，使得消费金融优质的场景资产更高效地对接资本市场，向实体经济提供源源不断的信用和流动性。

4. ABS 云平台——专业化服务商 Fintech 赋能

如何获取低成本的资金成为互联网消费金融公司面临的最大挑战，这也是近年来资产证券化（ABS）热度升温的重要原因。蚂蚁金服、京东金融、宜人贷等互联网消费金融公司都先后发行了 ABS 产品。同时，一系列现实

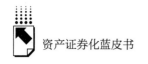
问题阻碍着我国资产证券化的发展速度。诸如，征信体系不完善导致的风险管理问题，资产评估非标准化以及定价机制的不完善，资产证券化交易市场缺乏流动性、不能反映真实的资产状况，不良资产催收体系不完善等。而ABS 云平台则是从数据和技术驱动的角度来破解上述难题的。

目前 ABS 发行链条存在很多痛点，最重要的就是基础设施薄弱，资产证券化交易链条很长，参与方很多，信息交互不对称、不透明。一方面，在资产端业务领域，互联网消费金融、企业供应链金融等新金融业务增速迅猛，但受限于相关金融牌照，部分金融科技公司难以通过银行间市场进行融资，促成了 ABS 业务的发展。另一方面，这些创新金融机构要打开 ABS 大门却仍然面临几大难以逾越的障碍：首先，受限于创新金融机构自身技术实力的积累不够，风控难以得到外部机构认可；其次，自身信用等级不够，好的资产卖不出好的价格；最后，缺少专业的服务机构，自身操作 ABS 成本过高。这些瓶颈成为创新金融机构享受 ABS 市场福利的最大障碍。

ABS 云平台解决了资产证券化交易市场最核心的一个问题——信息不对称。华泰证券资产管理公司总裁崔春曾表示："通过这个系统，资金方和资产方以及中介机构都能快速地识别资产的质量，让参与各方在资产的分级、定价等环节都能快速达成共识，能够极大地降低信用成本和交易成本，提高效率。"

目前市场上比较专业的 ABS 云服务商有两家，分别是京东 ABS 云平台与厦门国际金融技术有限公司（本文以下简称"厦门国金"）ABS 云平台。

（1）京东 ABS 云平台

京东 ABS 云平台包括三大引擎，即资产证券化服务商的基础设施服务业务、资产云工厂的资本中介业务和夹层基金投资业务，分别对应资产证券化过程中的服务效率低、融资门槛高以及违约风险问题。

目前，建元资本与京东 ABS 云平台合作发行的一单全程基于区块链技术的汽车融资租赁 ABS 项目已于 2017 年 7 月正式落地。该项目是国内首单放款、还款现金流实时登记于区块链的 ABS 项目，也是全球市场首单全程接入区块链的汽车融资租赁 ABS 项目。

据悉，建元资本拥有 23 个分公司、12 个子公司，建立了网格化服务体系，产品覆盖汽车产业全价值链，包含汽车建店融资、设施回租、中长期经营周转资金、试乘试驾、库存融资、新车销售、二手车及汽车周边的金融产品，服务于全方位客户，含对企业户、出行行业的租赁公司、驾校、行业客户及零售终端客户。在互联网金融领域里，此举为建元资本提供了增信措施。

建元资本与京东金融、中诚信证评、中诚信征信作为该项目中 ABS 云平台联盟链上的共识节点，基于区块链的特性实现了 ABS 底层资产的不可篡改性。同时，该项目通过京东金融基于大数据和人工智能搭建的"ABS 投资决策引擎"，对每笔资产进行链上评分准入，从而实现对整个资产包的现金流精细预测、全程监控和发行方目标化预评级。

该项目基于区块链技术，建立账本，将资产池中的资产信息全部记录到账本上，基础资产的各种特征都在账本上做好标记，不断循环，按时间更新账本，不可篡改，定期跟踪。资产方、信托、评级、资产服务机构和投资人各参与方，任何一方对账本信息的更新，会实时同步到所有人，从而实现各参与方同时对资产的监督和信息同步。

（2）厦门国金 ABS 云平台

厦门国金 ABS 云平台包括 ABS 工厂、ABS 数据库、ABS 研究院。ABS 工厂提供从基础资产池建立到证券化产品发行全流程管理，支持在线现金流分析、风险评估与产品设计，辅助各类协议文本与披露报告生成，为资产证券化发起方及各类中介机构服务。ABS 数据库提供从基础资产池建立到证券化产品发行全流程管理，支持在线现金流分析、风险评估与产品设计，辅助各类协议文本与披露报告生成，为资产证券化发起方及各类中介机构服务。ABS 研究院提供厦门国金和业内专家对资产证券化业务的观点和分析，资产证券化市场最新动态，以及相关法律法规，监管指引等。

2017 年 9 月，由厦门国金担任技术服务商的"红博会展信托受益权资产支持专项计划"成功发行，募集资金总额 9.5 亿元，此类 CMBS 产品一般期限较长、涉及的租户众多、租约类型多样，在存续期的管理，尤其是现金流归集方面需要大量繁杂的工作和运算。厦门国金作为国内知名的资产证券化专业服务商，依托领先的 ABS 云平台提供技术服务，通过对接原始权益

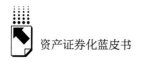
人的内部管理系统和账户，实时获取真实的资产表现情况及现金流数据，一方面减少了参与方的工作量和操作风险，另一方面也为投资人提供持续的贷中监测与信息披露服务，确保资产服务机构及资产运行情况能够真实、准确、及时地披露给投资人。引入这类技术服务商的意义重大，在不增加成本的同时保障有效的风险甄别和预警，从而降低信息不对称，推动 ABS 由重主体轻资产向真正的依赖资产表现发行转化。

三 "现金贷"新政出台的核心内容和影响

2017 年 12 月 1 日下午，互联网金融风险专项整治、P2P 网贷风险专项整治工作领导小组办公室正式下发《关于规范整顿"现金贷"业务的通知》（本文以下简称《通知》），统筹开展对网络小额贷款清理整顿工作。

（一）政策的核心内容解读

1. 小贷公司的资产证券化产品所获资金须纳入融资杠杆贷，迫使小贷公司注资并限制其业务扩张

《通知》明确要求，禁止网络小贷通过互联网平台或地方各类交易场所销售、转让及变相转让本公司的信贷资产。以信贷资产转让、资产证券化等名义融入的资金应与表内融资合并计算，合并后的融资总额与资本净额的比例暂按当地现行比例规定执行，各地不得进一步放宽或变相放宽小额贷款公司融入资金的比例规定。对于超比例规定的小额贷款公司，应制订压缩规模计划，限期内达到相关比例要求。这一规定无疑是正确的，因为小贷公司必须以自有资金为主放贷。要扩张放贷业务，就必须注资。

2. 杠杆率统一管理，各地金融办不得调整

小贷公司主要以自有资金放款，同时可以从不超过两个银行业金融机构融资。在最初的规定中，融资余额不超过资本净额的 50%，即业内普遍提到的杠杆率不超过 1.5 倍；由于这一杠杆率对小贷业务发展有所限制，全国多地对这一比例做出突破，当前比例最高的为重庆，其杠杆率达 2.3 倍。

不过，随着网络小贷的发展，多家网络小贷通过资产证券化、信贷资产转让等表外途径获得资金，但未受到上述杠杆率限制，其资产又由银行、保险、券商等资金认购。这一途径在推动部分小贷公司业务快速发展的同时，由于没有明确杠杆上限，一定程度上推高了系统性金融风险。让小贷公司按规定压降杠杆率，回归其本来的定位，是控制系统性金融风险的必要措施。

3. 助贷模式受阻

《通知》要求"助贷"业务回归本源，银行业金融机构不得接受无担保资质的第三方机构提供增信服务以及兜底承诺等变相增信服务。

4. 银行投资现金贷证券化产品受限

《通知》进一步规范银行业金融机构参与"现金贷"业务。银行业金融机构（包括银行、信托公司、消费金融公司等）应严格按照《个人贷款管理暂行办法》等有关监管和风险管理要求，规范贷款发放活动。银行业金融机构不得以任何形式为无放贷业务资质的机构提供资金发放贷款，不得与无放贷业务资质的机构共同出资发放贷款。银行业金融机构与第三方机构合作开展贷款业务的，不得将授信审查、风险控制等核心业务外包。银行业金融机构参与"现金贷"业务的规范整顿工作，由银监会各地派出机构负责开展，各地整治办配合。

（二）"新规"对消费金融公司资产证券化的影响

监管机构此次将消费金融公司现金贷业务纳入整顿范围中，对这些公司资产证券化产品的运作，产生了一定的影响。

在具体借款流程方面，监管层禁止消费金融公司将授信审查、风险控制等核心业务外包；禁止消费金融公司接受无担保资质的第三方机构提供增信服务以及兜底承诺等变相增信服务；督促消费金融公司立即采取有效措施要求并保证第三方合作机构不得向借款人收取息费。

在放款数目和投资范围上，监管层督促消费金融公司严格执行《消费金融公司试点管理办法》"投资余额不高于资本净额的20%"的监管规定，且投资范围严格限定于债券等固定收益类证券，不得直接投资或通过理财等

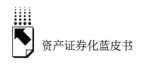

变相投资以"现金贷""校园贷""首付贷"等为基础资产发售（类）证券化产品或其他产品。

在贷款用途上，要求加强消费金融公司自主支付类贷款业务监督，按照《个人贷款管理暂行办法》等法规要求，禁止消费金融公司发放无指定用途贷款，督促其严格贷前交易背景真实性调查，加强贷中资金流向监测，强化贷后贷款用途验证和后续管控工作，依法合规、有序自主地开展自主支付类贷款业务。

目前境内金融机构借款是小贷公司的主要资金来源，受限于小贷公司轻资产、高负债的特点，融资利率普遍较高，而 ABS 产品以资产为支持，且通常采用多种内外部增信措施，使优先档资产支持证券信用等级得到较大提升，有助于降低小贷公司融资成本。市面上部分小贷公司通过发行 ABS 实现了出表，将资产转移给 SPV 形成表外融资，以实现财务报表修复和美化。在监管收紧的大背景下，部分网络小贷公司变相加杠杆的行为将得到抑制，但消费金融资产证券化不会就此停止，在国家鼓励消费金融发展的大背景下，互金公司合规的、基于消费场景的消费金融资产证券化产品，在暂缓之后，将合规地进行。

此次现金贷政策的收紧，体现了监管层资金端、资产端两头抓的决心，严厉打击无场景、无牌照、风险大的现金借贷，但对于有场景依托、风险可控的借贷情景并无影响。从长期来看，持有多类金融牌照的大型互金平台能够通过注资、保理模式或旗下银行牌照主体实现小额贷款业务扩张和 ABS 融资。且整体来看市面上发行的现金贷 ABS 占比本身较少，因此，对消费金融资产证券化市场规模影响不大。

四　未来消费金融资产化市场的发展趋势和展望

（一）市场发展更加规范化、监管统一化

2017 年，消费金融行业的监管力度加强，合规标准提高。2018 年，严

监管和防风险仍将是消费金融领域的重中之重。

通常监管有三个目标：第一个是保持整个金融体系健康运行，防范系统性金融风险；第二个是金融机构稳健运行；第三个是保护金融消费者。随着监管的不断深入，套利空间消失，消费金融也将逐渐正本清源，回归到助力消费升级、服务实体经济、推动供给侧改革的轨道上来。

2017 年 7 月，中国证券投资基金业协会（本文以下简称"中基协"）在北京成立资产证券化业务专业委员会，在进一步提升资产证券化服务实体经济能力的同时，不断完善资产证券化业务规则制度体系，强化市场参与机构的合规风控能力，统筹协调发行审核和信息披露标准，完善风险监测体系和监管信息共享机制。

7 月 28 日，中基协开出 ABS 市场首张罚单，就恒泰证券违规转出 3 单 ABS 监管账户归集资金的行为开出了纪律处分决定书（中基协处分〔2017〕3 号），自 8 月 1 日起暂停受理恒泰证券资产支持专项计划备案，暂停期限为 6 个月。

8 月初，中基协要求各家基金子公司对 ABS 业务进行全面自查，自查内容设 10 个一级项目，分别为尽职调查、专项计划终止、管理人变更、管理人职责终止、发行情况、基础资产运行情况、信息披露情况、内容合规性管理、投资者适当性管理和项目备案。而在每个一级项目下，还做了进一步细分，共计 46 个二级项目、97 项自查要点、164 项自查内容，仅尽职调查就有 94 个细分项。

资产证券化业务专业委员会的成立有望建立起行业、自律组织与监管部门的沟通平台，促进资产证券化业务的稳定发展。不过，中基协开出的首张 ABS 罚单及针对基金子公司的全面自查，也透露出监管层在大力推动 ABS 业务快速发展的同时，仍将把防控金融风险放在核心位置，以保证 ABS 业务回归服务实体经济的本质。

（二）监管趋严，互联网金融会有一定收缩，持牌金融机构面临机会

ABS 是互联网金融公司快速发展背后高效的助推工具，然而在监管趋严

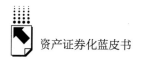

的情况下，互联网金融公司的 ABS 发展势必会出现短期的收缩。传统持牌金融机构，如商业银行及银行系持牌消费金融公司可以继续在银行间债券市场发行消费金融 ABS 产品，通过优先/次级设置，提高优先级债券评级，降低发行利率；通过保留或出售次级债券，商业银行可以根据需要选择保留或转移消费信贷违约风险。

除了直接设立 ABS 产品，商业银行还可以通过与其他机构合作，通过深度参与 ABS 产品的全过程获得收益。银行可以由消费金融的直接零售商，转型为资金的批发商，在节省大量的风控、人力成本的同时，避免直接进入场景营销的红海。

另外，先前受限制于监管要求，2014 年 8 月重新开闸的第二轮获批消费金融公司，如招联消费金融、苏宁消费金融、马上消费金融等尚未触及发行 ABS 所需的三年最低年限。但是从时间上来看，2018 年这几家企业将陆续满足年限要求，或将在市场上掀起一轮持牌消费金融公司 ABS 热潮。

（三）行业将迎来整合期

目前，国内有 23 家持牌消费金融公司、160 多家专业分期公司以及 2500 多家其他消费金融服务机构，其中 2017 年新增的持牌消费金融公司只有 4 家。在市场准入从严的监管环境下，牌照价值将进一步凸显，2018 年消费金融公司牌照的发放将继续从严、放缓。

随着 P2P 备案工作的陆续展开，以及网络小贷的摸底排查和整改，部分不配合或达不到整改验收要求的企业将消失。除此之外，一些监管政策细则将逐步落地实施，行业将进一步走向规范，且更加注重对金融消费者权益的保护工作。

2018 年，消费金融企业面临转型，场景与科技将更加紧密结合，使得消费金融公司的风险识别能力、运营效率、产品创新能力、客户体验等得到明显改善，进入良性竞争。

（四）商业银行消费金融发展呈现更加积极的发展态势，并进一步推动消费金融资产证券化市场的持续扩容

我国商业银行消费金融发展至今，伴随着很多客观的制约因素，同时，得益于国家经济政策和消费市场发展的驱动，银行消费金融在持续的创新改革中预计将取得突破性发展：一是推动构建有效的消费金融业务体系，逐渐加深拓宽与消费金融公司的全方位合作，甚至衍生出更多子消费金融公司，实现与银行零售业务的客户互补、风险分散；二是会加速完善个人信用体系，构建起信息共享机制，加强消费金融市场各方之间的信息共享合作，据此划分不同客户群体信用等级并提供差异化服务；三是商业银行将更加细化消费金融产品设计，以客户消费金融需求为出发点，驱动产品创新、流程设计和差异化服务，开发出有客户针对性的细化消费金融产品，使消费金融体系结构由"银行主导型"向"市场主导型"演变；四是商业银行将深入发展互联网消费金融，会从柜台业务办理走向线上业务办理，以线上平台为依托和入口，将线下商业流导入线上进行业务办理与交易，利用互联网优势打破传统获客渠道壁垒和实体网点局限性，实现产品业务创新和发展新活力。商业银行消费金融在这些方面的发展都将给消费金融资产证券化市场的扩容注入更多驱动力。

（五）引入第三方专业的服务商，对资产证券化的产品运作和存续期管理负责

当前消费金融资产证券化的发行主体主要集中在京东集团、阿里巴巴、小米科技等互联网巨头，一个重要的原因就是，他们依托真实的消费场景，在其平台上积累了数量极大的客户行为数据，通过运用大数据、批处理等相关技术，发掘出风险可控、回报稳健的原始金融资产。原始资产的信用风险是资产证券化中最需要关注的风险，倘若原始资产质量很差，内部的结构化只能带来有限的信用提升。故只有行业积累了数量庞大的优质金融资产，才能为资产证券化的顺利推进打下良好的基础。若引入第三

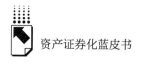

方专业服务商，通过其独立平台的金融科技，对资产的真实性和实质风险进行评估、监控和披露，可实现资金闭环运作，提高市场投资者对于优质资产的认可度。

对于资金方而言，在目前的市场环境下，资金方还是一个"弱势"群体，往往是先有了资产，再去找资金。专业的第三方机构，能够成为一个独立的资产评估和分析平台，解决资产端和资金端的信息不对称问题，使得这些投资方能影响和接受这些资产的风控标准，从而提高资产证券化产品的运作效率，加强存续期管理。

（六）长期来看，消费金融资产证券化将持续发展

我国经济从投资拉动向消费拉动转型，消费需求持续增长、居民消费能力稳步提升，消费作为经济增长的主要驱动力，增长势头很旺，因此从中长期看来，消费金融的资产证券化，仍然会有巨大的发展空间。目前监管的整顿管理，也有利于市场的长远、健康发展。

B.5

融资租赁资产证券化的
新特点和新趋势

沈炳熙*

摘　要：　融资租赁资产证券化是资产证券化家族中发展较晚的一支，
　　　　　但2016年以来发展迅速，目前已成为资产证券化业务中重要
　　　　　的一个组成部分。由于融资租赁资产由有较强的独立性和稳
　　　　　定的现金流，适合充当证券化的基础资产。但我国融资租赁
　　　　　特殊的监管方式，即按融资租赁机构股东的性质分为金融租
　　　　　赁公司和融资租赁公司两类，且由不同的政府部门监管，造
　　　　　成融资租赁资产证券化不同的运作方式，并影响着它的发展
　　　　　路径。本文根据2017年融资租赁资产证券化运行的情况，研
　　　　　究了它的最新特点和发展趋势，对未来融资租赁资产证券化
　　　　　如何更好发展，提出了政策建议。

关键词：　融资租赁　资产证券化　设备租赁

---

* 沈炳熙，经济学博士，研究员。现任中国工商银行监事，兼任国内多所大学兼职教授。出版
《中国资产证券化热点实务探析》《公开市场操作原理和方法》《中央银行国际惯例》《资产
证券化：理论与实践》《中国债券市场：30年改革与发展》《中国商业银行30年：业务创新
与发展》等多部著作，在《经济研究》《金融研究》《财贸经济》《改革》《农村金融研究》
等杂志上发表学术文章170余篇。

一 融资租赁及其资产证券化

（一）融资租赁概述

1. 融资租赁业务的特点

融资租赁也叫设备租赁或现代租赁，是指法律上转移与资产所有权有关的全部或绝大部分风险和报酬的租赁。出租人根据承租人所要求的规格、型号、性能等条件购入设备租赁给承租人，合同期内设备所有权属于出租人，承租人只拥有使用权，合同期满付清租金后，承租人有权按残值购入设备，以拥有设备的所有权①。因此，融资租赁是指具有融资性质和所有权转移特点的设备租赁业务。

融资租赁和传统租赁有着明显的区别。从业务形态看，传统租赁是出租人决定购置什么设备，承租人前来选择租用；融资租赁是承租人提出租赁设备和性能要求后出租人量身定购，承租人通过融资租赁，在于获得长期融资来源，而非短期临时使用设备。从财务角度看，融资租赁的租金以设备价款作为租金的计量基础；而传统租赁则是以同类租赁物的租用情况为基础决定租金。从租赁的风险看，融资租赁主要的风险是承租人不支付租金，这是一种信用风险；传统租赁当然也有这种风险，但可以收回租赁物，而融资租赁的租赁物是专用设备，收回来很难再租出去。所以，融资租赁是既融物，又融资。

融资租赁的资产具有以下特点。

第一，融资租赁资产具有高度的独立性。这一点和一般的企业资产不同，企业资产在实物形态上可以有较高的独立性，但其价值在法律上的独立性较差。融资租赁资产则不然。租赁公司对承租人的融资租赁资产，在法律上是完全独立的，它产生的现金流（租金）的归属也是十分清楚的，这一

---

① 引自刘澜飙《融资租赁理论与实务》，人民邮电出版社，2016。

点和信贷资产相同。

第二，融资租赁资产具有较强的安全性。融资租赁资产的存在形态是设备等物件，一般来说这些设备以专项设备为主，它为承租企业所必需，对于其他企业则无用，任意转移的可能性较小。因此，这种资产的安全较高，只要企业存在，它就存在，这是融资租赁资产优于银行信贷资产之处。银行信贷存在资金被挪用的可能性，安全性不如融资租赁资产。

第三，融资租赁资产的存续期较长。由于设备的使用年限较长，通常都在十年左右，所以融资租赁资产的存续期也较长。这和传统租赁的情况不太一样。

第四，融资租赁资产的现金流稳定。融资租赁资产在存续期内，租金是定期支付的，因此资产的现金流是稳定的。

2. 我国的融资租赁机构

我国融资租赁机构分为两类：一类称作金融租赁公司，由金融机构出资设立，属于非银行金融机构，由银监会监管；另一类就叫融资租赁公司，由工商企业设立，不属于金融机构，由商务部门监管。因此，融资租赁公司有狭义和广义之分，狭义的融资租赁公司即由工商企业设立的那类融资租赁公司，广义的融资租赁公司包括了狭义的融资租赁公司和金融租赁公司。应当指出，将融资租赁公司分为金融租赁公司和狭义的融资租赁公司，这只是基于出资人的性质是金融机构还是非金融机构，这两类公司的业务性质是完全相同的。

（二）融资租赁资产证券化

1. 融资租赁资产证券化的定义

融资租赁资产证券化，是以融资租赁资产所产生的现金流作为偿付基础，向投资者发行资产支持证券，从而融得资金的一种活动。

融资租赁资产为何要实行证券化？一是为融资租赁公司融入租赁所需的资金。融资租赁公司作为出租人，它的每一笔融资租赁业务，都需要占用一定的资金。由于租赁物——设备的租赁期限长、价值大，融资租赁的资金占用量很大。融资租赁公司的资金，除了少量的资本金——一般为总资产的

10%左右，其余资金都需要从外部融入，包括发债、从银行借入、与其他各类金融机构合作等。总之，这都是用增加负债来增加营运资金。这种办法是有一定限度的，因为融资租赁公司的负债率不能过高，而且有的融资租赁公司还未必能够通过上述方法以适当的成本融资入资金，例如，非金融机构的融资租赁公司是不能和金融机构做同业业务的，通过证券化方式，出售一部分资产来融资，就成为可选的一种融资方法。

二是调整融资租赁资产的结构。融资租赁公司对自己的资产结构需要根据不同时期的经济形势、战略重点进行调整，例如，重点支持行业的调整。但已有的融资租赁合同不能随意变更，通过租赁资产证券化，可以达到这个目的。

那么，融资租赁资产能不能证券化呢？回答是肯定的。融资租赁资产不但能够证券化，而且是最有条件证券化的一种资产。首先，租赁资产依据租赁合同产生，是一种既有债权，法律上权属明确，能产生稳定、独立的现金流；其次，租赁资产与信贷资产类似，在基础资产的笔数、加权剩余期限、租金率、地域、金融额、行业等众多的指标上可以构建充分分散性的资产池，从而有效降低因基础资产集中度过高而导致的违约风险，这一点相比物权收益权，优势尤为明显；最后，相比其他权益人，租赁公司在经营规模、管理经验方面都具有优势。

2. 我国融资租赁资产证券化的类型

我国资产证券化是按照发起机构（原始权益人）的性质分类的，金融机构开展的资产证券化归属信贷资产证券化；工商企业开展的资产证券化归属企业资产证券化。金融租赁公司属于非银行金融机构，其所进行的资产证券化项目，按信贷资产证券化处理；融资租赁公司（狭义）所进行的资产证券化项目，按企业资产证券化处理。

融资租赁资产证券化的交易结构，也依照不同的类型而略有区别。金融租赁资产证券化和信贷资产证券化，二者的交易结构基本相同，金融租赁公司为证券化项目的发起人，证券公司、设有投行部门的银行为证券化项目的财务顾问，信托公司作为SPV的管理人、证券化产品的发行人，各类机构投资者作为投资人，证券化资产管理人的角色多为发起人，也有由其他机构承担的，此外，信用评级机构、会计师、律师等也参与其中。融资租赁资产证券化的交易结构和商业物业、收费权、应收款等资产证券化的交易结构类似，项目发起人一般称为原始权益人，证券公司、基金管理公司等为项目管理人（证券化专项计划管理人），也充当证券化产品的发行人，投资者、信用评级机构、会计师、律师等与前一种交易结构相似，最大的区别在于没有信托机构这一角色。

二　2017年融资租赁资产证券化基本情况

在我国，融资租赁资产证券化业务开展的时间很短。金融租赁资产证券化始于2014年；融资租赁资产证券化虽然在2006年就已做过探索，但真正开展起来，也是2014年以后的事情。现在，金融租赁资产证券化和融资租赁证券化都进入了较快的发展时期。下面重点介绍一下2017年的情况。

（一）融资租赁资产证券的发行规模

2017年是我国融资租赁资产证券化产品发行较多的一年。全年在银行间债券市场共发行金融租赁资产证券化产品11单，金额达345.77亿元（发行详情见表1）。发行融资租赁资产证券化产品77单，金额达873.87亿元。两项合计，共发行融资租赁证券化产品88单，总额达1219.64亿元。

表1　2017年金融租赁资产证券化产品的发行情况

发起机构	发行项目总数（单）	发行总额（万元）
华融金融租赁股份有限公司	2	996153.39
招银金融租赁有限公司	1	563647.08
皖江金融租赁股份有限公司	2	485860.19
兴业金融租赁有限责任公司	1	472066.08
华夏金融租赁有限公司	1	251670.80
浦银金融租赁股份有限公司	1	228649.65
江苏金融租赁股份有限公司	1	187343.91
河北省金融租赁有限公司	1	150962.74
建信金融租赁有限公司	1	121351.75

资料来源：Wind 资讯。

2017 年在交易所市场共发行融资租赁资产证券化产品 77 单、873.87 亿元（发行详情见表 2）。无论是发行笔数还是金额，较 2016 年都所收缩。全年除了发行规模，融资租赁资产证券化产品创新也出现了一些新的动向，如中飞显庆租赁（天津）有限公司发行了国内首单以外币计价的资产证券化产品。

表 2　2017 年融资租赁公司资产证券化产品发行情况

发行机构	发行项目总数（单）	发行总额（万元）
远东国际租赁有限公司	4	1155583.17
平安国际融资租赁有限公司	4	835569.06
上实融资租赁有限公司	3	671100.00
聚信国际租赁股份有限公司	3	616900.00
上海易鑫融资租赁有限公司	3	582100.00
汇通信诚租赁有限公司	3	557600.00
狮桥融资租赁（中国）有限公司	3	365200.00
浙江海亮融资租赁有限公司	1	290400.00
平安国际融资租赁有限公司	1	289009.00
君创国际融资租赁股份有限公司	1	171237.67
中国康富国际租赁股份有限公司	1	165000.00
海通恒达国际租赁股份有限公司	1	165000.00
中民国际融资租赁股份有限公司	1	160000.00
光大幸福国际租赁有限公司	1	134800.00
横琴金棱国际租赁融资有限公司	1	129632.00
中远海运租赁有限公司	1	120000.00
华鲁国际租赁有限公司	2	118300.00
丰汇租赁有限公司	1	114300.00
武汉光谷融资租赁有限公司	1	100100.00
诚泰融资租赁（上海）有限公司	2	98713.73
先锋太盟融资租赁有限公司	3	97580.00
中兵融资租赁有限公司	1	95000.00
江苏徐工工程机械融资租赁有限公司	1	92923.91
南山融资租赁（天津）有限公司	1	87100.00
安徽德泊融资租赁股份有限公司	1	78800.00
天津华铁融资租赁有限公司	1	76000.00
华中融资租赁有限公司	1	76200.00
四川金石融资租赁有限责任公司	1	75500.00

发行机构	发行项目总数(单)	发行总额(万元)
上海云城融资租赁有限公司	1	70000.00
庆汇租赁有限公司	1	69661.53
浙江中大元通融资租赁有限公司	1	69100.00
德银融资租赁有限公司	3	66558.00
浙江汇金融资租赁有限公司	1	64000.00
青岛城乡建设融资租赁有限公司	1	63000.00
安徽正奇融资租赁有限公司	1	60400.00
浙江海洋融资租赁有限公司	1	60380.00
广东海科融资租赁有限公司	1	60000.00
诺斯(上海)融资租赁有限公司	1	57200.00
悦达融资租赁有限公司	1	56900.00
奥克斯(上海)融资租赁有限公司	1	51023.35
江苏合众融资租赁有限公司	1	50000.00
国药集团融资租赁有限公司	1	49876.00
北京市文化科技融资租赁股份有限公司	1	44800.00
科誉高瞻融资租赁(中国)有限公司	1	43100.00
中信富通融资租赁有限公司	1	42500.00
创富融资租赁(上海)有限公司	2	35200.00
远大(上海)融资租赁有限公司	1	30450.00
厦门弘信博格融资租赁有限公司	1	30000.00
深圳诺德融资租赁有限公司	1	30000.00
重庆国兴融资租赁有限公司	1	27300.00
车王(中国)融资租赁有限公司	1	24900.00
上海祥达融资租赁有限公司	1	24400.00
海南国际旅游产业融资租赁股份有限公司	1	21140.00
中飞显庆租赁(天津)有限公司	1	17133.00

资料来源：Wind 资讯。

（二）融资租赁资产证券化产品的发行利率

2017 年，受债券市场利率整体提高的影响，融资租赁资产证券化产品的发行利率也逐渐上升。AAA 级金融租赁资产证券化产品的发行利率，和同期限 AAA 级中期票据的利率比较接近。AAA 级的金融租赁资产证券化产品的最高发行利率为 5.35%，最低发行利率为 4.05%，而同期限中期票据的平均发行利率为 5.72%，其中 AAA 级中期票据的平均发行利率为 5.28%。关于市场上已发行的金融租赁资产证券化产品的利率和 AAA 级中期票据的利率比较如图 1 所示。

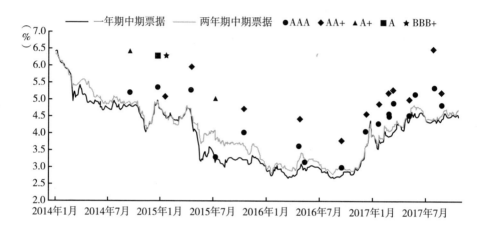

图 1　金融租赁 ABS 与中期票据的发行利率比较

资料来源：CNABS。

整体而言，融资租赁（狭义）资产证券化产品的发行利率，要高于金融租赁资产证券化产品。2017 年仍然继续保持这种状况。由于受资金成本上升的影响，融资租赁（狭义）资产证券化产品的最高发行利率达 6.7%，最低发行利率为 4.47%。融资租赁（狭义）资产证券化各层级产品发行利率与中期票据发行利率比较如图 2 所示。

（三）融资租赁资产证券化产品的主要投资者

融资租赁资产支持证券的主要投资者，在政策和制度层面没有任何限制，从实际情况看，金融租赁公司的证券化产品，其投资者包括银行、非银行金融机构、基金、保险公司以及银行理财资金等机构投资者。其中，银行理财资金和保险资金是主要的申购人，银行理财和基金等资产管理资金占金融租赁证券化产品申购额的 40%。

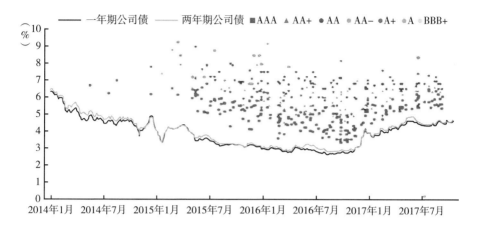

图2　融资租赁ABS与中票发行利率比较

资料来源：CNABS。

融资租赁（狭义）证券化产品的投资者，与金融租赁资产证券化产品的投资者大体相似，如资管资金进入得都比较多。但也有一些差别，这主要表现为融资租赁（狭义）证券化产品的投资者类型更多一些，例如，私募基金、证券公司及个人投资者，都有不少成为该产品投资者的。由此，决定了融资租赁（狭义）证券化产品投资者相对分散，集中度不像金融租赁证券化产品投资者那么高。而且由于许多融资租赁（狭义）证券化产品是通过私募方式发行的，投资者的信息公布得极少，统计十分困难。目前，还无法拿出准确的数据。

三　2017年融资租赁资产证券化的新特点

2017年融资租赁资产证券化的运行有如下特点。

（一）租赁资产证券化业务发展总体向好

目前，我国两类融资租赁机构（金融租赁公司和狭义的融资租赁公司）都已开展租赁资产证券化业务：它们发起资产证券化的项目，或直接发行资

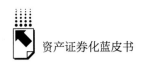

产证券化产品；在银行间市场以金融租赁 ABS 产品或租赁企业 ABN 产品（资产支持票据）的名义发行，或在交易所市场以租赁资产专项管理计划名义发行，发行的金额也越来越大。特别是融资租赁（狭义）公司，以前发行的资产证券化产品只是 2 亿 ~ 3 亿元，2017 年单支证券化产品发行额已增加到十几亿元，甚至几十亿元。

融资租赁证券化的较快发展，既与各类融资租赁公司的融资需求有关——随着融资租赁业务的快速发展，融资需求也迅速扩大，又与机构投资者对证券化产品的认同有关。尽管融资租赁资产证券化开展的时间不长，市场对它需要经历一个认识过程，但是，由于融资租赁资产与信贷资产十分相似，独立性强、风险易于隔离，而且还因为融资与融物结合在一起，在发生承租人违约事件时，可以通过收回租赁物等手段加以对冲，减少损失，因此，租赁资产证券化产品抗信用风险能力比信贷资产更强。融资租赁资产证券化经历数年试点，这种优势日益显现，投资者对这类产品越来越熟悉，进而越来越认可，大大提高了市场对这类产品的接受程度。因此，融资租赁证券化产品发行时承销机构与投资者的沟通频率已大大降低。与此同时，监管部门对这类产品发行审批方式也有所改进，加快了审批速度，这也促进了融资租赁证券化的发展。

（二）两类融资租赁证券化产品发展速度差异明显

2017 年，金融租赁资产证券化产品的发行频率、发行规模，都远远超过上一年。全年金融租赁资产证券化产品发行 11 单，接近于前三年发行次数的总和，发行总额为 345.77 亿元，为前三年发行总额的 163%。

而 2017 年融资租赁（狭义）资产证券化产品的发行频率、发行规模都不及上一年，2017 年发行 77 单，发行总额为 873.87 亿元，分别为 2016 年的 65.87% 和 81.53%。

2017 年两类融资租赁资产证券化的上述差异，是由以下原因决定的。一是两类融资租赁机构的数量、规模不同。金融租赁机构数量少、经营差别小，而融资租赁（狭义）机构数量多、经营差别大。开展资产证券化业务时，金融租赁机构逐家展开，循序渐进。从统计角度看，第一年一家机构做此业务，第二年有两家机构做此业务，它就翻了一番，尽管绝对量只增加了一家。而融资租赁机构本身差别很大，如果多数有条件开展证券化业务的机构在上一年做了项目，下一年就未必还有相同数量的机构能够去做。二是两类融资租赁机构的融资紧迫程度不同。金融租赁机构是金融机构，融资渠道比融资租赁机构多，融资成本也相对较低，因此，就融资紧迫性而言，融资租赁（狭义）机构比金融租赁机构更迫切。开放资产证券化这种新的融资渠道后，两类融资租赁机构都有积极性，但融资租赁（狭义）机构更加迫切，这是2016年众多融资租赁（狭义）一齐上马，达到1017亿元发行额的重要原因。但后续项目准备不足的问题也明显出现，导致2017年证券化产品发行量下降。而金融租赁公司就比较从容，发行产品逐步增加。三是两类融资租赁机构开展证券化业务的成本不同。金融租赁机构属于金融机构，走信贷资产证券化的路径，无需外部增信，成本相对较低；而融资租赁（狭义）机构系一般企业，走企业资产证券化路径，一般都需要（尽管不是强制）外部增信，而且发行较高，在经历2016年的快速发展后，一些经营稍差的融资租赁（狭义）公司就难以承受成本的压力，不能跟进了。

（三）以银行理财为代表的集合型资金是租赁证券化产品的重要投资者

资产证券化试点初期，证券化产品基本上只有银行参与申购，银行间互持现象十分普遍。随着资产证券化试点的深入开展，资产证券化产品越来越得到市场的认同，投资者群体也发生了很大变化，租赁资产证券化产品的投资者的情况，是这种变化的突出例证。图3表示了各类投资者对金融租赁资产证券化产品的申购情况。

在图3中，我们可以看到，各类理财产品及基金等集合型资金已成为融资租赁资产证券化产品最大的投资者群体。

为什么这类投资者会在2017年成为最大的投资者群体？一是因为银行理财资金的使用方向发生了变化。银行是最先开展资产证券化试点的，对证

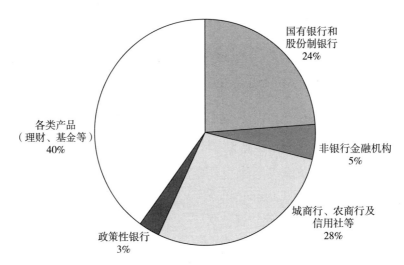

图3　投资者分布

券化产品的了解相对较深，在银行自有资金投资证券化产品比重降低的同时，银行理财资金投资证券化产品顺理成章。再则，2013年银监会8号文件发布后，银行理财资金投资非标产品受限，而资产支持证券未列入非标产品的范围，自然成为银行理财资金重要的投资标的之一。

二是保险机构投资金融租赁资产证券化产品有了明确的政策支持。2012年保监会下达了《关于保险资金投资有关金融产品的通知》，该通知明确指出，保险机构可以将保险资金投资于信贷资产证券化产品，但入池基础资产仅限于正常类和关注类的贷款。这使多年来保险资金投资资产证券化产品的模糊政策一下变得十分清晰。金融租赁资产证券化从2014年正式开始后，因金融租赁资产与信贷资产十分接近，加之对信用风险的防控化解能力不输信贷资产，因此，对保险资金而言，金融租赁资产证券化产品，是一个值得投资的品种。而经过三年的实际运作，保险机构对金融租赁资产证券化产品的投资选择也日趋成熟。

四　融资租赁资产证券化的新趋势

融资租赁资产证券化自2014年以来，逐步呈现一种新的发展趋势。

（一）租赁资产证券化开始出现不用外部征信和担保的项目

资产证券化试点过程中，信用评级是必须进行的，这是为了让投资者认识证券化产品的风险等级，采取合理的投资决策。为了提高对相关投资者的吸引力，证券化项目中往往采取信用增信的措施，内部信用增级是通过证券化产品的分层方式，由下层产品为上层产品提供担保，以保证信用等级较高的证券化产品能够优先获得偿付。外部增信则是通过外部机构为证券化产品提供担保，以增进信用等级。在我国资产证券化的实践中，作为结构性产品，内部增信不可避免；但外部增信则因证券化的类型不同而差异较大。尽管对一单资产证券化产品是否需要外部增信，相关的文件并无强制性规定，但在实际操作时，银行和其他非银行金融机构所做的资产证券化项目，一般不需要外部增信；而企业资产证券化项目，一般需要外部增信。这在很大程度上是因为金融机构和工商企业在信用上存在差别，也与金融资产和企业资产的独立程度有关。金融租赁公司所发起的资产证券化项目，不需要外部增信；融资租赁（狭义）公司发行的证券化项目，一般都会进行外部增信。

2015 年后，对融资租赁（狭义）公司做资产证券化项目是否需要外部增信，市场多有讨论。狮桥融资租赁（中国）有限公司（本文以下简称"狮桥租赁"）在此间做的一单资产证券化项目，首次采取了无外部担保从而无外部增信的方式发行证券化产品，并获得了成功。这是融资租赁（狭义）资产证券化发展过程中出现的一个重要突破。它告诉人们，即使不做外部增信，融资租赁资产（狭义）也能够证券化。租赁资产证券化是否需要外部增信，不取决于其"出身"，即是金融租赁机构还是狭义的融资租赁机构，而是取决于其实力。狮桥租赁作为一家外资租赁机构，有较强的实力，因此，能够大胆进行无外部增信的探索。而这种探索的成功，对其外融资租赁机构的资产证券化，起到了很好的示范作用。

（二）融资租赁资产证券化将向真正的"破产隔离"发展

"真实出售、破产隔离"是资产证券化的基本原则，我国信贷资产证券化试点中十分强调这一点，在制度设计时，也采取很多措施，包括由信托机构作为 SPV 的管理者和资产支持证券的发行人，而不是由发起人直接发行资产支持证券；严格控制证券化发起机构和证券化产品持有人之间的风险传递，要求证券化资产尽可能划出发起机构的资产负债表（出表）。金融租赁机构在开展证券化业务时，就是按照这一要求做的，市场对此也比较认可。企业资产证券化在这一点上并不严格，发起机构就是资产支持证券的发行人，而且不要求证券化资产出表。这一定程度上影响了证券化资产和企业之间的风险隔离。融资租赁（狭义）机构走的是企业资产证券化的道路，风险隔离措施也略显不足。从远东国际租赁公司两年前在其所做的资产证券化项目中采取了"出表"做法之后，融资租赁证券化资产的出表案例在陆续增加，2017 年，据不完全统计，7 家融资租赁公司的证券化项目已经采取了会计出表处理，具体名情况见表 3。

表 3 2017 年出表的融资租赁 ABS

项目机构名称	证券化项目名称	发行场所
平安国际融资租赁有限公司	二期委贷资产支持专项计划	交易所市场
上海易鑫融资租赁有限公司	中泰－易鑫融资租赁资产支持专项计划	交易所市场
聚信国际租赁股份有限公司	一至三期资产支持专项计划	交易所市场
北控水务(中国)投资有限公司	第一期绿色资产支持票据	银行间市场
中国华能	2017 第一期资产支持票据	银行间市场
葛洲坝绿园绿色	应收账款一期资产支持专项计划	交易所市场
平安汇通－顺丰小贷	平安汇通－顺风小贷一期资产支持专项计划	交易所市场

其实，从资产的特点看，在资产独立性这一点上，融资租赁资产和信贷资产是基本相同的。金融租赁资产证券化能够做到风险隔离，融资租赁（狭义）资产证券化也能够做到。远东国际租赁有限公司证券化项目能够实现会计出表，其他融资租赁公司也可以做到。虽然现在企业资产证券化的规则并不要求证券化资产出表，但也没有反对这样做。远东国际租赁有限公司成功实现证券化资产出表，超越了企业资产证券化的最低要

求，使它更接近于金融资产证券化，表明它的资产证券化正在走向更高的阶段。

（三）租赁资产证券化产品的发行利率趋向合理

融资租赁资产证券化的主要目的是融入营运资金，因此，其发行利率的高低直接关系到融资成本的高低。从 2017 年租赁资产支持证券发行的情况看，无论是金融租赁公司的资产证券化产品，还是融资租赁（狭义）公司的资产证券化产品，其 AAA 级优先档产品的发行利率都低于同期限中期票据的发行利率，这是发行利率趋于合理的一个重要标志。因为同期限中期票据是一种以企业信用为基础的债务工具，它和租赁资产相比，信用风险会高一些，因此，其包含的风险溢价也会高一些。目前租赁资产证券化产品的发行利率比中期票据的发行利率低一个百分点左右，这个差距虽然不是很大，但也足以表明租赁资产证券化产品的信用程度高于中期票据的事实。

在租赁资产证券化产品中，金融租赁资产证券化产品的发行利率为 4.05% ~ 5.35%，而融资租赁资产证券化产品的发行利率为 4.47% ~ 6.7%，后者高于前者 0.47 ~ 1.35 个百分点，这种情况是正常的。这种利差，也反映了融资租赁（狭义）资产和金融租赁资产之间在信用上的差异。从目前来看，这一利差也是合理的。因为信用状况最好的融资租赁（狭义）资产证券化产品仅比金融租赁资产证券化产品低 0.47 个百分点，这个差距并不太大。但信用状况较差的融资租赁资产与金融租赁资产相比，其证券化产品的发行利率差 1.35 个百分点，这一差距就比较大了。这也从一个侧面说明，由于目前融资租赁机构的信用和金融租赁的信用相比，差距比较大，因此，融资租赁（狭义）资产证券化要全面转向金融租赁资产证券化，还需要相当一段时间。

五　2018年融资租赁资产证券化的政策建议

2018 年，我国租赁资产证券化需要继续积极加以推进。为此，提出以下几点政策建议。

（一）鼓励、支持有条件的融资租赁（狭义）公司按照出表的要求开展资产证券化业务

将证券化的资产出表，是风险隔离的重要标志，对提高融资租赁资产证券化产品的市场影响力、扩大融资租赁公司再融资能力有十分重要的现实意义。目前，在政策层面上并不要求融资租赁公司（狭义）将证券化的资产出表，这照顾了一般企业的实际困难，但对于资产独立性较强的融资租赁公司（狭义），应当鼓励和支持其按照出表的标准，将其证券化的资产划出资产负债表。为此，需要相应地采取以下一些政策措施。

一是明确证券化资产出表是租赁资产证券化风险隔离的一项重要标志。对企业资产证券化是否出表的问题，仍可维持现行不做要求的政策，但应明确证券化资产出表是反映风险隔离程度的一个标志，也是把企业资产证券化逐步推向规范化、标准化的一个有效步骤，鼓励有条件的融资租赁公司（狭义）在开展证券化业务时朝这个方向努力。

二是对证券化资产出表的融资租赁（狭义）公司给予相应的政策支持。例如，认可信用评级机构因融资租赁（狭义）公司减少风险资产而调高对该公司的信用等级。

三是将证券化资产能否出表作为融资租赁（狭义）公司财务运作能力强弱的一个指标来考察，在评估该公司财务状况、确定是否允许发债或放贷时，对这一因素给予适当考虑。

（二）逐步将融资（狭义）公司的资产证券化业务从企业资产证券化转向信贷资产证券化

融资租赁虽然兼有融资和融物双重属性，但从根本上看，它是一种融资活动，或者说主要是融资活动，因此，具有明显的金融特性。这和其股东是不是金融机构无关。目前金融租赁公司因为其股东是金融机构，便属于金融机构，进而其资产证券化业务走信贷资产证券化途径；融资租赁（狭义）公司因为其股东非金融机构，便不属于金融机构，进而其资产证券化业务走企业资产证券化途径，这种划分存在明显的缺陷。从长期来看，融资租赁资产证券化都应该走信贷资产证券化的途径。目前，由于监管体制等原因，机构性质的转变还需要一个过程。在这种情况下，应当考虑从业务上改变其性质。鉴于融资租赁（狭义）公司的资产证券化一直走企业资产证券化途径，许多融资租赁（狭义）公司可能还不能马上适应这一转变，可以先从一部分具备条件的融资租赁（狭义）公司开始，进行业务方式的转变。所谓具备条件，一是融资租赁（狭义）公司已达到一定的经营规模。这是融资租赁（狭义）公司开展资产证券化业务时保持较低成本的一个重要因素。走信贷资产证券化的途径，如果引入信托机构管理SPV，做资产支持证券发行人，会增加中介费用，不达到一定规模，不够经济；即使不引入信托机构，采用信托型结构，也需要一定规模。二是融资租赁（狭义）公司的证券化产品在市场上已有一定影响。标志之一是其即使不作外部增信，也可以成功销售证券化产品。三是融资租赁（狭义）公司在过往的资产证券化业务中，已有将证券化资产成功出表的记录。

（三）探索由第三方机构开展租赁资产证券化业务

现在租赁公司特别是融资公司对于开展资产证券化业务需求很旺，积极性很高，但是其中规模较小的融资租赁公司开展这一业务又缺乏足够的能力。解决这个矛盾，可以有多种途径，建议放宽思路，探索第三方机构通过购入租赁资产进行证券化的方法。具体做法是，由规模大、实力强的金融租赁公司或融资租赁（狭义）公司购入中小型融资租赁公司的资产，建立独立的资产池，与本公司的资产完全隔离。然后由该公司作为资产管理人，承做租赁资产证券化项目。相关监管部门应当支持和指导这方面的探索，取得经验，加以推广。

专题报告

Special Topics

B.6

PPP 项目资产证券化的
环境与政策要点

罗桂连　吕琰　孙尧尧　王彬*

摘　要：　本文首先综述了 1994 年以来公共基础设施领域市场化运作的
　　　　　政策发展脉络，重点梳理了 2014 年以来财政部、国家发展改
　　　　　革委印发的主要 PPP 政策的要点，指出目前 PPP 政策体系中
　　　　　存在的问题。随后详细介绍了国家发展改革委与证监会在
　　　　　2016 年 12 月底印发的 PPP 项目资产证券化的政策要点，以
　　　　　及证监会系统的配套政策和自律规则，简要介绍了由财政部

＊　罗桂连，清华大学管理学博士，伦敦政治经济学院访问学者，注册会计师。中国国际工程咨
　　询公司研究中心投融资咨询处处长。国家发展改革委 PPP 专家库定向邀请专家，清华大学
　　PPP 研究中心特聘高级专家，中国资产证券化百人会保险专业委员会副主任委员，中国银行
　　间市场交易商协会法律专业委员会委员。吕琰，融孚律师事务所律师。孙尧尧，融孚律师事
　　务所律师。王彬，融孚律师事务所律师。

牵头的 PPP 项目资产证券化的政策差异。

关键词： PPP 资产证券化 基础设施

PPP（政府和社会资本合作）一词从 2014 年起在国内成为热词，而与 PPP 模式相关的公共基础设施领域的市场化运作已经有 20 多年的实践探索，相关的专门性政策法规最早发布于 1994 年，PPP 项目资产证券化的基础资产也包括 2014 年以前推进的有关基础设施市场化运作项目。

一 PPP 相关法规政策

2004 年之前，国务院及相关部委曾经多次就外商投资特许权项目或相关事宜发布政策性文件，具有代表性的有《对外贸易经济合作部关于以 BOT 方式吸收外商投资有关问题的通知》（外经贸法函〔1994〕89 号）、《关于试办外商投资特许权项目审批管理有关问题的通知》（计外资〔1995〕1208 号）、《国家发展计划委员会关于加强国有基础设施资产权益转让管理的通知》（计外资〔1999〕1684 号）、《城市市政公用事业利用外资暂行规定》（建综〔2000〕118 号）、《国务院办公厅关于妥善处理现有保证外方投资固定回报项目有关问题的通知》（国办发〔2002〕43 号）等。这些早期文件的内容多为政策宣示，效力等级、权威性及相互之间的协调不足。

建设部于 2004 年 3 月 19 日颁布《市政公用事业特许经营管理办法》（建设部令第 126 号）。126 号令作为部门规章，为市政基础设施特许经营的市场化和法治化奠定了基础。文件基于国内已有的特许经营项目实操经验，从项目筹备、市场准入、合同结构、政府监管与运营评估等方面对特许经营活动予以全面规范。建设部之后又相继推出部分垃圾处理、污水处理、城市燃气等多个市政公用行业的特许经营合同范本，对国际惯例做了本土化的梳理和改造。126 号令广泛应用于市政公用事业的特许经营项目，被其他行业

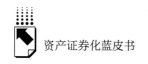

主管部门及地方政府广泛借鉴，推出一大批与 126 号令一脉相承的部门规章、地方性法规及规章、规范性文件。126 号令及其衍生政策的立法层级有限，不能有效规范实践中出现的诸多矛盾及问题，尚未提出进一步解决方案，也没有实质性的重大突破，顶层设计方面的意义不强。

国务院 2014 年 9 月 21 日发布并实施《关于加强地方政府性债务管理的意见》（国发〔2014〕43 号），旨在建立规范的地方政府举债融资行为，明确地方政府及其部门的举债方式，推动剥离融资平台公司的政府融资职能，明确提出推动 PPP 模式；将 PPP 项目中的财政补贴等支出按性质纳入相应政府预算管理。该文件对于落实 2014 年修订颁布的《预算法》、规范地方政府性债务管理起到了非常重要的作用。此后，PPP 模式迅速得到推广，并成为地方政府力求依赖的公共基础设施项目的主流实施模式。

国务院 2014 年 11 月 16 日发布并实施《关于创新重点领域投融资机制鼓励社会投资的指导意见》（国发〔2014〕60 号），提出在生态环保、农业水利、市政、交通、能源、信息、社会事业七大领域鼓励社会资本进行投资，支持开展特许经营权、购买服务协议预期收益质押贷款等融资创新机制，并鼓励金融机构对民间资本举办的社会事业提供融资支持。国发 60 号文首次以国务院发文的形式，倡导在若干重点发展领域创新投融资体制，吸引和鼓励社会资本参与投资。其中对 PPP 模式的专章论述，以及与之有关的政策措施的后续安排，是 PPP 模式相关政策依据的重要来源。该指导意见还提出在基础设施和基础产业"大力发展债权投资计划、股权投资计划、资产支持计划等融资工具"，为 PPP 项目资产证券化做了政策铺垫。

国务院办公厅 2015 年 5 月 19 日转发财政部、国家发展改革委、中国人民银行三部委联合下发的《关于在公共服务领域推广政府和社会资本合作模式指导意见》的通知（国办发〔2015〕42 号），"在能源、交通运输、水利、环境保护、农业、林业、科技、保障性安居工程、医疗、卫生、养老、教育、文化等公共服务领域，鼓励采用政府和社会资本合作模式，吸引社会资本参与。其中，在能源、交通运输、水利、环境保护、市政工程等特定领域需要实施特许经营的，按《基础设施和公用事业特许经营管理办法》执行"。国办发 42 号文强调政府与社会资本在 PPP 模式中的平等地位，提出制定合同的双方应平等协商，法律地位平等，权利义务对等，互惠互利；注重全生命周期绩效评价与监管及公众知情和监督；为地方融资平台公司参与 PPP 项目指明了出路；提出政府在立法、财税、土地、金融、预算等方面予以支持或配套。在一定程度上，国办发 42 号文是对 2014 年下半年至 2015 年初出台的 PPP 相关政策法规的一次全面总结与深化，集中体现了财政部对 PPP 模式的理解与导向。

中共中央、国务院于 2016 年 7 月 5 日发布《关于深化投融资体制改革的意见》（中发〔2016〕18 号），两次提及"政府与社会资本合作"，是目前国内提及 PPP 的最高层级的政策性文件。该意见要求通过特许经营和政府购买服务等方式鼓励政府和社会资本在交通、环保、医疗、养老等领域开展合作。

2017 年 7 月 21 日，国务院法制办、国家发展改革委、财政部起草的《基础设施和公共服务领域政府和社会资本合作条例（征求意见稿）》及其说明全文由国务院法制办公布，征求社会各界意见。各方对很多重大问题未能达成共识，诸如，PPP 模式与政府直接投资、融资平台、纯市场化模式之间的关系；PPP 模式与特许经营、政府购买服务的关系；PPP 相关条例与现有国家发展改革委、财政部的 PPP 政策的协调；PPP 相关法规与土地、财政、税收、金融、国资等方面的法规政策的统筹。总体来看，目前立法条件尚不成熟。

国家发展改革委对 PPP 模式的推广主要着眼于促进投融资机制改革，从项目端入手，在推动项目落地、优化管理、提高审批效率等方面在其主管的传统基础设施领域大力推广 PPP 模式，出台了若干重要文件，并在推动 PPP 项目与资本市场对接方面进行了积极尝试，主要的政策性文件有以下几项。

（1）2014 年 12 月 2 日印发的《关于开展政府和社会资本合作的指导意见》（发改投资〔2014〕2724 号）。这是国家发展改革委在 PPP 领域出台的一份纲领性文件，对 PPP 项目的适用范围、操作模式、工作机制等进行了

223

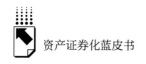

规范，并同步印发了《政府和社会资本合作项目通用合同指南》。

（2）国家发展改革委、财政部、住房和城乡建设部、交通运输部、水利部、中国人民银行于 2015 年 4 月 25 日联合下发《基础设施和公用事业特许经营管理办法》（国家发展改革委等 6 部委第 25 号令），2015 年 6 月 1 日起实施。25 号令作为目前 PPP 领域唯一的部门规章，总结了 126 号令以来的特许经营项目实践，吸收了以往特许经营项目中长期忽视的平等性、去行政化等诉求，体现了对投资者权益的保护，也体现了控制政府支出、重视经营绩效等理念，对 PPP 项目各方了解特许经营模式的适用范围、基本要素和操作方式具有指导意义。

（3）2016 年 8 月 10 日发布的《关于切实做好传统基础设施领域政府和社会资本合作有关工作的通知》（发改投资〔2016〕1744 号），对能源、交通运输、水利、环境保护、农业、林业以及重大市政工程等基础设施领域推进 PPP 工作做出框架性的规定，提出建立基础设施 PPP 项目库，建立国家发展改革委与相关部委对项目的联审机制，要求将项目与是否适合 PPP 纳入可行性研究论证及决策、鼓励从多角度探索建立社会资本投资合理回报机制，特别强调构建社会资本多元化退出机制，发挥金融机构作用。

（4）2016 年 10 月 24 日发布的《关于印发〈传统基础设施领域实施政府和社会资本合作项目工作导则〉的通知》（发改投资〔2016〕2231 号），明确在能源、交通运输、水利、环境保护、农业、林业以及重大市政工程等传统基础设施领域采用 PPP 模式的项目操作流程，力图解决困扰 PPP 操作实践中的一些争议焦点和难点问题。例如，一般性政府投资项目审批流程的简化、项目法人变更、二次招标豁免等问题，并提出"在现有投资项目在线审批监管平台（重大建设项目库）基础上，建立各地区各行业传统基础设施 PPP 项目库，以逐步建立国家发展改革委传统基础设施 PPP 项目库"。该通知体现了"简捷高效、科学规范、兼容并包、创新务实"原则，是当前传统基础设施领域 PPP 项目实施的主要指导性文件。

（5）2016 年 12 月 21 日印发的《传统基础设施领域政府和社会资本合作（PPP）项目库管理办法（试行）》，对传统基础设施领域的 PPP 项目库做出进一步细化的操作规定，具体包括填报单位、填报信息、对信息的审核和项目推介等。据此，国家发展改革委和财政部分别建立了相互独立的 PPP 项目库。

（6）国家发展改革委与证监会于 2016 年 12 月 21 日印发《关于推进传统基础设施领域政府和社会资本合作（PPP）项目资产证券化相关工作的通知》（发改投资〔2016〕2698 号），有关内容本文下一部分将详细介绍。

财政部从地方债控制和预算管理两方面切入，从组织、立法和示范项目三个层次积极推进 PPP 相关工作，相继出台了一系列文件，从概念梳理、适用范围、操作流程以及政策红线划定等几个方面给予 PPP 项目参与各方（特别是地方政府）明确具体的指导意见，从而引导各省份的群起响应，使 PPP 项目的发展进入积极推广态势。财政部政策强调的 PPP 项目实施方案、财政承受能力论证和物有所值评价已经成为绝大多数 PPP 项目的标配，PPP 项目的政府支出责任纳入中期财政规划和地方政府预算的要求也逐渐得到认可和执行，主要政策文件有以下几项。

（1）2014 年 11 月 29 日印发的《关于印发政府和社会资本合作模式操作指南（试行）的通知》（财金〔2014〕113 号），针对 PPP 项目全生命周期，规定 PPP 项目识别、准备、采购、执行、移交各环节的操作流程，确立以财政部门作为 PPP 项目牵头部门的评审机制。

（2）2014 年 12 月 31 日印发的《政府和社会资本合作项目政府采购管理办法》（财库〔2014〕215 号），在政府采购的整体法律框架下，全面规范了 PPP 项目的政府采购行为，明确 PPP 项目采购方式包括公开招标、邀请招标、竞争性谈判、竞争性磋商和单一来源采购，在采购程序中为 PPP 项目采购设置了强制资格预审，现场考察和答疑，采购结果确认谈判等环节。

（3）2015 年 4 月 7 日发布的《政府和社会资本合作项目财政承受能力论证指引》（财金〔2015〕21 号），在 PPP 项目识别阶段规定了物有所值评价和财政承受能力论证两个程序，其中财政承受能力论证指在 PPP 项目实施之前，需要识别、测算 PPP 项目的各项财政支出责任，评估项目实施对

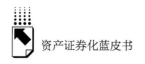
当前及今后年度财政支出的影响，为 PPP 项目财政管理提供依据。还规定了 PPP 项目全生命周期过程中财政支出责任的计算公式，并明确要求年度 PPP 项目（包括新旧项目）的财政支出占一般公共预算比例不超过 10%。

（4）2015 年 12 月 18 日印发的《PPP 物有所值评价指引（试行）》（财金〔2015〕167 号），明确物有所值评价"是判断是否采用 PPP 模式代替政府传统投资运营方式提供公共服务项目的一种评价方法"，包括定性评价和定量评价。

（5）2016 年 9 月 24 日印发的《政府和社会资本合作项目财政管理暂行办法》（财金〔2016〕92 号），对 PPP 项目财政预算管理做出了明确规定，并和《预算法》等法律法规进行了衔接，解决了以往 PPP 项目签约和预算批准周期错配的问题，并允许在不影响所提供服务稳定性和公共安全的前提下，运营期内社会资本方可以全部或部分退出。

（6）2016 年 10 月 11 日印发的《关于在公共服务领域深入推进政府和社会资本合作工作的通知》（财金〔2016〕90 号），提出要"严格区分公共服务项目和产业发展项目，在能源、交通运输、市政工程、农业、林业、水利、环境保护、保障性安居工程、医疗卫生、养老、教育、科技、文化、体育、旅游等公共服务领域深化 PPP 改革工作"。90 号文是在国务院常务会议确认两个部委在 PPP 领域的主管职能分工之后发布的财政部文件，覆盖了国办发 42 号文中所有适用 PPP 模式的领域，并要求开展两个"强制试点"，即对垃圾处理、污水处理等公共服务领域，新建项目强制应用 PPP 模式，对有现金流、具备运营条件的项目，强制实施 PPP 模式识别论证。

行业部委也单独或联合印发了一些政策性文件，比如，2017 年 11 月 22 日交通运输部办公厅印发的《收费公路政府和社会资本合作操作指南》（交办财审〔2017〕173 号），涵盖了收费公路 PPP 项目从识别、准备、社会资本方选择、项目执行、运营、移交全流程。

为防控地方政府债务风险，2017 年有关部委相继印发关旨在规范 PPP 模式的政策性文件，主要有以下几项。

（1）2017 年 1 月 23 日印发的《政府和社会资本合作（PPP）综合信息

平台信息公开管理暂行办法》（财金〔2017〕1 号），明确地方各级财政部门会同同级政府有关部门负责当地 PPP 项目信息公开工作，列举信息公开的阶段和内容，信息公开的方式修正为即时公开和适时公开，并提供了《PPP 项目信息公开要求》的附表。

（2）2017 年 4 月 26 日，财政部、国家发展改革委、司法部、人民银行、银监会、证监会联合印发《关于进一步规范地方政府举债融资行为的通知》（财预〔2017〕50 号），包括全面组织开展地方政府融资担保清理整改工作、切实加强融资平台公司融资管理、规范政府与社会资本方的合作行为、进一步健全规范的地方政府举债融资机制、建立跨部门联合监测和防控机制、大力推进信息公开几方面内容。

（3）2017 年 6 月 1 日，财政部印发《关于坚决制止地方以政府购买服务名义违法违规融资的通知》（财预〔2017〕87 号），对政府购买服务行为做出规范，初步实现了对当前地方政府及其部门主要违法违规融资方式的政策全覆盖。

（4）2017 年 11 月 10 日，财政部办公厅印发《关于规范政府和社会资本合作（PPP）综合信息平台项目库管理的通知》（财办金〔2017〕92 号），要求各地在 2018 年 3 月 31 日前将条件不符合、操作不规范、信息不完善的项目清理出库。

（5）2017 年 11 月 17 日，国务院国资委印发《关于加强中央企业 PPP 业务风险管控的通知》（国资发财管〔2017〕192 号），要求央企对 PPP 业务实行总量管控，从严设定 PPP 业务规模上限，防止过度推高杠杆水平。

（6）2017 年 11 月 17 日，中国人民银行发布其会同银监会、证监会、保监会、外汇局等部门共同起草的《关于规范金融机构资产管理业务的指导意见（征求意见稿)》，遏制通过各类通道规避金融监管政策。

（7）2017 年 11 月 16 日，财政部印发《关于国有资本加大对公益性行业投入的指导意见》（财建〔2017〕743 号），通过资本市场和开发性、政策性金融等多元融资渠道，吸引国有企业等社会资本参与公共产品和公共服务项目的投资、运营和管理，充分发挥市场机制作用，提高公共产品和公共

服务供给管理与效率。

（8）2017年11月28日，国家发展改革委印发《关于鼓励民间资本参与政府和社会资本合作（PPP）项目的指导意见》（发改投资〔2017〕2059号），要求各地发展改革部门努力破除制约民间资本参与PPP项目的困难和障碍，切实保障民间资本合法权益，推动民间资本PPP项目规范有序发展。这段时间的政策导向明显收紧，给正在积极推广PPP模式的地方政府、金融机构和社会资本造成困惑。

需要指出，PPP模式与我国现有的法律法规体系存在较多冲突。随着PPP模式适用范围的迅速扩大，以及相关项目的推进与落地，由上述冲突所引发的诸多合规性问题逐渐浮出水面。有关部委为PPP模式颁发的规范性文件不足以解决此等冲突，有时甚至会不自觉地成为更新冲突的始作俑者。这无疑和政策制定者的初衷不符，但在PPP上位法出台和体系性立法完成之前，这有可能是一个将长期存在的问题。PPP模式的发展，有赖于法制建设的完善和政策的可持续性。国内过去近20年的特许经营模式实践，之所以没能做到可持续发展，主要原因之一就是政策法规的位阶偏低、可持续性不足。

二 PPP项目资产证券化的有关政策

为盘活PPP项目存量资产，吸引更多社会资本参与PPP项目建设，2016年12月26日，国家发展改革委和证监会联合发布了《关于推进传统基础设施领域政府和社会资本合作（PPP）项目资产证券化相关工作的通知》（本文以下简称《通知》），这是国务院相关部委首次发布关于PPP项目资产支持证券的政策性文件。2017年3月10日首批PPP资产证券化项目集中落地，这中间不过三个月时间，效率之高，令人叹服。随后财政部也印发了同类政策。

（一）国家发展改革委和证监会的政策

1. 强调PPP项目资产证券化的重要意义

《通知》提出，PPP项目资产证券化是保障PPP持续健康发展的重要机制。资产证券化是基础设施领域重要融资方式之一，对盘活 PPP 项目存量资产、加快社会投资者的资金回收、吸引更多社会资本参与 PPP 项目建设具有重要意义。各省级发展改革委与证监会当地派出机构及上海证券交易所、深圳证券交易所等单位应加强合作，充分依托资本市场，积极推进符合条件的 PPP 项目通过资产证券化方式实现市场化融资，提高资金使用效率，更好地支持传统基础设施项目建设。

2017 年 1 月 9 日，国家发展改革委投资司、证监会债券部牵头召开 PPP 项目资产证券化座谈会，标志着 PPP 项目资产证券化工作正式启动。国家发展改革委投资司副司长韩志峰在接受新华社记者专访时介绍，PPP 项目资产证券化在提高 PPP 项目资产流动性、提高 PPP 项目规范程度、促进 PPP 项目回报率的合理确定、推进资产证券化的进程等四方面有重要作用。

2. 明确省级发展改革部门的职责

《通知》要求，由各省级发展改革委推荐一些传统基础设施领域的 PPP 项目，试点发行 PPP 资产证券化产品，以便陆续推广，具体要求如下。

（1）明确重点推动资产证券化的 PPP 项目范围

各省级发展改革委应当会同相关行业主管部门，重点推动符合下列条件的 PPP 项目在上海证券交易所、深圳证券交易所开展资产证券化融资：一是项目已严格履行审批、核准、备案手续和实施方案审查审批程序，并签订规范有效的 PPP 项目合同，政府、社会资本及项目各参与方合作顺畅；二是项目工程建设质量符合相关标准，能持续安全稳定运营，项目履约能力较强；三是项目已建成并正常运营两年以上，已建立合理的投资回报机制，并已产生持续、稳定的现金流；四是原始权益人信用稳健，内部控制制度健全，具有持续经营能力，最近三年未发生重大违约或虚假信息披露，无不良信用记录。

（2）优先鼓励符合国家发展战略的 PPP 项目开展资产证券化

各省级发展改革委应当优先选取主要社会资本参与方为行业龙头企业，处于市场发育程度高、政府负债水平低、社会资本相对充裕的地区，以及具有稳定投资收益和良好社会效益的优质 PPP 项目开展资产证券化示范工作。鼓励支持"一带一路"建设、京津冀协同发展、长江经济带建

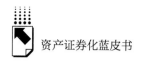

设，以及新一轮东北地区等老工业基地振兴等国家发展战略的项目开展资产证券化。

（3）积极做好 PPP 项目管理和配合资产证券化尽职调查等工作

项目实施单位要严格执行 PPP 项目合同，保障项目实施质量，切实履行资产证券化法律文件约定的基础资产移交与隔离、现金流归集、信息披露、提供增信措施等相关义务，并积极配合相关中介机构做好 PPP 项目资产证券化业务尽职调查。各地发展改革部门和相关行业主管部门等要按职责分工加强监督管理，督促项目实施单位做好相关工作。

3. 明确证券监管部门及自律组织的职责

《通知》规定，证监会系统的各部门及相关自律组织、交易平台在 PPP 项目资产证券化过程中须承担以下职责。

（1）着力优化 PPP 项目资产证券化审核程序

上海证券交易所、深圳证券交易所、中国证券投资基金业协会应按照规定对申报的 PPP 项目资产证券化产品进行审核、备案和持续监管。证券交易所、中国证券投资基金业协会等单位应建立专门的业务受理、审核及备案绿色通道，专人专岗负责，提高国家发展改革委优选的 PPP 项目相关资产证券化产品审核、挂牌和备案的工作效率。

（2）引导市场主体建立合规风控体系

证监会系统相关单位应积极配合各级发展改革部门加大 PPP 项目资产证券化业务的宣传和培训力度，普及资产证券化业务规则及监管要求等相关知识，推动 PPP 项目相关责任方建立健全资产证券化业务的合规、风控与管理体系。

（3）鼓励中介机构依法合规开展 PPP 项目资产证券化业务

证监会鼓励支持相关中介机构积极参与 PPP 项目资产证券化业务，并督促其勤勉尽责，严格遵守执业规范和监管要求，切实履行尽职调查、保障基础资产安全、现金流归集、收益分配、信息披露等管理人职责，在强化内部控制与风险管理的基础上，不断提高执业质量和服务能力。

4. 营造良好的政策环境

《通知》还要求为 PPP 项目资产证券化营造良好的政策环境，包括以下方面。

（1）共同培育和积极引进多元化投资者

国家发展改革委与证监会共同努力，积极引入城镇化建设基金、基础设施投资基金、产业投资基金、不动产基金以及证券投资基金、证券资产管理产品等各类市场资金投资 PPP 项目资产证券化产品，推进建立多元化、可持续的 PPP 项目资产证券化的资金支持机制。证监会应积极研究推出主要投资于资产支持证券的证券投资基金，并会同国家发展改革委及有关部门共同推动不动产投资信托基金（REITs），进一步支持传统基础设施项目建设。

（2）建立完善沟通协作机制

国家发展改革委与证监会应加强沟通协作，及时共享 PPP 项目信息，协调解决资产证券化过程中存在的问题与困难。证监会、国家发展改革委及相关部门共同推动建立针对 PPP 项目资产证券化的风险监测、违约处置机制和市场化增信机制，研究完善相关信息披露及存续期管理要求，确保资产证券化的 PPP 项目信息披露公开透明，项目有序实施，接受社会和市场监督。各省级发展改革委与证监会当地派出机构应当建立信息共享及违约处置的联席工作机制，推动 PPP 项目证券化产品稳定运营。

（3）具体工作要求

《通知》要求各省级发展改革委于 2017 年 2 月 17 日前，推荐 1～3 个首批拟进行证券化融资的传统基础设施领域 PPP 项目，正式行文报送国家发展改革委。国家发展改革委从中选取符合条件的 PPP 项目，加强支持辅导，力争尽快发行 PPP 项目证券化产品，并及时总结经验、交流推广。

《通知》要求证监会各派出机构、上海证券交易所、深圳证券交易所、中国证券业协会、中国证券投资基金业协会等有关部门单位做好支持配合工作，推动传统基础设施领域 PPP 项目资产证券化融资平稳健康发展，并依据传统基础设施领域 PPP 项目资产证券化执行情况，不断完善资产证券化备案及负面清单管理。

（二）财政部的政策

2017 年 6 月，财政部会同中国人民银行、证监会发布了《关于规范开展政府和社会资本合作项目资产证券化有关事宜的通知》（财金〔2017〕55号）。与国家发展改革委的政策大同小异，主要差别有：一是发文部门增加了中国人民银行，产品审核机构增加了中国银行间市场交易商协会；二是提出"积极探索项目公司在项目建设期依托 PPP 合同约定的未来收益权，发行资产证券化产品，进一步拓宽项目融资渠道"。同时又提出"不得通过资产证券化改变控股股东对 PPP 项目公司的实际控制权和项目运营责任，实现变相'退出'，影响公共服务供给的持续性和稳定性"。因为如何平衡各方利益，防控相关风险，实务中往往难以把握。

（三）证监会系统的配套措施

1.《资产证券化基础资产负面清单》

根据证监会于 2014 年 11 月 19 日发布的《证券公司及基金管理公司子公司资产证券化业务管理规定》的相关要求，中国证券投资基金业协会"将承担资产证券化业务的事后备案工作，对资产支持专项计划备案、风险控制等实施自律管理，并对基础资产负面清单进行管理"。为此，中国证券投资基金业协会制定了《资产支持专项计划备案管理办法》《资产证券化业务基础资产负面清单指引》《资产证券化业务风险控制指引》等自律规则或相关文件。

《资产证券化业务基础资产负面清单指引》第二条明确提出："资产证券化业务基础资产实行负面清单管理。负面清单列明不适宜采用资产证券化业务形式、或者不符合资产证券化业务监管要求的基础资产。"《资产证券化业务基础资产负面清单指引》的附件《资产证券化基础资产负面清单》第一条规定："以地方政府为直接或间接债务人的基础资产。但地方政府按照事先公开的收益约定规则，在政府与社会资本合作模式（PPP）下应当支付或承担的财政补贴除外。"

《资产证券化基础资产负面清单》第一条的除外规则，为需要政府补贴的 PPP 资产证券化业务预留了发展空间。

2. 发布《资产证券化监管问答》

2016 年 5 月 13 日，中国证券会针对资产证券化业务发展过程中的一些政策性问题,以问答的形式,对市场机构关心的五个问题进行了政策解释和回答,发布了《资产证券化监管问答》,其中涉及基础设施类资产证券化的问题有以下两个。

(1) 关于 PPP 项目资产证券证券化的基础资产

问:对于污水处理费、垃圾处理费、政府还贷高速公路通行费等收费,其按照"污染者/使用者付费"原则由企业或个人缴纳,全额上缴地方财政,专款专用,并按照约定返还给公共产品或公共服务的提供方。请问上述收费权类资产是否可以作为资产证券化的基础资产?

答:上述为社会提供公共产品或公共服务,最终由使用者付费,实行收支两条线管理,专款专用,并约定了明确的费用返还安排的相关收费权类资产,可以作为基础资产开展资产证券化业务。该类基础资产应当取得地方财政部门或有权部门按约定划付购买服务款项的承诺或法律文件。

以该类资产为基础资产的,管理人应当在尽职调查过程中详细了解提供公共产品或公共服务企业的历史现金流情况,约定明确的现金流返还账户。管理人应当对现金流返还账户获得完整、充分的控制权限。[①]

对这个问题的解答,为污水处理费、垃圾处理费、政府还贷高速公路通行费等名为政府结算、实质为使用者付费的基础实施项目实施资产证券化提供了明确的政策许可。

(2) 关于 PPP 项目资产证券化的范围界定

问:对于政府与社会资本合作(PPP)项目开展资产证券化,请问相关 PPP 项目的范围应当如何界定?

答:政府与社会资本合作(PPP)项目开展资产证券化,原则上需为纳入财政部 PPP 示范项目名单、国家发展改革委 PPP 推介项目库或财政部公布的 PPP 项目库的项目。PPP 项目现金流可来源于有明确依据的政府付费、使用者付费、政府补贴等。其中涉及的政府支出或补贴应当纳入年度预算、

---

① 《资产证券化监管问答(一)》,2016 年 5 月 13 日。

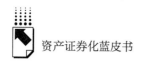
中期财政规划。①

对这个问题的解答，明确了PPP类项目的可选项目范围，基础资产现金流的主要来源，涉及政府支出或不同应当纳入年度财政预算和中期财政规划。

3. 落实绿色通道的自律规则

2017年2月17日，上海证券交易所、深圳证券交易所同步发布《关于推进传统基础设施领域政府和社会资本合作（PPP）项目资产证券化业务的通知》，明确了以下三个方面的事项。

一是鼓励支持PPP项目企业及相关中介机构依法积极开展PPP项目资产证券化业务。"各相关方应勤勉尽责，严格遵守执业规范和监管要求，切实履行尽职调查、信息披露、现金流归集、收益分配和风险防控等职责，确保业务稳健运营，保障投资者利益，维护市场稳定。"

二是成立PPP项目资产证券化工作小组。"明确专人负责落实，对于符合条件的优质PPP项目资产证券化产品建立绿色通道，提升受理、评审和挂牌转让工作效率。项目申报阶段实行即报即审，受理后5个工作日内出具反馈意见，管理人提交反馈回复确认后3个工作日内召开工作小组会议，明确是否符合挂牌要求。项目挂牌阶段专人专岗负责，提升挂牌手续办理效率。"

三是根据统一安排，两家交易所建立与证监会、国家发展改革委、基金业协会、证券业协会和其他交易场所的沟通衔接机制，积极推进符合条件的项目通过资产证券化方式实现市场化融资，为PPP项目联通资本市场提供配合与支持。

中国证券投资基金业协会同时发布《关于推进传统基础设施领域政府和社会资本合作（PPP）项目资产证券化业务的通知》，明确以下事项。

一是专项计划管理人按照《资产支持专项计划备案管理办法》（本文以下简称《备案管理办法》）的要求，通过基金业协会备案管理系统以电子化方式报备PPP项目资产证券化产品。②

---

① 《资产证券化监管问答（二）》，2016年5月13日。

② 备案网址：http：//ba. amac. org. cn。

二是针对符合《通知》要求的 PPP 项目资产证券化产品，中国证券投资基金业协会指定专人负责，依据《备案管理办法》在备案标准不放松的前提下，即报即审、提高效率，加快备案速度，优先出具备案确认函。

三是中国证券投资基金业协会将全力配合证监会、交易所，落实《通知》工作，引导 PPP 项目资产证券化业务健康发展。

4. 其他配套自律规则

2017 年 6 月 19 日与 20 日，深圳证券交易所、上海证券交易所相继发布新版《资产支持证券挂牌条件确认业务指引》，主要在挂牌条件确认程序、挂牌条件确认申请两部分进行修订和优化，加强资产证券化项目各中介机构的履职义务、严格资产证券化项目信息披露、最大化地保障投资者权益，进而从投资和融资角度双向推动资产证券化市场的发展。

2017 年 10 月 19 日，上海证券交易所、深圳证券交易所、机构间私募产品报价与服务系统同时发布《实施 PPP 项目资产支持证券挂牌条件确认指南》及《PPP 项目资产支持证券信息披露指南》，对 PPP 项目收益权、PPP 项目资产、PPP 项目公司股权三类基础资产的合格标准、发行环节信息披露要求、存续期间信息披露要求等做出了详细规定。

参考文献

［1］〔瑞士〕芭芭拉·韦伯：《基础设施投资策略、可持续性、项目融资与 PPP》（第二版），罗桂连等译，机械工业出版社，2018。

［2］〔美〕斯蒂芬妮·克鲁森-凯莉、R. 布拉德·托马斯：《REITs 分析与投资指南》，罗桂连、尹昱译，机械工业出版社，2018。

［3］林华、罗桂连、张志军等编《PPP 与资产证券化》，中信出版社，2016。

［4］〔美〕马克·戈登：《REITs 投资指南》，林华、罗桂连、阚晓西等译，中信出版社，2017。

［5］林华主编《中国 REITs 操作手册：基础设施和商业地产资产证券化操作指南》，中信出版社，2018。

B.7
中国 PPP 项目资产证券化
实操与案例分析

罗桂连*

摘　要：　本文首先介绍基础设施项目的分类、实施主体、公共资源和
　　　　　实施模式，综述 PPP 模式的定义、核心理念、主要商业模式
　　　　　以及项目融资的核心要点，并介绍老港四期、中信汕头濠江、
　　　　　中建青浦重固镇三个典型案例，对 PPP 项目资产证券化的基
　　　　　础资产的特征进行系统性介绍。随后介绍了 PPP 项目资产证
　　　　　券化的出发点，分析其业务发展潜力，介绍目前的产品发行
　　　　　情况，阐释业务发展的主要关注点，并介绍了两个典型案例。

关键词：　基础设施　PPP　资产证券化　典型案例

资产证券化是指以缺乏流动性但具有未来稳定现金流的财产或财产权利
作为基础资产，通过结构化金融技术，将其转变为可以在资本市场上流通和
转让的标准化证券。PPP 项目涉及主体多，合作期限长达几十年，运用资产
证券化工具，可以将 PPP 项目相关的非标准化资产转变为标准化证券。对
于那些在 PPP 项目前期阶段承担较高风险、有较高预期收益率的投资者，

* 罗桂连，清华大学管理学博士，伦敦政治经济学院访问学者，注册会计师。中国国际工程咨
询公司研究中心投融资咨询处处长。国家发展改革委 PPP 专家库定向邀请专家，清华大学
PPP 研究中心特聘高级专家，中国资产证券化百人会保险专业委员会副主任委员，中国银行
间市场交易商协会法律专业委员会委员。

资产证券化是实现投资退出和盘活存量资产的重要渠道。PPP项目适用的基础设施项目，往往具有较强的公益性，对项目持续稳定运营的要求很高，由此，PPP项目资产证券化也存在一些不同于其他基础资产类别的特征和要求。

一 基础设施项目

基础设施涉及行业多，投资规模大，不同层级的政府有比较清晰的事权划分。政府应当整合各类可用公共资源，采取合适的实施模式，高效率推进基础设施项目的规划、融资、投资、建设与运营。

（一）基础设施的分类

基础设施分为经济基础设施和社会基础设施两大类（见表1）。

经济基础设施不仅服务于当地居民，而且服务于特定区域内的工商企业，服务工商企业的比重往往更多一些。比如，上海的供水与供电，工商企业的使用量与家庭用户大约是4∶1的关系。由此，包括能源、供水、供电在内的经济基础设施，财政没有理由也没有能力全部承担有关经费，通常会建立起使用者付费机制。还往往存在居民和工商企业收费标准不一样的情况，即工商企业对居民的交叉补贴。有时还根据使用量的多少采用阶梯价格机制，居民的基本生活需求对应的使用量收费较低，并根据使用量的提高采取超额累进的价格机制。

PPP模式相关的经济基础设施，指对当地经济发展具有支撑性作用且没有条件按市场竞争方式提供的公共基础设施项目。这类项目往往由政府发起和主导，项目的投资前景取决于由当地的经济发展前景影响的服务区域内的有效需求、政府确定的价格水平、按使用量收费到位的可行性等因素。这类项目的建设规模和建设进度，可以适当超前，但需要尊重市场需求预测，应当将更多的决策权交给商业机构。

表 1　基础设施分类及子行业

经济基础设施				社会基础设施
交通	能源	水务	通信	
陆地运输 —公路 —铁路网络 —本地公共交通	传统能源 —煤 —油/气 —核	供水 —家庭用水 —工业用水		医疗 —诊断 —治疗/手术 —护理 —康复 —养老院
水路运输 —内陆水运 —远洋运输 —运河（如苏伊士运河） —港口	可再生能源 —太阳能 —风能 —水能 —生物质能 —地热	排水 —雨水 —市政污水 —工业污水	长途通信 —固定网络 —移动网络 —高速互联网 —塔（移动通信或广播）	教育/文化 —学校 —学生公寓（校园） —图书馆 —剧院 —博物馆
航空运输 —机场服务 —航线服务 —空中交通管制	传输/配送 —电力 —气 —油/燃料	污水处理 —市政污水 —工业污水	空中 —卫星网络 —观测站	体育 —大众体育 —专业运动 行政 —办公室 —电子政务
多式联运 —内陆目的地(公铁联运) —巡航目的地	存储 —电力 —气 —油/燃料 区域供暖			安全 —监狱 —警察 —国防

资料来源：Barbara Weber，Mirjam Staub-Bisang and Hans Wilhelm Alfen，*Infrastructure as an Asset Class：Investment Strategy*，*Sustainability*，*Project Finace and PPP*，Second Edition（John Wiley Isons，2016），p. 13。

社会基础设施面向服务区域内的居民提供公共服务，如医疗、教育/文化、体育、行政等。需要指出的是，在社会基础设施所涉及的领域，国际上呈现一种普遍的趋势，普惠性、均等化的基本公共服务的提供和保障，往往属于政府责任，主要经费来源于公共财政，一般没有面向使用者的收费机制，或有限水平的收费远不能覆盖项目全部成本运营，往往由政府承担兜底责任。超过基本公共服务水平的差异性服务，往往属于商业性服务，由商业机构通过市场竞争基础上的使用者付费机制提供，公共财政不提供支持或提供有限度的支持。比如，公共卫生服务和普通医疗服务，属于基本公共服务，而高水准的医疗服务属于商业性服务；义务教育阶段的公办教育属于基本公共服务，而高水平的国际学校属于商业性服务；保障"三无"老人和社区普惠性养老服务属于基本公共服务，而高水平的机构养老属于商业性服务；市民公园属于基本公共服务，而旅游开发项目属于商业性服务；等等。

与 PPP 模式相关的社会基础设施，仅限属于政府责任的与居民基本生活需要相关的基本公共服务项目。由此，分析与社会基础设施相关的 PPP 项目，主要看当地财政状况及其增长潜力，看该项目对居民日常生活的重要程度。这类项目的规模和建设进度，往往由地方政府根据基本公共服务均等化的规划目标和当地财政实力进行安排，属于政府决策和投资项目。需要强调的是，社会基础设施领域的商业性项目与 PPP 模式无关，不属于本文讨论的范畴。

因为社会基础设施和经济基础设施的主要服务对象和收入机制不一样，所以其项目融资和实施模式也存在明显区别。如果不是由公共机构直接提供，而是采用 PPP 模式，那么社会基础设施主要采取政府购买服务类的 PPP 模式，而经济基础设施主要采用特许经营类的 PPP 模式。

（二）多层级的基础设施实施主体

国内基础设施项目的实施主体有相对明确的分工，由不同层级的政府或企业负责特定行业中项目的融资、建设和运营。

能源、航天、电力、铁路、航空、跨省重大水利项目、通信、远洋运输、国防等基础设施，主要由中央政府层面通过央企来提供，这些项目的收费机制或财政补贴普遍到位，实施主体在国内称为垄断性央企，其融资能力、组织建设能力与运营管理能力普遍很强。由此，这些领域往往由特定的国有企业主导，除了有限度地推进混合所有制改革外，实施 PPP 模式的空间与潜力较少。比如，中国铁路总公司负责国家铁路网络的规划、投资、建设与运营，依托国家信用筹集项目建设与运营资金，2016 年底总负债达

4.72 万亿元，资产负债率为 65.10%，2016 年完成投资超过 8000 亿元。

省级政府及其下属机构负责实施的项目，包括省内重大水利工程、城际铁路、高速公路、高等级公路、港口、内河运输、能源、天然气骨干网、监狱等。在上海、重庆等省级国有企业融资和项目实施能力很强的地区或行业，这类项目与 PPP 模式也关系不大。而在贵州、云南等经济欠发达地区，以及国有企业实力较弱的浙江、广东等经济发达地区，较多地采用 PPP 模式。

实际上，国内实施 PPP 模式的主要领域是地市级或县区级政府负责的市政基础设施项目，主要包括市政道路、城市轨道交通、土地储备、供水、排水、污水处理、供气、供热、垃圾处理、医疗、教育/文化、体育、行政等领域。由于地市级和县区级政府财力有限，近年来地方政府融资平台的融资受到明显的政策限制，迫使融资能力较弱的地市级和县区级政府负责的市政基础设施项目，成为国内实施 PPP 模式的主阵地。

（三）多元化的公共资源

地方政府应当统筹考虑本地区基础设施项目的规划、实施与投融资，规划在 30 年以上的周期内，历史性、全面性、发展性地考虑本地区基础设施项目的资金安排与总体平衡。地方政府还应当充分挖掘、积聚、培育、实现及优化组合利用各个方面的潜在公共资源，主要包括政府信用、财政资源与土地资源，这是地方政府推进基础设施项目的起点。

1. 政府信用

PPP 模式适用于政府投资项目，地方政府的履约意愿与能力，是决定项目能否成功实现融资及融资成本的关键因素，各类投资者的决策判断首先是基于相关地方政府的信用。

当前，由地市级政府及县区级政府主导的市政基础设施领域，是国内 PPP 模式的主要项目来源，当前这类项目的收费机制普遍不到位，需要政府付费及财政补贴，地方政府的付费意愿与能力至关重要。地方政府应当特别珍惜本区域的信用状况和投资环境，取得包括金融机构在内的各类社会资本的充分信任，为本区域的融资可获得性与低成本奠定基础。

国内外评级与研究机构开发的各类地方政府信用评级模型，主要关注行政级别、行政能力、经济实力、财政实力、债务状况、外部支持等因素，以及上述因素的动态变化趋势。

2. 财政资源

地方政府的预算包括一般公共预算、政府性基金预算、国有资本经营预算和社会保险基金预算。除专项用于社会保险收支的社会保险基金预算外，其余三项预算都可以安排资金用于基础设施项目建设与运营。

另外，经国务院批准的省、自治区、直辖市的预算中必需的建设投资的部分资金，可以在国务院确定的限额内，通过发行地方政府债券的方式筹措资金。

按照目前的法规和政策，地方政府预算资金与发行地方政府债券筹集资金，是地方政府支持包括 PPP 项目在内的基础设施项目的主要资金来源。实际上，本地国有企业特别是主要融资平台，更是地方政府需要重点培育支持的准财政性质的公共机构。

3. 土地资源

大规模基础设施项目建设，将显著提高区域土地价值，真正落实土地涨价的一部分明确、持续、稳定的归属公共财政，是地方政府推行基础设施项目建设的关键点，土地财政与融资平台是地方政府推进城镇化建设的两个重要抓手。

对土地资源价值的显著提升和有效实现，是地方政府推进城市化建设的必由之路。国内地方政府的城市建设高度依赖于土地财政，尤其是依赖于城市规划新区的土地出让金净收益。地方政府往往先控制一片与中心城区土地价格存在显著差价的新区，以较低的成本尽早完成征地拆迁，然后通过城市规划、基础设施和形象工程建设大幅度提升土地出让价格，实现新城区建设的资金平衡甚至获得高额收益。

人多地少是我国的基本国情，除了建设新城区，更重要的是通过城市更新提高城市存量土地和房地产价值。比如，上海市投入巨额资金，在 2017 年底全线贯通从杨浦大桥至徐浦大桥的沿黄浦江 45 公里滨江岸线，经过杨浦、

虹口、黄浦、徐汇和浦东 5 个区。该项目有效提升了黄浦江两岸的生态景观，也将显著提升沿线存量土地和房产的市场价值，拓展城市发展的空间和潜力。

目前，国内地方政府获取土地价值的主要方式是一次性收取土地出让金，在英国、美国等诸多发达国家则每年按房产价值的一定比例计征房产税。实际上，房产税方式让政府能够分享到土地的持续性升值。近年来国内一直在探讨通过征收房产税为地方政府筹集稳定的财源，也在上海、重庆两地进行了小范围试点。从土地出让金转轨到房产税，将实质性改变地方政府过于依赖新区开发的摊大饼式的城市发展模式，更多地注重对现有城市建成区的更新与提升。

二　基础设施的 PPP 实施模式

PPP 实质上是道而不是术，是理念而不是具体模式。PPP 的核心内涵在于有效积聚整合各方面的优势资源，构建有弹性的激励相容的公共治理机制，通过诸多不同利益诉求的相关方长达几十年的持续博弈，各方合力同心，尽力而为，量力而行，按贡献和绩效取酬，实现公共基础设施项目全生命周期综合效能的最优化。

（一）PPP 的核心理念

PPP 作为一种理念、机制，没有数理化般的统一的精准定义。PPP 的核心理念包括：风险分担、激励相容、合理回报、契约精神、物有所值、量力而行、可融资性、可持续性等。

一是风险分担。PPP 首先强调风险分担，在风险识别与风险分类基础上，让政企各方中最应该也最擅长承担的一方去承担特定风险，以实现总体风险管理的成本最低和效率最高，即实现项目全生命周期的总体风险的最优分配。风险分担遵循两大原则：能力原则和公平原则。所谓能力原则，指每一项风险均由最有承担能力的一方去承担。所谓公平原则，指各方承担的风险与所得的回报相匹配。社会资本承担的风险要有上限，超过上限，启动政府补贴或调节、调价机制；对项目收入不能覆盖成本和合理收益的项目，政府给予适当补贴。从政府角度看，不是社会资本承担的风险越多越好，政府承担的风险越少越好，而应当综合考虑政府的风险承受能力、风险转移意向、支付方式等要素，恰当分担，减少政府不必要的财政负担。比如，新加坡政府在政府"不差钱"的情况下，不太主张 PPP 项目由企业融资而承担更高的融资成本。

二是激励相容。PPP 合作关系中，政府更加强调公益性，企业更加看重经营性，在强调政企之间风险分担的同时，还要强调激励相容，以整合各方资源和能力，实现项目全生命周期的综合效能最优。利益分享应当与其贡献相关联，哪一方贡献大其利益分享就多。比如，项目建设、运营维护、融资等经营性风险主要由企业分担，这些活动的效率提高所产生的利益，也应该更多地由企业享有；而外部政策、法规方面的风险主要由政府承担，由于这些外部因素变化所产生的收益，也应该更多地由政府享有。又如，地铁 PPP 项目，如果客流量剧增带来收益剧增，这种超预期的增量部分的收益，应该进行具体的归因分析，如果主要是由项目公司之外的因素所带来则主要由政府享有，如果主要是由项目运营提升吸引新增客流则主要由项目公司享有，以构建激励相容机制。再如，垃圾发电企业的上网电价补贴，如果上级政府上调补贴，则调增部分的收益也应由政府更多分享。风险分担体现效率原则，激励相容体现公平原则，风险分担与激励相容是 PPP 合理回报机制的重要实现和调控手段。

三是合理回报。PPP 模式强调合理回报而不是自负盈亏，这是政企博弈和市场竞争的结果。PPP 项目具有公益性，赚多了政府无法交代，难以实现物有所值，但是，持续亏损会影响其可融资性和项目稳定运行。参与 PPP 项目的社会资本，应当克服追求利益最大化的本能冲动而坚守合理回报理念。合理回报不是固定回报，如果项目公司成本控制得好、效率高，获得的回报应该比政府认可或行业平均水平要高一些，也公平合理。合理回报应该贯穿项目全过程和全生命周期，项目存续期内要有动态调整机制加以保证，保证项目公司的合理回报率不受诸多外部成本因素变动的影响。合理回报需要通过充分而有序的竞争加以实现，在项目招投标竞争中，既要避免竞争不充分导致的高价中标或过高回报，又要避免无序竞争或过度竞争导致的低价中标或过低回报甚至亏损。合理回报的量化指标应当根据国家、行业、阶段来具体确定。具体标准可以为：对使用者付费基础上的特许经营类 PPP 项目，项目公司的净资产收益率可以设定为银行长期贷款基准利率加 2% ~ 3%；对政府付费基础上的政府购买服务类 PPP 项目，项目公司的净资产收益率可以设定为无风险收益率（通常为同期限国债利率）加 2% ~ 3%，但应略高于同期商业银行贷款基准利率。

四是契约精神。PPP 是权力与资本的合作，权力容易任性，资本容易撒野，各方信守合约对 PPP 项目的成败至关重要。在长达二三十年甚至更长时间的合作关系中，往往是垄断经营，如果契约意识有问题就容易跑偏，导致产品质量差、运营效率低、政府付费多等诸多问题，物有所值就可能落空。强调 PPP 中的契约精神，对政府方来说，更多地体现为认真履行合约中确定的责任和义务，如风险分担、按时付费、适时调价等；对企业方来说，契约精神则更多的要求按合约做好项目运营，提供合格乃至高质量的公共产品和服务。PPP 合同是不完全契约，在强调契约刚性的同时，也要根据未预期情形接受柔性变通，这是妥协精神的体现。契约精神需要配套妥协精神，契约的达成，意味着对当事人自我意志的限制与约束，意味着彼此的忍让与妥协。这种妥协精神，首先应当建立在平等的基础上，基于当事人的独立意志；其次通过协商与让步，让对方得到某种利益，从而换取对方做出同样的让步行为来满足自身；最后强调的是按规则的治理，妥协是理性人之间的一种利益让步，须有一套外在的规则予以约束，妥协精神体现和谐、友善与智慧。

五是物有所值。基于全寿命周期理论，综合考虑项目的成本、风险和收益，分析采用 PPP 模式相比传统模式可能获得的增值。实现 VFM 的方法主要有两类：一是采用公共部门比较基准（Public Sector Comparator, PSC）为核心要素的 VFM 评价；二是竞争性招投标。国内的 PPP 项目以竞争性投标方式为主，辅以简单的定性评价，大多数 PPP 典型项目为领导决策，未通过有效的数据和决策评估，就做出决定，直接进行有针对性目标的招标，很难做到真正的物有所值。建立以PSC为核心的VFM评估体系，来判断是否采用PPP模式，是目前国际上最主要和应用最广的评价方法，VFM分析包括定性和定量评价，但是目前尚缺乏统一、标准的评价框架和程序。需要强调的是，物有所值不仅要测评计算，而且要依托全生命周期内的选择、规制、合作与监管，实际上体现为多种要素的叠加效应：优秀企业、有效机制、运营效率与合理回报，如果企业不优秀、机制与运营无效率或回报太高，都不可能是物有所值的PPP项目。

六是量力而行。政府之所以要做PPP，是因为政府缺钱或缺效率；而企业之所以愿意做PPP是因为可以赚钱，但只能赚取合理回报。政府在企业赚钱的状况下还要做PPP，是因为存在政企效率差异，即物有所值；企业在政府缺钱的情况下还敢做PPP，是因为企业知道政府缺的是当期的钱而不是长期的钱，变短期集中支付为二三十年平滑支付之后，政府可以放大财政承受能力。政府要力所能及，量力而行，即要有良好的财政承受能力。否则，实施过多的PPP项目导致政府财政支付能力出现亏空，不仅伤及投资企业切身利益，而且伤及政府形象和契约精神，导致公共利益受损。显然，政府财政承受能力的高低，是实施PPP项目多少的重要基础和前提条件。目前国内政府部门对PPP项目财政承受能力的论证，关注的是单个具体的PPP项目，缺乏对区域经济社会发展规划的战略思维，也缺乏对PPP项目投资的规划统筹论证。要做好财政承受能力评价，应当根据本地的中长期发展规划，对本地财政做3年、5年、10年、20年、30年、50年的全口径精算平衡。当有关重要参数发生变化时，要进行重新测算并采取相关调整应对措施，重新实现不同时段的财政收支的精算平衡。

七是可融资性。公共基础设施项目投资规模高达几亿元、几十亿元，甚至几百亿元，投资回收期往往超过15年，需要获得长期、稳定、低成本的巨额资金支持，落实融资不仅是PPP项目实施的前提条件，而且资金成本是决定物有所值的重要因素。构建可预期、可控制、可持续的项目收入回报机制，是PPP方案可落地执行的关键。由此，在编制方案时，需要及时与相关金融机构群体进行充分沟通，了解其愿意提供资金的条件，并将这些条件在 PPP 实施方案中落实。对此，《国家发展改革委关于切实做好传统基础设施领域政府和社会资本合作有关工作的通知》（发改投资〔2016〕1744号）第八条明确要求"发挥各类金融机构专业优势，鼓励金融机构向政府提供规划咨询、融资顾问、财务顾问等服务，提前介入并帮助各地做好 PPP 项目策划、融资方案设计、融资风险控制、社会资本引荐等工作，切实提高 PPP 项目融资效率"，确实抓住了关键点。

八是可持续性。可持续性指满足当前与长期的社会需求。基础设施项目大多是百年工程，实际经济寿命可能长达几十年甚至几百年，涉及多代人的福祉，实现可持续性是包括 PPP 项目在内的所有公共基础设施项目的内在要求。经济发展、全球人口增长、资源短缺、人权保护、劳工问题和气候变化等约束条件，要求基础设施投资者在其全部投资决策过程中整合可持续性因素。"可持续性投资"指确认环境、社会和治理（ESG）等因素，并将其整合进投资过程之中，旨在降低风险并抓住机会，由此给社会产生正面的、可持续性的影响。可持续投资的驱动力来源于投资者逐步认识整合 ESG 因素到资产配置、标的选择、资产组合构建及股东参与和表决等流程之中，对于中长期评估一项资产组合的价值和预期风险收益来说很有必要且很有益处。2015 年联合国可持续发展纽约峰会上通过的《联合国可持续发展目标》，有两项涉及可持续性和弹性基础设施，这强调了基础设施在驱动可持续发展的潜在力量，也应该是参与 PPP 项目的任何负责任的机构投资者的利益所在。

（二）PPP 项目的融资

基础设施项目投资规模大，投资回收期长，确保项目资金来源并控制融资成本，与保质保量建好项目并控制建设成本、提高运营水平并控制运营成本，并列为基础设施项目降低全生命周期综合成本的三个支柱。基础设施项目的融资结构优化，基于项目本身的品质及相关主体的资源与实力，能力强的地方政府与社会资本善于判断与把握宏观经济政策、金融监管政策及金融市场动态变化所提供的机会之窗，为基础设施项目全生命周期提供持续、稳定和综合成本低的资金保障。

1. 基础设施项目的投资特征

地方政府承担为当地居民和工商企业提供普遍需要的基本公共服务的最终责任。基础设施与公共服务相互依托，难以明确划分界限，几乎所有公共基础设施项目都是为提供基本公共服务而存在的，而大部分基本公共服务的提供都需要公共基础设施的支撑。

基础设施项目和其他行业的固定资产项目相比，一个重要的区别在于基础设施项目建成后，往往能发挥几十年、几百年甚至几千年的经济和社会效益。由此，确保工程建设质量，建成百年工程，是基础设施项目的内在要求。例如，一条电视机生产线的经济寿命可能为 5 ~ 8 年，一条汽车生产线的经济寿命也难以超过 10 年。但是，都江堰水利工程建造于两千多年前，北京地铁 1 号线建造于 20 世纪 60 年代，这些设施到现在还在继续发挥作用，并将在未来很长一段时间内继续发挥作用。

基本公共服务的需求弹性低、进入壁垒高，政府对公共基础设施项目的规制力度很强，一般还建立了按照通货膨胀调整的收入回报机制。公共基础设施本身的有效寿命、投资回收期及项目融资期限，较其他高度竞争性行业的固定资产项目要长很多。

因此，公共基础设施项目往往可以提供定期、稳定、可预测的预期收入，可以抵御经济周期的冲击，承担较高的财务杠杆率。

2. 项目融资的特征

基础设施项目的投资规模以亿元为单位，依靠投资主体的表内融资或主体担保，商业机构普遍难以承受。唯有通过以项目现金流为基础的项目融资，实现表外融资和有限追索，才有可能为基础设施项目提供稳定的资金支持。对负责实施基础设施项目的商业机构来说，过多的自有资金占用和债务担保，作为项目公司股东的项目发起人将无法承受。

基础设施项目融资分为无追索项目融资和有限追索项目融资。无追索项目融资指融资行为与项目发起人的主体信用隔离，项目融资的还本付息来源

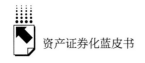
仅限于项目本身产生的收益及附属权益，当项目资产、收益及剩余价值不足以清偿贷款时，贷款人或投资人无权向项目发起人追偿。当采用无追索权项目融资时，贷款人或投资人的风险较大，通常适用于稳定性或安全性高、投资收益可靠的项目。

有限追索项目融资是普遍的融资方式，贷款人除了依赖项目资产与收益作为还款来源和担保权益外，还要求项目发起人或其他第三方（包括投资运营商、工程承包商或主要供货商）为项目融资提供必要的担保，当项目本身资产不足以偿债的情况下，可以向担保机构进行追索。根据项目本身的情况，项目发起人及其他担保人的担保义务，一般设定最高限额，或仅限于建设期等特定期间。

股权出资占基础设施项目总投资的比例往往是 20% ~ 40%，项目发起人普遍没有能力对其所有投资项目全部自行出资，需要联合其他投资者共同出资。股权融资的复杂性、难度及成本，显著高于债务融资。落实和优化项目公司的股东出资结构，形成激励相容、优势互补的项目公司治理结构和激励机制，是项目融资结构优化设计的核心工作。综合实力强的股东组合，有能力确保项目的高水平运行，是吸引债权人的基础性条件。

基础设施项目债务融资占项目总投资的比例可能高达 60% ~ 80%。对于资本密集型的基础设施项目，债务融资的可获得性和融资成本，直接决定项目成败及项目全生命周期的综合成本。针对同一基础设施项目的债务融资，可能存在诸多融资条件有显著差异的备选债务融资方案与渠道。这就要求项目发起人精心打造政策敏感性强、专业经验丰富、执行力超强的融资团队，或者聘请真正高水平的专业融资顾问，熟悉各类债务融资工具的监管政策与融资市场情况的动态变化，为项目公司构建最佳的债务融资方案。

三 PPP 模式的典型案例

PPP 模式是精细活，要成功实施 PPP 项目，政府方需要守信履约并采取平等协商方式，具备依法有效监管的能力、清晰的改革招商目的、强有力的政治领导、执行力强的工作团队、规范合适的程序；引进具有先进技术和管理经验、长期投资能力的专业投资者；实现各方利益的合理分配和平衡。从国内 20 多年的实践看来，不成功项目的主要问题在于：项目建设规模远高于城市实际需要，采用"一对一"谈判、拍卖、简单招标等不合适的引资方式，政府监管不到位，部分环节不彻底的改革；引进"无知无畏"的财务投机者；采用违规的高成本的"固定回报模式"增加地方政府债务负担；没有专业中介机构支持的政府工作团队与投资者的专业能力的巨大差距。以下介绍几个标杆性的案例，供各方参考。

案例 1：上海老港四期生活垃圾填埋场国际招商项目

1. 项目概况

老港四期卫生填埋场是上海市生活垃圾处理系统的一个重要组成部分，计划 2004 年年中投入使用，为上海市城市生活垃圾提供长期、可靠、稳定、安全卫生的最终消纳设施。根据工程可行性研究报告，按处理规模 4900 吨/日、使用年限 18 年测算，四期工程总投资 9.97 亿元。该项目为世界银行 APL·上海城市环境项目固体废弃物管理子项目，计划利用世界银行贷款 4000 万美元。

2. 招商背景

（1）原国家计委、财政部、建设部、国家环保总局于 2002 年 6 月 7 日发布《关于实行城市生活垃圾处理收费制度促进垃圾处理产业化发展的意见》。原国家计委、建设部、国家环保总局于 2002 年 9 月 10 日发布《关于推进城市污水、垃圾处理产业化发展的意见》，项目市场化运作的政策条件基本成熟。上海市有关垃圾收费、垃圾处理产业化政策正在制定过程中。

（2）原老港填埋场未达到卫生填埋标准，沼气、废水、空气污染严重。国内卫生填埋场建设刚起步，国内设计单位没有足够的设计经验和技术储备，难以取得突破。

（3）国际上垃圾填埋技术相当成熟，市场份额被少数几家公司瓜分。ONYX、SITA 等垃圾处理行业巨头一直在跟踪老港项目，表达了强烈的参与

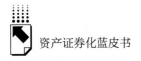

意向。

3. 招商目的

（1）引进资金，特别是引进国际一流的先进技术和运营管理经验，提升上海市垃圾填埋处理水平，降低垃圾处理综合成本。

（2）推进上海市垃圾处理项目建设、运营的市场化改革，为建立与上海市垃圾处理产业化发展方向相适应的投融资和运营管理体制提供实践经验。

4. 招商方式

（1）按照国际惯例和规范，参照国际招标的有关程序，在公开、公平、公正、规范的原则下设置国际竞争性招商程序。

（2）通过资格预审程序或邀请3～4家具有先进技术和运营管理经验的国际战略投资者参加招商，综合考虑投资竞争人提交的商务方案、技术方案、运营管理方案和招商主体关注的其他因素。

（3）投资人选定后即组建项目公司，项目公司负责老港四期项目的设计、投资、建设和运营管理，经营期满后将项目公司资产无偿移交给政府指定的机构。

5. 边界条件

（1）招商主体：上海市人民政府授权上海市市容环境卫生管理局（本文以下简称市环卫局）和上海市城市建设投资开发总公司（本文以下简称上海城投）作为老港四期项目的招商主体，联合实施老港四期项目竞争性招商。

分析：①政府正式授权或批准招商主体进行招商是项目开始招商的必要条件。在未获政府批准的情况下进行招商，项目结构难以确定，并且存在招商结果不能得到政府确认和无法通过审批的可能性。②因潜在投资人参加竞争性招商的支出很大，失败的风险也很大。招商行为未获授权，潜在投资人难以认真对待，招商成功没有保证。

（2）项目招商范围：按照招商主体提供的特许经营期内生活垃圾填埋处理的规模和要求，设计、投资、建设和运营管理老港四期卫生填埋场。

分析：①老港一、二、三期项目应进行环保优化，但优化方案和标准目前仍难以确定。如纳入本次招商范围，将增加招商准备工作和投资者准备招商申请书的难度。②老港场现有部分设备和建筑物、构筑物可在四期项目中利用，可将有关固定资产清单在招商时提供给投资者选择利用，以防止重复投资。暂不将有关存量资产作为中方投入注入项目公司，老港四期正式投入运营后，再转让或租赁给项目公司。

（3）项目公司组织形式：通过竞争性招商选择的国际战略投资者与上海城投组建中外合资项目公司，合资公司的股权比例在综合考虑世界银行 APL 贷款对贷款主体的要求和潜在投资者的投资意向后确定。

分析：①本项目利用世界银行 4000 万美元贷款，以项目公司作为借款人，操作相对简便清晰。②世界银行贷款的借款主体一般为政府性公司，以外商独资项目公司作为世界银行 APL 贷款主体的可能性较小，但在 APL 贷款中世界银行强调吸引非政府资金的投入。③本项目取得市计委、市财政局的支持，争取世界银行同意由中外合资项目公司作为世界银行 APL 贷款的贷款主体和项目执行单位。④考虑以上海城投作为世界银行 APL 贷款主体，上海城投将世界银行贷款以转贷款方式进入项目公司。⑤以政府性投资公司上海城投作为合资项目的股东之一，共担风险，共享收益，可增强外方对投资环境的信心，降低对投资项目政策性风险的评估，从而降低项目的综合成本。

（4）特许经营协议：上海市政府授权市环卫局与项目公司签订《特许经营协议》，项目公司取得特许经营权，负责设计、投资、建设和运营管理老港四期卫生填埋场。

分析：①特许经营协议规定和规范政府与项目公司之间的相互权利义务关系，是项目在较长的特许经营期内顺利运作的基础。②政府签署特许经营协议表明将以上海市本级财政作为项目的信用支持，增加对战略投资者的吸引力，有利于项目成功招商和降低项目综合成本。③在特许经营期期满后，项目资产应无债务、不设定担保、设施状况完好地移交给政府指定的机构。

（5）垃圾处理费：上海市政府指定上海城投与项目公司签订《垃圾处

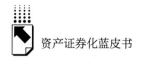
理费结算协议》，在特许经营期内，按招商确定的结算价格标准与项目公司结算垃圾处理服务费。在考虑通货膨胀、税收政策调整等因素的基础上，确定垃圾处理服务费的调价公式。在垃圾收费机制建立后，有关合同的权利义务转移至垃圾收费主体。

分析：①老港四期项目计划2004年年中投入使用，如果到时垃圾收费机制已建立，则由垃圾收费主体与老港四期项目公司结算垃圾处理费。②计划实施前垃圾收费主体未明确，暂由政府指定城投公司作为结算主体，为项目公司确立收入回报机制。③将垃圾处理服务协议作为特许权协议的一个完整附件，与垃圾处理服务相关的所有条款都将详细完整地反映在作为附件的垃圾处理服务协议中。

最终形成的项目运作框架见图1。

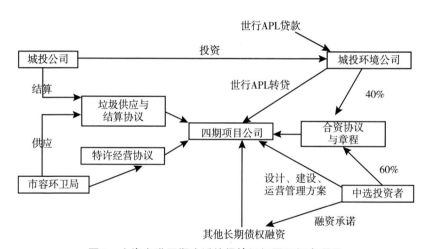

图1 上海老港四期生活垃圾填埋场国际招商项目

其中：①上海市政府授权市容环卫局与项目公司签署《特许经营协议》（含17个附件）；②上海市政府授权市容环卫局与市城投公司与项目公司签署《垃圾供应与结算协议》，市容环卫局负责垃圾供应，市城投公司负责结算垃圾处理费；③上海城投环境公司与招商选择的投资者共同出资组建项目公司，其中上海城投环境占比为40%，中选投资者占比为60%；最终选择的中选投资者为ONYX与中信泰富组成的联合体，各出资30%；④债务融资中，上海城投环境公司负责落实 4000 万美元的世界银行贷款，中选投资者负责落实商业银行贷款资金；⑤明确由中选投资者根据《特许经营权协议》及其附件《技术规范与要求》《技术方案》的约定，负责项目公司的建设管理与日常运营维护工作。

6. 招商工作机构

（1）招商领导小组：由市政府、市计委、市建委、市财政局、市外资委、市外管局、市环卫局、上海城投有关领导组成。

（2）招商主体：市环卫局和上海城投。

（3）招商代理：招商主体通过比选，聘请上海国际集团资产经营有限公司与上海申信进出口有限公司组成的联合体为招商代理机构。

（4）招商工作小组：由招商主体、招商代理、法律顾问和技术顾问委派相关工作人员组成。

7. 招商标的及权重/评审准则

（1）招商标的及权重的设置体现招商主体的招商意图，即招商主体通过招商最需要得到的是什么。为保证招商的公开、公平、公正、规范，招商标的及权重必须在整个招商过程中保持连续性。招商标的及权重应明确地、尽可能详细地反映在招商文件中，以使投资者能有针对性地提交招商建议书。

（2）在基础设施项目招商中，通常采用综合评估法。本项目将综合考虑投资竞争人提交的商务方案、技术方案、运营管理方案、法律方案和招商主体关注的其他因素。在评标权重中，技术与运营管理方案占比为 70%，商务方案占比为 20%，法律方案占比为 10%，体现招商方对引进先进技术的高度重视。

8. 招商政策

（1）土地使用政策

根据原国家计委、建设部、国家环保总局《关于推进城市污水、垃圾处理产业化发展的意见》，垃圾处理设施可采取行政划拨方式提供项目建设用地；投资、运营企业在合同期限内拥有划拨土地规定用途的使用权。招商

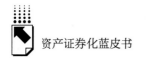
主体向市有关政府部门咨询政策和协调，在项目正式招商之前，明确招商后成立的合资项目公司为老港四期用地的征地主体，同时尽早落实行政划拨用地政策。

（2）世界银行 APL 贷款政策

老港四期项目使用 4000 万美金的世界银行 APL 贷款。但项目的贷款主体性质不同，贷款条件及利率也会不同。取得市计委、市财政局的支持，争取世界银行同意由中外合资项目公司作为世界银行 APL 贷款的贷款主体和项目执行单位。

（3）税收优惠政策

老港四期项目税收政策包括两个方面。第一，建设期营业税优惠问题。根据市税务局的意见，由于优惠政策现已取消，而老港一到三期没有在优惠政策取消之前办理过税收优惠申请手续，因此按规定老港四期不能享受税收优惠。如果能够得到市政府的特批，可通过财政补贴等变通形式取得优惠。

第二，运营期的税收优惠。当时没有明确适用垃圾处理企业的特殊税收优惠政策。市环卫局已经拟定了国家计委、建设部、国家环保总局的《关于推进城市污水、垃圾处理产业化发展的意见》实施意见，在该实施意见中，提出了一系列的税收优惠政策，但该实施意见的正式签发尚需时日。

如果招商文件发布时，有关税收优惠政策尚未出台，则招商政策中暂不列入税收优惠，但让投标企业注明税收政策对价格的影响，并将税收因素作为垃圾处理费的调价因素，当经营期有税收优惠政策出台时，可根据调价公司对垃圾处理结算价格进行相应调整。

9. 招商结果

包括 ONYX、SITA、香港惠记等 3 家国际一流的固体废弃物处理行业专业投资运营商参与竞标，最终 ONYX 与中信泰富组成的联合体胜出，引进国内缺乏的国际先进技术建设特大型海滩滩涂生活垃圾卫生填埋场。

2005 年 12 月 12 日正式投入运营，工程总投资为 8.99 亿元，每吨生活垃圾处理费降低 40%，总库容为 8000 万吨，是原工程报告测算的 2000 万吨总库容的 4 倍，实际日处理规模超 9000 吨，运营期延长至 50 年，规划中的老港五期将解决上海市100年内的生活垃圾最终处置难题。特别是总库容的翻倍增加，为寸土寸金的上海节约了宝贵的土地资源。

10. 技术创新

在国内首次采用全寿命期生态设计理念，实现填埋场建设与运营的有效衔接，有效节约一次性工程投资，降低每吨垃圾的综合处理成本。将填埋作业工艺与环境岩土工程技术有机结合，解决大型滩涂型填埋场的堆高填埋技术难点以及软土地基的不均匀沉降对库底稳定的影响，库容增加4倍。采用填埋气收集与发电利用系统，实现填埋气资源化回收利用；成功解决特大型库区的地下水和渗滤液收集和导排问题；采用全自动监控系统，有效提升大型填埋场的营运管理水平；封场后将建成生态型休闲公园。

12. 案例点评

本案例是国内新建项目国际招商的经典案例，签订了规范有效成体系的项目合同，政府、社会资本及项目各参与方合作顺畅，较好地实现了招商目的，取得良好的经济效益与社会效益。项目的招商组织体系、前期准备工作、交易结构设计、项目合同体系、争议解决机制，有很多原创性的设计与探索，具有较强的示范借鉴意义。

案例2：中信汕头濠江苏埃通道及统征地PPP项目

1. 项目背景

内海湾将广东省汕头市"分割"成南北两岸，汕头北岸发展迅速，而南岸发展极为缓慢，北岸人多地少和南岸地广人稀的现状形成鲜明对比，改变这种局面的首要关键是解决交通问题。连接汕头市南北两岸的汕头海湾隧道是重点项目，投资总额为60亿元。但单纯依靠政府财力很难在短期之内建成，2013年汕头市公共财政预算收入只有112.04亿元。汕头市政府引入中信集团合作开发，项目预计投资总额为500亿元，预计开发周期为25年，采用分片区滚动开发的模式。项目首期开发区域为12.4平方公里。

2. 交易结构

本项目的交易结构见图2。

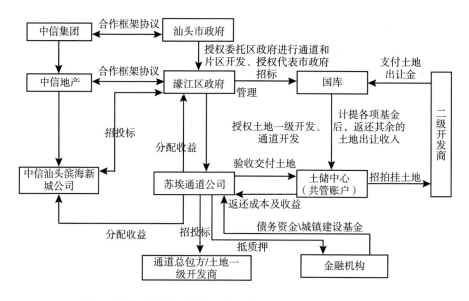

图2　中信汕头濠江苏埃通道及统征地 PPP 项目的交易结构

早在 2010 年 12 月，中信集团就与汕头市政府签署了滨海新城项目的战略合作框架协议，花了四年时间协商谈判，中信方面与汕头市濠江区政府签订了 11 个主要合同，还包括若干附加协议，是非常庞大的体系，仅合同体系的构建就花了两年时间。合同体系共分为五个层级，如表 2 所示。

表2　中信汕头濠江苏埃通道及统征地 PPP 项目的合同体系

层级	主要合同
一	合作框架协议(中信集团与汕头市政府) 合作框架协议(中信地产公司与濠江区政府)
二	增资协议(中信汕头滨江新城公司与濠江区政府)，股东协议(苏埃通道公司，注册资本金 2 亿元，中信汕头滨江新城公司 1.02 亿元，濠江区政府 0.98 亿元)；濠江区政府实际出资 0.03 亿元，从中信汕头滨江新城公司借款 0.95 亿元
三	PPP 协议(项目公司与濠江区政府，项目总投资 93 亿元，统征地 4580 亩 33 亿元) 附件一：统征地成本收益计算及土地出让收入支付协议 另：中信汕头滨江新城公司还负责 2757 亩非统征地(集体土地)的一级开发
四	施工合同一：苏埃通道围堰临时工程建设协议(项目公司与中铁隧道公司)； 施工合同二：统征地综合开发协议(项目公司与中建二局)
五	优先股融资协议(项目公司与中广银信基金，10 亿元，由中信地产回购) 银行贷款协议(项目公司与中国银行，17.68 亿元) 目前共落实资金 29.68 亿元

第一个层级是中信集团和汕头市政府签订的确定合作关系的框架协议，以及中信地产公司和濠江区政府针对项目合作的更为具体的框架协议。

第二个层级是增资协议，构建项目公司，濠江区政府首先出资300万元成立特殊目的公司苏埃通道公司，在签订 PPP 项目后中信汕头滨海新城公司与区政府对苏埃通道公司共同增资至2亿元，其中中信汕头滨海新城公司占股51%，濠江区政府占股49%，中信汕头滨海新城公司给区政府提供0.95亿元借款用于增资，濠江区政府实际出资300万元，却享有项目公司49%的收益分配权，体现了中信地产充分照顾政府利益的分配关系。

第三个层次是 PPP 协议，由项目公司与濠江区政府签署，授权项目公司负责统征地一级开发和建设隧道工程。在项目公司层面，实现未来土地收益，与基础设施运营捆绑，落实投资资金及其收入回报来源。项目公司对4580亩统征地一级开发完之后，扣除开发成本，部分收入专项用于隧道建设资金，余额作为项目公司收益。项目公司的收入来源还包括向外地车辆收费、年票、收取隧道运营配套费及政府财政补贴。

第四个层次是施工合同，包括项目公司与中铁隧道公司签订的《苏埃通道围堰临时工程建设协议》，项目公司与中建二局签订的《统征地综合开发协议》等。

第五个层次是优先股融资协议。项目公司的2亿元出资中，濠江区政府实际出资300万元，中信汕头滨海新城公司实际出资1.97亿元。中信汕头滨海新城公司（出资占比为51%）是由中信地产的两家施工企业中建股份（17%）与五洲交通（7%），以及两家财务投资者天恒基金（20%）和首一创投（7%）共同出资。本项目首期29.68亿元的总投资中，使用了省级政府融资平台公司粤财控股主导设立的中广银信基金提供的10亿元优先股形式的夹层资金，由中信地产负责回购。剩余17.68亿元是由中国银行提供的项目贷款。

3. 案例点评

（1）在项目公司层面实现了负责项目操盘的专业投资者中信地产，与掌控公共资源的地方政府，有很强施工能力的建筑施工企业与财务投资者的共同出资，通过股权比例设置，满足中信地产的核心操盘权、地方政府的收益分配权、施工企业的组织建设能力以及财务投资者安排资金能力的整合。

（2）汕头市第十三届人大常委会第三十五次会议通过了《汕头经济特区土地储备条例》，自 2015 年 12 月 1 日起施行。其中明确规定"土地一级开发项目成本主要包括土地收储支出、配套设施建设和城市基础设施建设支出、社会资本参与土地一级开发的投资回报及资金成本等"，将土地一级开发的投资回报及资金成本纳入土地出让收入的使用范围，通过地方立法突破了《国务院办公厅关于规范国有土地使用权出让收支管理的通知》（国办发〔2006〕100 号）的具体规定，为本项目的顺利实施消除了政策限制。

（3）总规划面积 168 平方千米的滨海新城由中信地产负责编制规划，报政府批准后组织实施，掌握规划主导权有利于利用社会资本的综合操盘能力提升整个区域的发展潜力与空间，弥补低层级地方政府能力不足的短板。

案例 3：中建青浦重固镇 PPP 项目

1. 项目背景

重固镇位于上海市青浦区东北，距区政府 7 千米，距虹桥机场 15.7 千米，距上海市中心 27 千米，是连接上海市区和青浦新城的连接点。重固镇是全国文明镇、国家卫生镇、国家生态镇，面积为 24 平方千米，下辖 8 个村民委员会和 2 个居委会。目前常住人口 5.5 万人，其中户籍人口 1.6 万人。2017 年 2 月，重固镇成为上海唯一的由国家发展改革委和住建部认定的重大市政工程领域 PPP 创新工作重点城市，也是重大市政工程领域 PPP 创新工作重点城市名单中唯一的镇一级的行政区域。

重固镇有三大显著特点：一是交通出行便捷，区位优势明显，背靠西虹桥，面向长三角，逐步成为长三角"一小时经济圈"的重要节点；二是古镇文化积淀底蕴深厚，境内的福泉山古文化遗址有七千余年历史，被称为古上海的历史年表，是上海唯一一处国家级大遗址；三是农村风貌完整，水乡特色显著，是虹桥商务区周边唯一一处成片保存农村风貌的地区，2016 年重固镇全面完成农村集体经济组织产权制度改革，农村土地确权和土地流转率达到 99%。

十三五期间，重固镇着力打造"五个重固"：一是打造人文重固，努力成为"上海历史记忆"和"当代文明风尚"的集成镇；二是打造生态重固，力争成为上海西部"生态养身休闲镇"；三是打造宜居重固，努力建成产业、生态、文化三者有机融合和谐发展的青浦"新型城镇示范镇"；四是打造创业重固，力争成为青浦"新兴产业培育发展镇"；五是打造智慧重固，加快建设现代化智慧城镇。

青浦区综合考虑重固镇新型城镇化项目具有可复制性、土地减量具有空间，选择该项目作为试点项目，探索青浦区PPP模式的操作路径。历时两年多，先后经历了尽职调查摸底、实施方案编制、明确合作内容与方式、通过竞争性谈判选择合作伙伴等流程。

2. 合作内容

集中建设区内：在北青公路以北2.6平方千米的区域内，完成10个地块约731亩的"城中村"改造，可出让土地583亩，通过营造宜居宜业环境，提高公共服务水平，努力传承福泉古韵、打造幸福小镇；北青公路以南完成1.4平方千米的工业用地减量化和转型升级，整理土地1538亩，可出让土地1309亩，通过提升产业发展层次，打造成为大虹桥现代服务业集聚区的重要组成部分。

集中建设区外：农业生产区涉及总农业用地16000亩，通过农村工业用地减量化及宅基地置换整理土地1950亩，获得1950亩用地指标，通过"美丽乡村"建设，提升乡村风貌，培育集体经济组织的造血机制。

远期项目包括：一是集中建设区规划面积0.86平方千米，可用土地面积1450亩；二是福泉山国家遗址考古及周边土地开发。

项目总投资170亿元。其中近期静态投资预估约119.5亿元，含"城中村"改造29.8亿元及其他新型城镇化项目89.7亿元。已经批复的一期项目总投资约72.3亿元。

3. 合作要点

（1）工作机制

重固镇作为项目实施主体，负责组织编制项目实施方案及有关文件。青浦区有关部门组成 PPP 项目综合协调机构，通过联审方式对项目实施方案、补偿机制、合同条款等事项进行评审。实施方案报区政府、区委常委会审议通过，2015 年 10 月区政府正式批复同意项目实施方案。随后项目申报入国家发展改革委第二批重点推介的 PPP 项目库，并由重固镇在上海政府采购网通过竞争性磋商方式选定合作伙伴，2015 年 12 月 31 日项目正式签约。2016 年 1 月区发展改革委批复同意项目（一期）可行性研究报告。

（2）组建项目公司

项目公司注册资本金 1 亿元，其中，青浦区政府下属融资平台公司上海青浦发展（集团）有限公司占比为 20%，重固镇集体经济组织上海重固投资发展有限公司占比为 10%，社会资本中建联合体占比为 70%。社会资本是由中国建筑股份有限公司下属的中国建筑第八工程局有限公司（占比为 42%）和中建方程投资发展有限公司（占比为 28%）组成的联合体。

组建重固镇新型城镇化建设基金，向项目公司提供 50 亿元的股东借款。在基金中，中建联合体作为优先级 LP 出资 35 亿元，青发集团作为劣后级 LP 出资 15 亿元，GP 出资 0.05 亿元。经国家发展改革委审批，获得国家开发银行上海分行放款的 10 亿元专项建设基金，利率 1.2%，期限 10 年。国家开发银行上海分行通过商业贷款方式提供项目需要的其他资金。

青浦区政府授权项目公司作为唯一实施主体，具体授权业务有：咨询策划、规划设计（含规划修编报批）、投资、土地整理、基础设施建设、公共设施建设、城镇更新（含"城中村"改造等）、产业发展、功能提升等。

（3）1＋X 模式

该项目合作采用"1＋X"的模式，其中："1"指重固镇新型城镇化项目整体以 PPP 模式实施，"X"指多个子项目组合（包括城中村改造、城市更新、土地一级开发、基础设施、公共设施建设、产业发展，城市功能提升、产业发展、新农村建设服务等），根据子项目的不同性质采用不同的 PPP 实施方式。

运营期收益可以完全覆盖总投资的经营性项目，通过授予特许经营权的使用者付费方式实施。运营期收益不能覆盖总投资的准经营性项目，通过授予特许经营权使用者付费加财政缺口性补偿方式实施。运营期不产生收益的非经营性项目，通过政府购买服务方式实施。

（4）服务费构成

服务费由专业服务费、土地整理服务费、工程建设服务费、产业发展服务费、投资合理回报及双方一致认可的其他费用组成，各项费用的具体组成如下。

专业服务费指策划、规划、设计、咨询等专业服务所发生的费用，结算项目包括专业服务费、项目公司管理费及项目税金。

土地整理服务费包括两个部分：一是动迁及征地补偿费，结算项目包括动迁补偿费、征地补偿费及与动拆迁相关的其他一切费用，项目公司管理费及项目税金；二是"七通一平"相关的基本建设费，结算项目包括按经核定建设内容范围内的概算（以区发展改革委批复为准），项目公司管理费及项目税金。

工程建设服务费指公建配套设施建设工程建设服务费，结算项目包括按经核定建设内容范围内的概算（以区发展改革委批复为准），项目公司管理费及项目税金。

产业发展服务费按导入产业的投资规模的约定比例计算，奖励费按当年产业发展财政增量的约定比例计取。

投资合理回报结合考虑合理利润与绩效考核结果，基于政府审计确认的项目公司实际完成投资额，年化回报率盯住5年期贷款基准利率每年浮动，并结合绩效考核结果确定。

双方认可的其他费用指不包括在上述费用范围内，但经双方一致认可的其他费用。

（5）面临的挑战

一是建设用地规模有限。上海实行最严格的建设用地控制政策，大规模城镇开发受到土地政策的严重制约。目前，重固镇建设用地占比约28%，而按照目前的郊野单元规划，新型城镇化建设用地占比要下降到25%左右，用地问题十分突出。

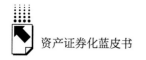
二是产业层级较低。重固镇现有产业以零星分布的粗放型工业为主，低端低效产业居多，工业用地产出效率低下，缺乏可以解决本地居民就业问题的核心支柱产业。同时，在城镇集中建设区内，聚集了大量低端劳动密集型产业和商业服务业，形成斑点式分布的"城中村"，产业区、居住区、商业区交织混杂，改造难度非常大。

（6）项目前期工作费用

实施方案编制费用（含物有所值评价和财政承受能力评价）87.5万元，由青浦区政府支付；项目公司支付可行性研究报告编制费用50万元；社会资本中建联合体支付社会资本采购咨询服务费327万元。

4. 案例点评

（1）中建联合体参与城镇化建设 PPP 项目，不同于短平快、高周转的房地产项目依托短期内提升土地价值，需要通过长期的建设和运营，发现和提升城镇的潜在空间和投资价值。在重固镇新型城镇化 PPP 模式中，政府性基金以及农村集体经济也是社会资本的组成部分。项目公司中重固镇集体经济组织占股10%，之后将获得稳定的收益；项目会将4万平方米商业用地让渡给重固镇集体经济组织，让当地农民分享城镇化"红利"。

（2）本项目创新土地增值收益分配机制。按照"存量收益归街道、增量收益用于功能提升"的原则，具体指：存量收益指自然增值部分或由于土地规划参数调整带来的级差收入，由政府主导分配；增量收益指新增功能性项目及高标准公共设施建设运营、产业功能导入带来的增值部分，由项目公司享有。在政府承担主要风险的领域，设计公共资源决策管理及干预机制，仅让社会资本获得较低的无风险收益，确保政府"守土有责"。市场化项目有效保障项目公司经营决策权，激励社会资本高水平运营，享有绝大部分收益，但需要承担市场风险。

（3）选择综合实力突出的社会资本。选择的社会资本是中建集团下属公司组成的联合体，正在谋求转型发展，将本项目作为样板，深耕青浦，能够较好地平衡短期和长期利益、经济利益与社会效益。社会资本有能力在规划方案、功能定位、招商、建设、运营、管理、融资方面为政府整合优质资源和服务。

（4）聘请专业服务机构。全过程PPP咨询服务机构是上海投资咨询有限公司，法律顾问是北京大成（上海）律师事务所，还提前请国家开发银行等金融机构提供融资建议。实践表明，专业服务机构为政府提供了客观、科学、公正的咨询意见，有助于促成项目依法合规，对项目长期高效运行构建了合理规范有效率的机制保障。

四　PPP项目资产证券化的实务要点

与其他类型的基础资产的资产证券化一样，PPP项目资产证券化也涉及构建资产池、设立SPV、资产转移、信用增级、信用评级、销售交易、产品管理等具体工作流程，涉及原始权益人、发起人、资产管理机构、信用增级机构、资产评估机构、信用评级机构、证券承销机构、资金托管机构、投资者等诸多主体。限于本文的主题，共性的实务要点不再赘述。

1. 出发点

公共基础设施项目普遍投资规模巨大，PPP合同授予的特许经营权往往长达30年左右，项目投资回收期通常长达15年以上，对投资资金的规模与期限要求很高。几乎没有合适的资金类型，可以满足基础设施项目全生命周期的资金需求。如果一定要求投资者始终持有基础设施项目资产，直至30年的特许经营期结束，将严重制约基础设施项目的融资落实和大面积推广。

由此，针对基础设施项目不同阶段的风险收益特征，整合不同种类投资者的资源优势和投资诉求，构建具有充分弹性、可灵活调整的多元化融资结构，实现项目全生命周期的综合融资成本最优化，是基础设施项目融资结构设计的核心要义。在控制风险的前提下，实质性提升基础设施资产的流动性，是基础设施项目投融资方案的重要内容。

基础设施项目全生命周期不同阶段的风险收益特征存在显著差异。在2~5年的项目建设期内，项目设计、建设与试运营阶段的风险相对较高，

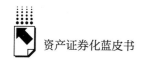

尚未产生充分足够的现金流，需要由能够管理项目建设风险的投资运营商或承担项目建设风险的施工企业主导融资。在这个阶段，通过投资基金等私募渠道筹集能够承担高风险的资金，是可行的选择，不过融资成本相对较高。

基础设施项目所提供的基本公共服务的需求弹性低、进入壁垒高，往往具备自然垄断特征，一般还会建立按照通货膨胀调整的收入回报机制。因此，进入稳定运营期的基础设施项目往往可以提供定期、稳定、可预测、可控制的现金流。通过资产证券化工具，将成熟但缺乏流动性的处于稳定运营期的基础设施资产，转换为标准化的金融产品，可以转由追求合理稳定回报、风险承受能力较低的财务投资者或公众投资者持有。并且，由于标准化的资产证券化产品有较好的流动性，能够在金融市场更加方便地转让，可以缓解国内长期资金稀缺的困局，通过减少期限利差进一步降低资金成本。在这个阶段，项目已经建成，不存在因资金不到位而影响项目建设运行的问题，还可以为资金规模庞大的金融市场提供合适的标准化产品，提升金融市场的成熟度和发展深度，扩大直接融资规模。

同时，前期风险管理能力较高的投资者，通过资产证券化可以盘活巨额存量资产，将盘出资金滚动投入新的基础设施项目，可以切实降低其融资压力，扩大有效运作的资金规模和项目投资规模，助力有综合优势的专业投资者"强者更强"，从而提升社会整体效率。

通过两个阶段不同风险管理能力与风险收益要求的投资者群体的平稳切换，可以有效降低基础设施项目在可能长达20年以上的稳定运营期的资金成本，从而有助于降低长达30年左右的特许经营权的综合资金成本。

2. 业务发展潜力

证券化最理想的基础资产，是由数量众多、单个小额、相关性低的资产所构成的资产池，因此房贷、车贷、小贷等金融资产是美国等资产证券化成熟市场的主流基础资产。基础设施领域单个PPP项目的资产金额就足够大，个位数的基础设施资产组合在一起就是很大金额的资产包，要构建以成千上万为数量级的众多基础资产所组成的资产池，显然缺乏操作性。

实际上，诸多使用者付费类的基础设施项目，其付费用户往往数以百万计，包括不同收入水平的家庭用户，以及处于不同行业的工商企业用户，众多的付费方具备数量众多、单个小额、相关性低的特征，违约率符合统计意义上的大数定律，是合适的实施证券化的潜在大类基础资产。如果再进一步，构建由多项处于不同行业、不同地域的基础设施资产所组成的资产池，基础资产的分散性效应更佳。

需要指出的是，美国有一个强大的市政债券市场为基础设施领域提供长期、稳定、低成本的资金供应，通过 PPP 模式实施的基础设施项目占比非常低，在这个领域进行证券化的需求并不强烈，因此基础设施资产并非美国资产证券化的主流基础资产类型。但并不能据此认为，美国市场上基础设施类资产证券化案例不多，由此在国内开展基础设施资产证券化的业务前景不大。

国内有使用者付费机制的存量基础设施资产，按重置成本法保守估计超过 100 万亿元，其中相当一部分可以通过资产证券化方式盘活。2016 年新建基础设施项目投资总额已达 11.88 万亿元[①]，待项目建成进入稳定运营阶段后，也可以通过资产证券化方式转变成为标准化证券。在国内，使用者付费类的基础设施领域，开展资产证券化的潜力很大、前景广阔，完全有可能走出一条适应国内需求和特点的基础设施资产证券化的光明坦途。

截至 2017 年底，国内证券行业已备案并发起设立 121 支以公用事业收费权作为基础资产的企业资产证券化产品，总发行规模为 1136.27 亿元，平均单支发行规模为 9.39 亿元，平均期限 6.18 年，基础资产涉及收费公路、供热、供电、供气、公交、供水、供电、污水处理等。国内金融市场对基础设施类资产证券化产品有了一定的认识共识和实践经验，培养了一批专业人才，为下一步更广泛地开展业务打下了良好的基础。

3. 产品发行情况

2017 年 2 月 22 日，各省级发展改革委共上报项目 41 单，其中污水垃圾处理项目 21 单，公路交通项目 11 单，城市供热、园区基础设施、地下综合管廊、公共停车场等项目 7 单，能源项目 2 单。国家发展改革委组织专家评

---

① 国家统计局：《中华人民共和国 2016 年国民经济和社会发展统计公报》，2017 年 2 月 28 日。

审后，向证监会推荐9个传统基础设施领域PPP项目。3月8日，两家证券交易所受理首批4单产品的申报材料。3月10日，中信证券－首创股份污水处理PPP项目收费收益权、华夏幸福固安工业园区新型城镇化PPP项目供热收费收益权、中信建投－网新建投庆春路隧道PPP项目3单资产支持证券获得上交所挂牌转让无异议函，同日广发恒进－广晟东江环保虎门绿源PPP项目资产支持专项计划获得深交所挂牌转让无异议函，标志着国家发展改革委和证监会推进的传统基础设施领域PPP项目资产证券化产品正式落地。首批4单PPP项目资产支持专项计划的基本情况见表3。随后国家发改委又向证监会推荐8单传统基础设施领域PPP项目，有关产品正在推进过程之中。

表3　首批四单PPP项目资产支持专项计划的基本情况

项目名称	发行规模（亿元）	期限	结构	评级	发行利率
首创股份污水处理PPP项目收费收益权资产支持专项计划	5.3	1～18年（优先01：1年；优先02：2年；优先03：3年；优先04至优先18：4～18年，每3年回售或赎回）	优先1～18档	AAA	优先01：3.70%，优先02：3.98%，优先03至优先18：4.60%
华夏幸福固安工业园区新型城镇化PPP项目供热收费收益权资产支持专项计划	7.06	1～6年（优先01：1年；优先02：2年；优先03：3年；优先04：4年；优先05：5；优先06：6年；每三年回售或赎回）	优先A1～A6档	AAA	优先A1：3.9%，优先A2：5.0%，优先A3至优先A6：5.2%
网新建投庆春路隧道PPP项目资产支持专项计划	7	14年（A：每两年回售或赎回；B：每三年回售或赎回）	优先A	AAA	4.05%
			优先B	AAA	4.15%
广晟东江环保虎门绿源PPP项目资产支持专项计划	3.2	3～15年（优先01：3年；优先02：6年；优先03：9年；优先04：12年；优先05：15年）	优先	AAA	优先01至优先05：4.15%

2017年7月27日"华西证券－川投PPP项目资产支持专项计划"取得深圳证券交易所无异议函，由四川省投资集团有限责任公司作为发起人并担

任原始权益人，资产服务机构为四川省川投航信股权投资基金管理有限公司，基础资产为资阳市雁江区停车场PPP项目。该产品是全国首单以停车场经营权为标的物的PPP资产证券化项目，是财金〔2017〕55号文印发后首个获批的PPP资产证券化项目，亦是全国首单无外部增信的区县级PPP资产证券化项目，以及全国首单以可行性缺口补助为回报机制的PPP资产证券化项目。

2017年7月28日，首批两单PPP-ABN项目在交易商协会成功注册。8月11日，华夏幸福固安新型城镇化PPP资产支持票据成功发行，作为首单落地的PPP资产支持票据（ABN），也是全国首单园区市政服务类PPP资产证券化项目。另一单是唐山世园投资发展有限公司PPP项目资产支持票据，由国家开发银行担任主承销商和托管银行，中信信托担任交易安排人和发行载体管理机构，采用财产权信托加单一资金信托贷款的双SPV结构设计。产品注册金额为人民币2.9亿元，分为1年至4年期共四档，各档产品评级均为AA+。项目公司以PPP项目下的运营收入和建设运营补贴等收入产生的现金流作为资产支持票据的还款来源。

2017年11月27日，华夏幸福基业股份有限公司公告披露，该公司间接全资子公司九通基业投资有限公司收到上海证券交易所《关于对华夏幸福固安工业园区新型城镇化PPP项目资产支持证券挂牌转让无异议的函》。基础资产为九通投资持有的固安工业园区新型城镇化项目的项目公司三浦威特园区建设发展有限公司股权。该专项计划发行规模不超过40亿元，期限不超过10年，面向合格投资者发行，次级资产支持证券由华夏幸福和华夏幸福体系内其他子公司认购，票面利率将根据发行时的市场状况确定。

针对国内当前的情况，基础设施领域的PPP项目资产证券化业务需要重点关注以下几个方面。

（1）原始权益人的持续经营能力。由于诸多原因，国内目前的基础设施资产证券化业务普遍未能真正做到资产独立和破产隔离，未能实现相对于原始权益人的会计出表，原始权益人通常兼任资产管理人，还是次级档的实际持有人。因此，原始权益人的持续经营能力，对基础设施资产证券化产品的安全性至关重要。随着包括 PPP 模式在内的基础设施项目市场化运作的深入推进，具有综合优势的行业龙头企业能够得到更强的支持，可能会影响很多基础设施子行业的竞争格局，进而引导出现投资运营商的兼并与收购，有效提升行业专业管理水平和集中度，进而推进 PPP 项目资产证券化产品实现相对于原始权益人的资产独立和破产隔离，实现更多的基于基础资产现金流的初衷。

（2）产品结构的精细化以实现精确定价。相对于传统的公开市场债务融资工具，资产证券化的核心优势在于结构化。将基础资产的现金流进行精细的结构化，设计出众多不同期限、不同风险收益特征的数量高达数十种的一系列证券，进而匹配不同类型投资者的多元化的风险收益特征，是成熟市场资产证券化业务的重要特征。根据微观经济学的价格歧视理论，子产品与特定投资者的风险收益特征匹配得越到位，定价可以越精准，消费者剩余越少，原始权益人与受托人获得的利益越大，资产证券化相对于传统债务融资工具的优势越明显。目前国内包括 PPP 项目在内的资产证券化产品的结构普遍简单，尚不能满足不同投资者的投资需求，次级产品的销售比较困难，保险资金对资产证券化产品兴趣不大等问题。

（3）稳定的项目净现金流作为支持。首先，未能产生稳定现金流的基础设施资产，不适合搞资产证券化。比如，处于建设期的项目，能否如期建成，能否产生稳定的现金流存在不确定性，不满足推进资产证券化的基本条件。其次，需要重点关注项目净现金流。基础设施资产的正常运营，需要偿还巨额借款的本息，持续支出包括人工费、材料费等在内的直接运营成本，以及维修养护等各类费用，基础设施资产的经营性现金流入扣除各种刚性支出后的净现金流，才是支持资产证券化产品的可靠现金流。比如，国内的供水行业，由于水的价格未到位，普遍缺乏可用的净现金流，目前大规模开展证券化的条件并不成熟。最后，应当设计有效的现金流归集和划转机制，及时归集并有效控制项目净现金流，切实防止出现资金混同风险与挪用风险。需要指出的是，基础设施项目的净现金流来源高度依赖于使用者付费，并不意味着马上就要全面大幅度涨价，但是确实需要建立价格机制以形成稳定合理的预期。

（4）专业化的中介机构团队。基础设施资产证券化涉及法律、会计、税务、评级与金融工程等多个通用专业领域。对于基础设施资产证券化来说，合格的受托人与资产管理人这两个角色尤为重要。资产证券化业务的交易结构中，受托人是核心，应当根据成熟市场的经验，构建以受托人为核心的治理结构。有两类受托人主导了美国资产证券化业务的发展：一类是房利美（Fannie Mae）与房地美（Freddie Mac）在RMBS领域，发挥制定房贷标准、敞开收购合格基础资产、高效率低成本推进证券化流程、对接各类投资者等方面的核心作用；另一类是部分具有主动资产管理能力的金融机构，在基础资产收集、培育、打包、证券化、投后管理等方面发挥全流程主动管理作用。相对于金融资产支持的证券化业务，基础设施资产证券化业务对成批的独立第三方资产管理人的要求更为迫切。如果缺乏可以替换原始权益人的候选资产管理人，将严重制约基础设施资产证券化业务的推广。

五　PPP项目资产证券化的典型案例

案例4：中信证券-首创股份污水处理费收益权资产支持专项计划

1.产品要素

本产品管理人是中信证券股份有限公司，是国内最早设立资产证券化业务独立部门，实现资产证券化业务专业化、系统化运作的公司。公司资产证券化业务已经建立起由40位专业人员组成的专门团队，在基础资产选择、现金流测算、交易结构设计、产品定价和营销推介等方面积累了宝贵的实践经验，建立了较为完善的资产证券化现金流估值和分析模型，制定了完整的资产证券化业务运作流程。中信证券-首创股份污水处理费收益权资产支持专项计划的基本要素和产品要素分别见表4和表5。

表4　中信证券－首创股份污水处理费收益权资产支持专项计划的基本要素

项目名称	中信证券－首创股份污水处理费收益权资产支持专项计划
管理人/销售机构	中信证券股份有限公司(简称"中信证券")
标的资产	北京首创股份有限公司(简称"首创股份")旗下六家水务公司的污水处理收费收益权
基础资产	原始权益人在专项计划设立日转让给管理人的、原始权益人依据特许经营合同由于提供污水处理服务自基准日起对污水处理服务付款方享有的特定18年期间内的污水处理收费收益权
原始权益人	首创股份旗下六家水务公司(临沂首创博瑞水务有限公司、沂南首创水务有限公司、微山首创水务有限责任公司、菏泽首创水务有限公司、渠山首创水务有限公司和郯城首创水务有限公司)
差额支付承诺人/流动性支持机构/资产服务机构	首创股份
产品规模	15亿元
分层评级情况	优先级01~18,评级均为【AAA】
产品期限	1~18年,其中4~18年期产品每3年附有回售、赎回选择权
增信措施	● 优先/次级分层 ● 其间现金流对优先级证券本息偿付超额覆盖 ● 首创股份对原始权益人的运营提供流动性支持,保障其在专项计划存续期间的持续稳定经营 ● 首创股份对优先级本息的兑付提供差额补足承诺 ● 首创股份对首创水务04~18证券的回售/赎回进行承诺

中诚信证券评估有限公司授予中信证券－首创股份污水处理费收益权资产支持专项计划优先级01－18证券AAA级别。表示本产品的优先级证券获得及时支付和偿付的可能性极高,违约风险极低。

表5　中信证券－首创股份污水处理费收益权资产支持专项计划的产品要素

级别	产品名称	本金规模(万元)	本金和预期收益支付方式	期限
优先级	首创水务01	2800	每季度付息,第1年分四次还本	1年
	首创水务02	3600	每季度付息,第2年分四次还本	2年
	首创水务03	4000	每季度付息,第3年分四次还本	3年

级别	产品名称	本金规模(万元)	本金和预期收益支付方式	期限
优先级	首创水务 04	5600		4 年
	首创水务 05	6000		5 年
	首创水务 06	6400		6 年
	首创水务 07	7200		7 年
	首创水务 08	7600		8 年
	首创水务 09	8000		9 年
	首创水务 10	8000	1. 每季度付息、第 y 年(y=4,5,…,18) 分四次还本 2. 每 3 年投资者拥有回售选择权 3. 每 3 年原始权益人拥有赎回选择权	10 年
	首创水务 11	8800		11 年
	首创水务 12	9200		12 年
	首创水务 13	9600		13 年
	首创水务 14	10000		14 年
	首创水务 15	10400		15 年
	首创水务 16	11200		16 年
	首创水务 17	11200		17 年
	首创水务 18	12400		18 年
融资总规模(万元)			142000	
次级	首创水务次级	8000	每季度基础资产现金流偿付完优先级本息后的剩余收益支付次级,到期还本	18 年

本产品关于赎回/回售的关键条款见表 6。

表 6　中信证券 – 首创股份污水处理费收益权资产支持专项

计划关于赎回/回售的关键条款

首创水务 04 至首创水务 18 预期收益率调整	• 在首创水务 03、首创水务 06、首创水务 09、首创水务 12 和首创水务 15 的预期到期日对应的 T–40 日至 T–38 日期间内,首创股份选择不赎回全部剩余证券情况下,首创股份有权决定调整未到期的全部优先级资产支持证券的预期收益率; • 首创股份决定调整优先级资产支持证券的预期收益率的情况下,需于 T–36 日的 12:00 前发布《关于调整预期收益率的公告》,公告一经确认即不能撤销
首创水务 04 至首创水务 18 回售安排	• 专项计划存续期间的回售登记期内(T–34 日至 T–31 日),优先级资产支持证券持有人有权选择将所持的首创水务 04 至首创水务 18 的优先级资产支持证券份额全部或部分回售给首创股份。 • 若优先级资产支持证券持有人决定行使回售权,须在回售登记期内进行登记,登记手续完成即视为已不可撤销地行使回售权; • 若优先级资产支持证券持有人未在回售登记期内进行登记,则视为放弃回售权和同意继续持有其所持的首创水务 04 至首创水务 18 的优先级资产支持证券份额

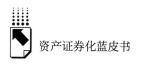
续表

首创股份对回售的流动性支持安排	● 预期到期日对应的 T–5 日,管理人向首创股份发出划款通知,通知首创股份将当期回售所需支付现金划付至回售和赎回准备金账户; ● 预期到期日对应的 T–4 日 16:00 前,首创股份必须将管理人发出的划款通知所列示的金额划付至回售和赎回准备金账户,上述资金专项用于当期发生的回售所需现金支付; ● 管理人于当期 T–3 日 16:00 前发布公告,公布回售和赎回准备金账户余额情况; ● T 日回售和赎回资金到达投资人账户

本产品安排了优先/次级结构化分级、污水处理收入现金流超额覆盖、首创股份对优先级本息的兑付提供差额补助承诺、首创股份对运营提供流动性支持、对证券的回售/赎回等多项增信措施,保障产品产品。本产品采用的信用增级措施见表 7。

表 7　中信证券–首创股份污水处理费收益权资产支持专项计划的信用增级措施

优先级/次级分层	● 本专项计划对资产支持证券进行优先级/次级分层,次级资产支持证券能够为优先级资产支持证券提供信用支持;次级资产支持证券将全部由首创股份认购
现金流超额覆盖	● 在产品存续期间,污水处理费收入超额覆盖资产支持证券的预期本息支出,各期覆盖倍数预计不低于 1.2 倍;产品封包日提前于计划设立日,在设立日专项计划中已有现金流入,保证设立初期现金流充足
运营流动性支持	● 在产品存续期间,首创股份在资金、管理、经营等各方面给予原始权益人充分支持,保障原始权益人在专项计划存续期间的持续稳定经营,避免因划付基础资产回收款或其他任何原因导致现金流紧张或不足和影响其持续经营的情况出现
差额补足承诺	● 首创股份对优先级本息的兑付提供差额补足承诺,在任意一个初始核算日,若在前一个特定期间内,基础资产对应的现金流低于相应期间需偿还给优先级投资者的本息和,则首创股份承诺进行补足
回售承诺	● 专项计划存续期间的回售登记期内,优先级资产支持证券持有人有权选择将所持有的首创水务 04 至首创水务 18 的优先级资产支持证券份额全部或部分回售给首创股份

本产品担保人首创股份有限公司,是国有控股的大型国有上市公司,经济规模实力雄厚,得到各级政府与国内外同行的认可和尊重,主体信用评级为 AAA。首创股份的主营业务为水务、固废等环保业务,公司主营业务稳定,近年的业务收入构成情况见表 8。

表8　担保人首创股份有限公司近年业务收入构成情况

单位：万元，%

板块	项目	2016年1~9月		2015年度		2014年度		2013年度	
		收入	占比	收入	占比	收入	占比	收入	占比
环保业务	固废处理	22.01	46.90	28.06	40.06	7.87	14.30	0.35	0.84
	污水处理	8.65	18.42	10.51	15.01	13.91	25.27	13.55	32.52
	自来水生产及销售	7.65	16.30	8.71	12.44	7.62	13.84	9.26	22.22
	环保建设	4.74	10.10	11.85	16.92	4.83	8.78	6.45	15.48
	小计	43.05	91.73	59.13	84.42	34.23	62.19	29.61	71.06
其他业务	土地开发	0.26	0.54	6.21	8.87	16.2	29.43	7.36	17.66
	京通快速路通行费	3.15	6.72	3.94	5.63	3.77	6.85	3.54	8.50
	饭店经营	0.45	0.97	0.66	0.94	0.73	1.33	1.00	2.40
	采暖运营	0.02	0.04	0.1	0.14	0.11	0.20	0.16	0.38
	合计	46.93	100.00	70.94	100.00	55.04	100.00	41.67	100.00

　　首创股份有限公司的营业收入逐年提高，盈利能力不断增长，经营活动现金流逐年大幅度增加，筹资能力较强。2013~2016年担保人的主要财务指标情况见表9。

表9　2013~2016年担保人首创股份有限公司的主要财务指标情况

单位：万元

项目	2016年1~9月	2015年度	2014年度	2013年度
总资产	3952554.17	3612520.02	2517439.24	2432663.19
总负债	2683411.16	2432488.94	1737314.10	1448625.28
所有者权益	1269143.01	1180031.09	780125.14	984037.91
归属于母公司股东权益合计	922966.34	853584.67	624732.93	609311.72
营业收入	472724.05	706149.35	558938.32	423065.36
营业利润	38471.36	70654.46	76236.56	75722.91
利润总额	56521.33	92387.52	87195.63	109357.15
净利润	43381.10	70138.75	68813.94	84836.72
归属于母公司股东的净利润	39266.97	53625.34	61023.24	60126.55
经营活动产生的现金流量资额	135889.13	100672.53	34193.46	10689.86
投资活动产生的现金流量净额	-281874.57	-561238.24	-80307.64	74922.51
筹资活动产生的现金流量净额	40351.60	501364.00	60759.60	-16556.19
年末现金及现金等价净增加额	-105760.33	38782.71	14734.29	68672.49

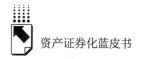

2. 交易结构

中信证券－首创股份污水处理费收益权资产支持专项计划的交易结构见图3。

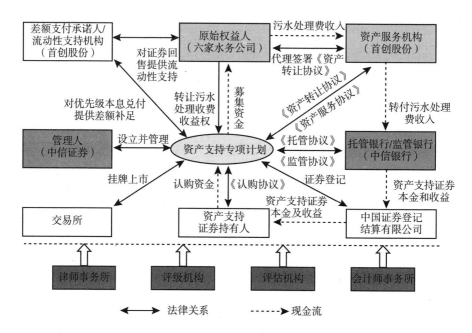

图3 中信证券－首创股份污水处理费收益权资产支持专项计划的交易结构

中信证券－首创股份污水处理费收益权资产支持专项计划交易结构中涉及的主要交易参与方见表10。

表10 中信证券－首创股份污水处理费收益权资产支持专项计划的主要参与方

角色	机构名称
差额支付承诺人/流动性支持机构/资产服务机构	• 首创股份
原始权益人	• 临沂首创博瑞水务有限公司(简称"临沂首创博瑞") • 沂南首创水务有限公司(简称"沂南首创") • 徽山首创水务有限责任公司(简称"徽水首创") • 菏泽首创水务有限公司(简称"菏泽首创") • 梁山首创水务有限公司(简称"梁水首创") • 郯城首创水务有限公司(简称"郯城首创")

角色	机构名称
管理人/销售机构	● 中信证券
代理销售机构	● 首创证券有限责任公司(简称"首创证券")
法律顾问	● 上海锦天城律师事务所(简称"锦天城")
信用评级机构	● 中诚信证券评估有限公司(简称"中诚信证评")
会计师事务所/评估机构	● 致同会计师事务所(特殊普通合伙)(简称"致同")
财务顾问/托管银行	● 中信银行股份有限公司总行营业部(简称"中信银行总行营业部")
监营银行	● 中信银行股份有限公司北京观湖国际支行

3. 现金流分配顺序

本产品的可分配现金流包括但不限于:①根据《资产买卖协议》的约定已划入专项计划账户的基础资产收入及该收入在专项计划账户中产生的利息以及合格投资产生的收益;②差额支付承诺人根据《差额补足承诺函》以及管理人于差额补足通知日所支付的污水处理费收益;③由管理人按专项计划文件约定的方式进行投资产生的其他金融资产及其收益。

差额支付启动事件指:①在专项计划终止日之前,指截至任何一个兑付日的前一个托管人报告日,专项计划账户内可供分配的资金不足以支付该兑付日应付的优先级证券的当期收益和应付本金;②在专项计划终止日之后,指管理人根据清算方案确认专项计划资产资产仍不足以支付所有优先级资产支持证券届时尚未获得支付的所有预期收益和本金。

如发生差额支付启动事件,管理人应于差额支付启动日(T−7 日)向差额支付承诺人发出《差额支付通知书》。差额支付承诺人应丁差额支付承诺人划款日(T−6 日)15:00 时前将《差额支付通知书》中载明的资金附言汇付至专项计划账户。

本产品的现金流分配顺序见图4。先支付专项计划各项费用,然后分配当期首先级证券的预期收益及本金,最后分配次级证券的预期收益和本金。

4. 原始权益人与基础资产

六家原始权益人中,微山首创水务有限责任公司为首创股份有限公司的控股子公司,占比79.35%,微山县水务公司占股20.65%。其余五家原始

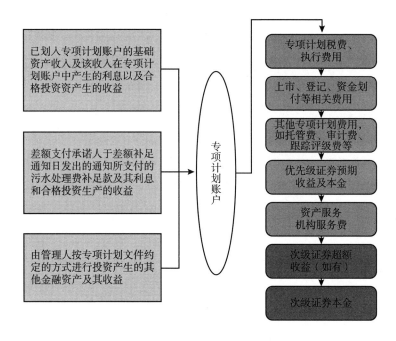

图4　中信证券－首创股份污水处理费收益权资产支持专项计划的现金流分配

权益人均为首创股份有限公司的全资子公司。原始权益人均与地方政府签署规范有效的特许经营协议从事污水处理服务，根据污水处理量与商定的价格，按照约定的污水处理费计算公司计算应收取的污水处理费。原始权益人污水处理能力稳定、运营良好，与当地政府合作关系顺畅，具备可预期的稳定的现金流流入。

2015年度六家原始权益人的主要财务数据见表11。

表11　2015年度六家原始权益人的主要财务数据

项目	临沂首创博瑞（母公司）	沂南首创	梁山首创	徽山首创	菏泽首创	邦城首创	合计
总资产(万元)	30089.31	5309.05	5575.41	13009.92	24618.01	16634.19	95235.89
总负债(万元)	14875.34	3835.86	426.27	9671.13	20510.33	11463.05	60781.98
所有者权益(万元)	15213.97	1473.19	5149.14	3338.78	4107.68	5171.14	34453.90
营业收入(万元)	3898.29	828.48	1587.84	1317.31	2070.18	1557.57	11259.67
营业成本(万元)	2121.95	517.46	743.71	686.56	1093.86	868.72	6032.26

续表

项目	临沂首创博瑞（母公司）	沂南首创	梁山首创	微山首创	菏泽首创	邦城首创	合计
利润总额(万元)	926.91	26.35	676.07	122.14	115.51	225.87	2092.85
净利润(万元)	935.08	26.35	516.57	122.14	75.1	225.87	1901.11
资产负债率(%)	49.44	72.25	7.65	74.34	83.31	68.91	N/A
营业毛利率(%)	45.57	37.54	53.16	47.88	47.16	44.23	N/A
净利润率(%)	23.99	3.18	32.53	9.27	3.63	14.50	N/A
净资产收益率(%)	6.15	1.79	10.03	3.66	1.83	4.37	N/A

中信证券－首创股份污水处理费收益权资产支持专项计划涉及六家原始权益人的七家污水处理厂，与地方政府签署特许经营权的情况见表12。

表 12 六家原始权益人与地方政府签署特许经营权协议的情况

原始权益人	污水处理厂	特许经营协议	特许经营期	设计产能（吨/日）	污水处理费支付方
临沂首创博瑞	临沂市第二污水处理厂	临沂市第二污水处理厂项目特许经营合同	2010～2040 年共 30 年	100000	临沂市住房和城乡建设委员会
	临沂市罗庄区第二污水处理厂	临沂市罗庄区第二污水处理厂 TOT 项目特许经营协议	2010～2040 年共 30 年	30000	临沂市罗庄区住房和城乡建设局
沂南首创	沂南县第二污水处理厂	沂南县第二污水处理厂 BOT 项目特许经营合同	2014～2044 年共 30 年	20000	沂南县财政局
微水首创	微山县污水处理厂	微山县污水处理厂 TOT 项目特许经营权协议	2014～2044 年共 30 年	40000	微山县住房和城乡建设局
菏泽首创	东明县污水处理厂	山东省东明县污水处理厂特许权(BOT)项目协议书	2007～2037 年共 30 年	60000	东明县住房和城乡建设局
梁水首创	梁山县污水处理厂	山东省梁山县城市排水项目特许经营协议	2007～2042 年共 35 年	50000	梁山县财政局
郯城首创	郯城县污水处理厂郯城经济开发区污水处理厂	郯城县污水处理厂及郯城经济开发区污水处理厂 TOT 项目特许经营协议	2014～2044 年共 30 年	40000	郯城县财政局
合计				340000	

近年来，随着全国城市污水排放总量的不断增长，国家环保政策逐步建立和完善。2015 年国务院印发《水污染防治行动计划》（简称《水十条》），该政策有望提高污水处理行业盈利能力，污水处理行业将进入快速发展期。

中信证券－首创股份污水处理费收益权资产支持专项计划涉及的七家污水处理厂的污水处理费结算价格及收入情况见表 13。

表 13　2014～2016 年七家污水处理厂污水处理费结算价格及收入情况

单位：亿元

污水处理厂名称	含税单价			含税收入		
	2014 年	2015 年	2016 年	2014 年	2015 年	2016 年
市二水厂	1.0020	1.0020	1.0020	2043.95	3304.48	3695.15
罗二水厂	0.8100	0.8100	0.8100	926.25	919.08	941.62
沂南水厂	1.1000	1.1000	1.1000	302.94	756.36	805.20
梁山水厂	1.1400	1.1400	1.1400	1626.44	1715.93	1843.61
徽山水厂	1.2000	1.2000	1.2000	1299.88	1421.25	1581.12
东明水厂	1.0200	1.0200	1.0200	2233.80	2233.80	2239.92
郯城水厂	1.1200	1.1200	1.1200	638.92	1628.13	1703.54
合计				9072.18	11979.03	12810.16

注：①沂南水厂及郯城水厂均为 2014 年 8 月正式运营；

②沂南水厂 2014 年 8 月开始运营，但 2014 年底尚未达成水费结算方式，故 2014 年当年度未确认收入，2015 年达成结算方式后补记 2014 年收入，上表中结算水费按实际提供服务的期间填列；

③单价及结算水费数据根据企业提供资料整理。

5. 案例点评

（1）本产品基础资产所处行业发展前景良好，现金流独立、稳定、可控，担保人实力雄厚，信用增级措施扎实。

（2）本产品过多依赖原始权益人的实际控制人的担保和主体信用，未能实现资产支持产品依托基础资产现金流的核心特征。

（3）产品设定赎回/回购条款，满足了缺乏长期投资者的市场状况，但也制约了产品本身的独立性，给原始权益人带来再融资风险。

参考文献

［1］〔瑞士〕芭芭拉·韦伯：《基础设施投资策略、可持续性、项目融资与 PPP》（第二版），罗桂连等译，机械工业出版社，2018。

［2］〔美〕斯蒂芬妮·克鲁森－凯莉、R. 布拉德·托马斯：《REITs 分析与投资指南》，罗桂连、尹昱译，机械工业出版社，2018。

［3］林华、罗桂连、张志军等编《PPP 与资产证券化》，中信出版社，2016。

［4］〔美〕马克·戈登：《REITs 投资指南》，林华、罗桂连、阚晓西等译，中信出版社，2017。

［5］林华主编《中国 REITs 操作手册：基础设施和商业地产资产证券化操作指南》，中信出版社，2018。

B.8
基础设施 REITs 的
国际经验、要点与建议

罗桂连[*]

摘　要： 本文首先介绍美国、澳大利亚和印度等典型国家的基础设施
　　　　　 REITs 的发展情况，重点介绍美国的基础设施 REITs 的合格
　　　　　 基础资产标准。随后综述我国发展 REITs 的政策动态，阐述
　　　　　 在我国发展基础设施 REITs 的必要性。最后，提出税收政策、
　　　　　 资产转让政策、培育现金流、产品实行注册制等方面的建议，
　　　　　 推动基础设施 REITs 在国内尽快落地炳行稳致远。

关键词： 基础设施　REITs　国际经验

　　REITs（Real Estate Investment Trusts），即不动产投资信托基金，是以发行权益类证券的方式募集资金，并将资金专门投资于不动产类资产，将每年的投资收益按很高的比例分配给投资者的一种投资模式。说起 REITs，大多数人认为只是"房地产"投资信托基金。但海外实践显示，REITs 的内涵可以扩展为包含铁路、高速公路、通信设施、电力配送网络、污水处理设施及其他具备经济价值的土地附着物，这些常见的基础设施资产都可以归类为不

* 罗桂连，清华大学管理学博士，伦敦政治经济学院访问学者，注册会计师。中国国际工程咨询公司研究中心投融资咨询处处长。国家发展改革委 PPP 专家库定向邀请专家，清华大学 PPP 研究中心特聘高级专家，中国资产证券化百人会保险专业委员会副主任委员，中国银行间市场交易商协会法律专业委员会委员。

动产。投资于这些基础设施资产的 REITs 即为基础设施 REITs。

国外经验显示，基础设施 REITs 是基础设施项目的重要融资渠道。基础设施 REITs 拥有其他融资方式所不具备的优势和特点，与基础设施领域的资金需求非常匹配，也应该成为我国在基础设施领域项目融资的重要渠道之一。基础设施 REITs 具有明显的优势：公募 REITs 具备较为广泛的投资者群体，可以获得较低成本及较长期限的融资，起到降低项目公司整体的杠杆率水平和优化债务结构的作用；同时由于税收优惠，投资人也可以获得具有竞争力的税后投资回报。

2016 年 12 月 21 日，国家发展改革委、证监会联合发布的《关于推进传统基础设施领域政府和社会资本合作（PPP）项目资产证券化相关工作的通知》中特别提出要"推动不动产投资信托基金（REITs），进一步支持传统基础设施项目建设"。2017 年 6 月 7 日，财政部、中国人民银行、证监会联合印发的《关于规范开展政府和社会资本合作项目资产证券化有关事宜的通知》也提出"建立多元化、可持续的资金保障机制，推动不动产投资信托基金（REITs）发展，鼓励各类市场资金投资 PPP 项目资产证券化产品"。证监会系统一直在加紧研究制定 REITs 的监管政策，尽早推出中国版的基础设施 REITs 在部分决策部门已经达成共识。

一 国外基础设施 REITs 的发展概况

基础设施投资对于一个国家的经济发展发挥着重要的效应。源起于 1929 年的大萧条导致美国及全球经济的大幅下滑，1933 年罗斯福总统签署了《全国工业复兴法案》，其中最重要的内容之一就是政府在公共工程方面的投资。20 世纪 50 年代，艾森豪威尔总统在任期间，美国政府成功在基础设施领域引入私人资本，不但公共项目总投资在 GDP 中的占比达到历史高位的 7%，而且联邦政府债务不断下降。在 2008 年金融危机之后，奥巴马总统颁布了《2009 美国复苏与再投资法案》，提出要通过投资基础设施以刺激经济增长。新上台的特朗普总统提出的"长期基建投资计划"也备受瞩目。而积极的财政政策和宽松的货币政策导致政府负债上升，仅靠政府财力已无法推动基础设施建设的高速增长，根据美国土木工程师协会（ASCE）2016年的统计，未来5年美国仅地面交通系统的平均年投资资金缺口就将达1100亿美元，因而迫切需要私人资本等社会资本作为基础设施融资的重要来源。

利用REITs为基础设施项目进行融资，在美国也属于一项相对较新的尝试。2007年，美国国税局在给美国电力基础设施联盟的批复函中确认了基础设施可以成为REITs的合格投资对象，这一批复函确立了REITs投资基础设施项目的合法地位。在过去几年，美国国税局规定从非传统型不动产投资中所获得的租赁收入，也可以成为REITs的合格收入。在美国，已经出现基于电力配送网络、移动通信塔、天然气管网等高度专业性的基础设施资产的REITs。美国REITs协会（NAREIT）将这些新的资产类别归为另类REITs。如图1所示，截至2016年11月，在《金融时报》NAREIT权益类REITs综

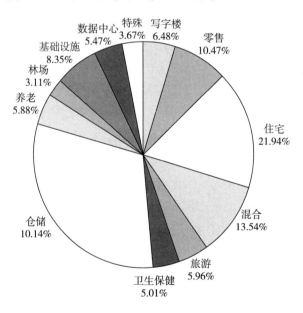

图1　美国公募REITs类型市值占比

资料来源：NAREIT。

合指数的 167 只公募 REITs 中，共有 5 只基础设施 REITs，总市值已达
763.62 亿美元，占全部 167 只公募 REITs 总市值的比例为 8.35%。另外，
还有 6 只以数据中心为基础资产的 REITs，总市值达 500.43 亿美元，占全
部 167 只公募 REITs 总市值的比例为 5.47%；特殊 REITs 的市值占比为
3.67%。综上所述，广义基础设施 REITs 占全部 167 只公募 REITs 总市值的
比例接近 17.49%。

截至目前，美国国税局已经确认 REITs 可投资的基础设施领域包括铁
路、微波收发系统、输变电系统、天然气储存及输送管线、固定储气罐等。
美国 5 只典型的基础设施 REITs 的基本情况如表 1 所示，值得一提的是，
HASI 和 PW 系两只关注于绿色清洁能源领域的 REITs，是主要投资风能、
太阳能等可再生能源领域的债权（包括项目贷款、应收账款、融资租赁和
证券等）以及不动产（用于出租）和项目公司股权。

表 1 美国 5 只典型的基础设施 REITs 的基本情况

REITs 的名称	代码	行业	主要特征
American Tower	AMT	无线通信	持有、管理、开发和租赁无线和广播通信塔等业务
CorEnergy	CORR	能源管理	收购中上游能源基建资产，专注于包括管道、存储槽罐、传输线以及收集系统等
InfraREIT	HIFR	电力传输	持有电源线、变电站、发射塔、配电电线杆、变压器和相关资产，还持有一条铁路
Power	PW	交通能源	持有、开发、收购并管理交通、能源领域的资产，收购租赁可再生能源项目资产，如太阳能发电厂、风能发电厂
Hannon Amstrong Sustainable Infrastructure	HASI	能源管道	开发太阳能、风能、地热能、生物质能和天然气等与可持续发展相关的基础设施项目

澳大利亚是全球第二大 REITs 市场。近年来，澳大利亚 REITs 的投资领
域也已经从商业物业发展到包括基础设施在内的更多的资产类型。目前共有
20 余只上市的基础设施 REITs，资产类型包括收费公路、飞机场、广播电视
塔、码头、铁路等。

在亚洲市场，印度在 2014 年效仿美国，也推出了 REITs 法案，允许开

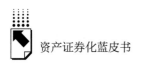
展房地产 REITs 及基础设施 REITs 业务。2016 年，印度证券交易委员会（SEBI）将 REITs 投资于开发项目的比例从 10% 放宽到 20%，同时宣布免除红利分配税，目前已经发行数单基础设施 REITs。2014 年 9 月 26 日，印度证券监管机构即印度证券交易委员会发布《房地产投资信托条例》和《基础设施投资信托条例》，为在印度的设立和运行 REITs 提供了专门的监管框架，给有意投资于印度房地产和基础设施行业的外国投资者更多信心。截至 2017 年 6 月，共有 5 只基础设施 REITs 在印交所上市发行，基础资产主要以公路、运输和可再生能源为主。值得一提的是，针对 PPP 项目和非 PPP 项目，SEBI 在 SPV 和开发项目投资要求上有一些差异。例如，PPP 项目必须通过 SPV 进行投资，且开发项目必须完成工程进度或预算开支的至少 50%（需第三方认证）；而非 PPP 项目没有 SPV 的限制，且证照齐全即可投资。换句话说，发展中国家对新增项目需求相对旺盛，可因地制宜地发挥基础设施 REITs 在投资开发项目上的作用，还可以根据 PPP 开展情况与 PPP 制度相结合并进行定制，互相促进。

我国目前的基础设施融资面临瓶颈。随着我国城镇化加速发展，对公共产品和服务的供给效率和质量都有更高要求。国发〔2014〕43 号文的出台要求加强地方政府性债务管理，对地方政府债务规模实行限额管理，基础设施建设需要由依赖政府投资开始向多元化模式转变。融资工具和流动性的缺乏是制约 PPP 模式大力发展的因素之一，因而迫切需要进一步发展资本市场工具，缓解政府举债融资受限和继续扩大基础设施投资需求之间的矛盾。推动基础设施 REITs 的发展，可能是解决方案之一。

二 基础设施 REITs 的合格基础资产

REITs 产生于美国。但长期以来 REITs 主要投资于房地产及相关行业的基础资产。基础资产是否可以扩充到其他资产，资产如何界定？这对于基础设施 REITs 的应用与推广非常关键。

美国国税局在 2007 年给美国电力基础设施联盟的批复函裁定中对基础

设施是否符合美国法典中关于 REITs 资产和收入的相关约定进行了解释。该裁定表明如下。

第一，REITs 并购的基础资产系出租给拥有经营权的租户，该 REIT 本身并非有意获得相关经营权。换句话说，即基础设施 REITs 的收入来自将资产出租给运营商获得的间接的租金收入，而非直接运营产生的收益。这可以类比零售类 REITs 在买下购物中心后，自身并不销售商品或服务，而是将其店面出租给品牌零售商并收取租金。

第二，基础资产签订的租约系三净租约，租金数额并不直接和租户的净收入或利润挂钩，由租户承担全部必要的设备和人员成本来保障运行。租户支付租金后，获得设施的使用权，而 REITs 不再提供任何服务。美国在商业物业中，一般也是采用三净租约，租户负责房产的维修、税收、保险和装修费用等。尽管形式各异，但该约定的实质是要区分对待出租基础设施和提供相关服务的税务处理，使得基础设施 REITs 的业务重点聚焦于投资基础设施项目。

美国国税局规定，若要享受 REITs 的税收优惠待遇，必须满足一系列测试的合格条件。这些合格条件主要包括：①将 75% 以上的总资产投资于不动产相关领域；②75% 以上的营业收入来自不动产租金、转让所得或者抵押贷款利息；③年末必须将 90% 以上的应税收入分配给股东。根据该规定，批复函指出：第一，该机构的目标资产必须在本质上属于永久性构造物，且其各个组成部分无论在物理上还是在功能上都不可分割，因而满足第一条对投资领域的要求；第二，资产的用途只能是被动地运输或储存产品，并不涉及相关产品的生产或加工过程，因而也满足第二条关于收入比例的要求。有趣的是，为支撑裁定结论，美国国税局把该机构的设施性质类比为铁路，而此前美国国税局已在税则中约定铁路资产系"不动产"。

这个批复函非常重要，也为我国制定有关法规提供了经验借鉴。根据这个裁定逻辑，在美国，铁路、高速公路、通信设施、电力配送网络、污水处理设施等具有类似特点的基础设施，都可能成为基础设施 REITs 的投资标的。

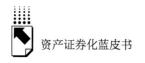
三 基础设施 REITs 的发展展望

近年来，REITs 成为房地产、基础设施和资产证券化等领域的共同热词，各方关注度很高。REITs 作为直接融资工具，具有盘活存量资产、降低企业杠杆率、提升资源配置效率、降低项目融资成本、促进金融市场发展等正面作用。

（一）我国发展 REITs 的政策动态

2009 年 11 月 11 日，中国人民银行联合银监会、证监会等 11 部委成立"REITs 试点管理协调小组"，详细制订了试点实施方案，并在北京、上海、天津开展试点工作。

2015 年 4 月 21 日，财政部、国土资源部、住房和城乡建设部、中国人民银行、国家税务总局和银监会发布《关于运用政府和社会资本合作模式推进公共租赁住房投资建设和运营管理的通知》（财综〔2015〕15 号），明确提出"支持以未来收益覆盖融资本息的公共租赁住房资产发行房地产投资信托基金（REITs），探索建立以市场机制为基础、可持续的公共租赁住房投融资模式"。

2016 年 12 月 21 日，国家发展改革委、证监会发布《关于推进传统基础设施领域政府和社会资本合作（PPP）项目资产证券化相关工作的通知》（发改投资〔2016〕2698 号），明确提出"共同推动不动产投资信托基金（REITs），进一步支持传统基础设施项目建设"。

2017 年 6 月 7 日，财政部、中国人民银行、中国证监会发布《关于规范开展政府和社会资本合作项目资产证券化有关事宜的通知》（财金〔2017〕55 号），明确提出"推动不动产投资信托基金（REITs）发展，鼓励各类市场资金投资 PPP 项目资产证券化产品"。

不过，我国对 REITs 的现有政策还停留在呼吁阶段，并没有特别明确的产品制度，也没有成体系的合格 REITs 的税收、分红、资产配置、收入占比等一整套测试指标，而高层次的法规和明确的税收政策支持，并未真正落实。

（二）发展基础设施 REITs 的必要性

积极探索并大规模发展公募发行、公开交易的权益型 REITs，可以聚集规模巨大的社会公众资金，为基础设施项目提供稳定的资金保障，公众也能获得合理稳定的投资收益，实现家庭财富保值和传承。国内基础设施领域存量资产规模超百万亿元，通过 REITs 可以有效盘活存量资产，发展潜力巨大。

目前国内基础设施领域的项目融资面临瓶颈。我国正在经历前所未有的城镇化过程，对公共基础设施和基本公共服务的效率和质量提出很高的要求。2016 年基础设施领域的新建项目投资近 15 万亿元，每年增速超过20%，涉及 20 多个行业，存量基础设施资产的规模超过 100 万亿元。新预算法和国发〔2014〕43 号文等政策性文件密集出台，要求加强地方政府性债务管控，对地方政府债务规模实行限额管理，基础设施项目建设由主要依赖地方政府融资平台，向 PPP 模式为主的多元化模式转变。但是，长期融资工具和流动性的缺乏，是制约 PPP 项目落地实施的关键因素。迫切需要发展资本市场工具，盘活存量资产，缓解地方政府举债融资受限和继续扩大基础设施项目投资之间的矛盾。推动基础设施 REITs 的发展，可能是解决方向之一。

基础设施 REITs 拥有其他融资方式所不具备的优势和特点，可能也应该成为国内在基础设施领域进行融资的重要渠道之一。基础设施 REITs 具有以下优势：一是可以享有公司所得税优惠政策，提高投资者的收益率，降低基础设施项目的融资成本；二是通过权益型 REITs 盘活存量资产，可以降低基础设施项目投资者的负债率，优化债务结构；三是公募 REITs 具备较为广泛的投资者群体和较高的流动性，可以获得较低融资成本及较长期限的资金支持。

基础设施项目建设通常有两种模式，即对存量项目进行更新改造的褐地项目和投资新建项目的绿地项目。一般而言，褐地项目处于稳定运营期，有较稳定的现金流，可以把已经建成进入稳定运营阶段的褐地项目资产转让给权益型 REITs，实现专业化运营。对于绿地项目，面临一定的完工风险，由

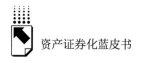
于建设期往往无现金流或现金流较少，而权益型 REITs 又有一定当期的分红压力，因此权益型 REITs 不宜高比例直接投资绿地项目。

（三）发展基础设施 REITs 的有关建议

在国内要推广基础设施类 REITs，需要在几个方面着力创造条件。

第一，需要税收支持政策。从国外的经验看，REITs 之所以发展迅速，一个重要原因是在税收方面享受明确的支持性政策。与商业地产类 REITs 一样，迫切需要明确避免公司所得税双重纳税等税收问题。更进一步，由于依托公共基础设施项目提供基本公共服务是政府责任，公共基础设施项目本身的主营业务收入主要来自使用者付费或财政付费，这类收入能否豁免征税，需要相关政策明确。

第二，明确资产转让政策。目前国内基础设施项目的股权转让、资产转让、经营权转让的政策与流程尚未明确，不利于基础设施类资产的有序转让，也难以对基础设施类资产进行有效估值。2014 年 12 月，国家发展改革委印发《关于开展政府和社会资本合作的指导意见》，将推出机制作为重要的一环予以规范，并提出政府要"依托各类产权、股权交易市场，为社会资本提供多元化、规范化、市场化的推出渠道"。2017 年 7 月国家发展改革委印发《关于加快运用 PPP 模式盘活基础设施存量资产有关工作的通知》，提出"运用 PPP 模式盘活基础设施存量资产，要在符合国有资产管理等相关法律法规制度的前提下，解放思想、勇于创新，优先推出边界条件明确、商业模式清晰、现金流稳定的优质存量资产，提升社会资本参与的积极性。支持社会资本方创新运营管理模式，充分挖掘项目的商业价值，在确保公共利益的前提下，提高合理投资回报水平"。但是并未明确规定具体的操作流程，政策层面有待于进一步完善。

第三，培育稳定的项目现金流。国内的公共基础设施领域，普遍尚未建立起足够水平的使用者付费机制，靠使用者付费无法提供扣除成本费用之后的稳定净现金流。即使有使用者付费机制的基础设施项目，大多也还需要政府补贴，地方政府是否具有足够的支付能力成为关键因素。由于净现金流不足，以基础设施资产为基础资产的资产证券化业务，普遍依赖原始权益人及其关联机构的主体信用，实质上还是信用融资，而不是真正的资产支持产品。基础设施项目资产的现金流不足，将制约基础设施类 REITs 的推广。

第四，IPO 实行注册制。权益型的公司制 REITs 一般是公开发行并上市交易的上市公司。由于基础设施 REITs 的标准化程度高、基础资产的项目现金流稳定、REITs 的分红率也很稳定，是稳定资本市场的重要品种。建议中国证监会设立专门的基础设施类 REITs 板块，简化发行和上市程序，为基础设施领域的融资拓展稳定的渠道，同时为保险资金、养老基金和财富传承资金等中长期资金提供理想的长期配置标的。国内资本市场上，已经有一批以高速公路、港口、机场、供水、污水处理为主业的上市公司，这些公司经过必要改造并通过合格性测试后，即可转型为标准化的基础设施类 REITs。

据悉，中国证监会近期也会发布 REITs 监管政策，期待中国版的基础设施 REITs 快速落地，为国内基础设施项目提供长期低成本资金支持。

虽然推广基础设施类 REITs 目前还需要一些条件，且面临一些制约性因素，但是 REITs 在基础设施领域的应用，确实是解决基础设施项目融资的有效手段之一，加快这一方面的试点探索及政策支持，非常有意义。

参考文献

［1］〔瑞士〕芭芭拉·韦伯：《基础设施投资策略、可持续性、项目融资与 PPP》（第二版），罗桂连等译，机械工业出版社，2018。

［2］〔美〕斯蒂芬妮·克鲁森-凯莉、R. 布拉德·托马斯：《REITs 分析与投资指南》，罗桂连、尹昱译，机械工业出版社，2018。

［3］林华、罗桂连、张志军等编《PPP 与资产证券化》，中信出版社，2016。

［4］〔美〕马克·戈登：《REITs 投资指南》，林华、罗桂连、阚晓西等译，中信出版社，2017。

［5］林华主编《中国 REITs 操作手册：基础设施和商业地产资产证券化操作指南》，中信出版社，2018。

B.9
PPP 项目资产证券化的"会计出表"

王芳 陶坚 黄晓*

摘　要： "会计出表"一直是资产证券化过程中的一个难题，尤其是企业资产证券化项目。PPP 项目资产证券化的"会计出表"亦然。由于 PPP 项目资产证券化尚在初试阶段，这里着重分析与 PPP 项目资产证券化相近的类 REITs 的"会计出表"问题。以租金收入和房地产升值为收益基础的类 REITs，这几年已有较快发展，而且在今后还将成为支持房屋租赁行业以及其他不动产和基础设施行业发展的重要金融工具，但"会计出表"一直困难重重。"会计出表"如何判断？存在哪些技术难点和政策风险？在所得税双重征税背景下，REITs 存在哪些复杂的交易结构？在土增税巨额征收背景下，我国类 REITs 的发展面临哪些政策瓶颈？这些是本文研究的主要内容。

关键词： PPP 项目　类 REITs　会计出表

---

* 王芳，北京国家会计学院金融学副教授，研究生导师。长期从事金融市场和金融工具的教学研究工作，研究领域为结构金融和金融衍生品，以及金融工具的会计处理。陶坚，德勤华永会计师事务所（特殊普通合伙）全球金融服务团队中国区证券化业务主管合伙人，拥有近 20 年金融行业专业服务经验。是中国银行间交易商协会第一届会计专业委员会委员、上海证券交易所第一期资产证券化外部咨询专家、银登中心的备案审核中心专家。黄晓，普华永道北京税务部金融税务服务组高级经理。

一 为什么要研究类 REITs 的会计出表问题？

运用资产证券化，创新融资模式，使 PPP 项目对接资本市场，是最大限度发挥 PPP 作用的重要途径。而 PPP 项目资产证券化（PPP－ABS）最大的难点在于基础资产的选择，只有那些基础资产能够"会计出表"的 PPP 项目，才能帮助企业实现轻资产战略和提高流动性。

所谓会计出表，简单地说，就是把证券化的基础资产从企业的资产负债表中划出，使之不再作为企业持有的资产。实现了会计出表，企业原先拥有的非现金基础资产就变成了现金，就可以继续进行新的建设和生产。

但是，并非所有的资产证券化项目都可以实现会计出表。从会计角度判断"真实出售和破产隔离"，从根本上讲，要看企业是否已经转移了金融资产所有权几乎所有的风险和报酬。如果"是"，则金融资产可以"终止确认"，即可以"会计出表"。与此相联系的，是看基础资产现金流从资产端到资金端的流转，是否满足"不垫款""不挪用""不延误"的"清洁过手"原则。不能满足现金流过手测试的金融资产转移，其金融资产不能"终止确认"，也就不能"会计出表"。由此可见，会计出表包括三个方面：权利出表、风险出表、控制出表。只有会计出表的资产证券化，才能真正实现企业的"轻资产"和存量资产的盘活；对于那些不出表的资产证券化和无形资产证券化，增加企业融资的同时，也会提高资产负债率。

按照会计出表的标准和要求，目前 PPP 项目资产证券化的会计出表难度很大，这主要与其基础资产的特殊性有关。传统的 PPP 项目资产证券化，基础资产主要为特许经营权下的收费收益权；创新模式下的 PPP 资产证券化，基础资产可以是合同债权、股权，以及 PPP-REITs（以基础设施自身的价值增值和租金收入为支持发行类 REITs）。从会计视角来看，PPP 项目公司对于运营阶段所获得的未来稳定现金流进行证券化时，基础资产可区分为无形资产（主要体现为收费收益权）和金融资产（主要体现为对政府的应收账款）。在无形资产模式下，项目公司的财务报表上并无已确认的金融资产，无形资产的证券化不属于"处置"，因此对于项目运营阶段未来现金流流入进行证券化，属于融资性质。即收费收益权并不是会计上的"资产"，从而不存在会计出表问题。在金融资产模式下，按照《企业会计准则第23号——金融资产转移》判断是否满足金融资产终止确认条件。若满足，则按照金融资产终止确认进行处理，即实现了会计出表；若不满足，则属于债务融资性质，在收到募集资金之后确认一笔负债。如选择将对政府的合同债权作为证券化的基础资产，存在政策风险，有可能被监管层认为，该PPP资产证券化涉嫌将偿付责任向政府延伸，以及"绑架"政府刚性兑付。

PPP资产证券化会计问题上的困难必须解决。在现有条件下，寻找一种与PPP资产证券化比较接近的资产证券化类型进行超前分析和研究，可能是一种较好的方法。经过分析比较，我们决定以类REITs作为替代研究的对象。所谓类REITs，是指具有REITs的某些特征，但又不是完全意义上的REITs。国外成熟资本市场的REITs，一般具有以下特征：①流动性较强，REITs将完整物业或基础设施分成相对较小的单位，并可以在公开市场上市或流通，这降低了投资者门槛，也拓宽了地产和基础设施投资的退出机制；②资产组合较好，REITs将大部分资金用于购买并持有能产生稳定现金流的物业资产，如写字楼、商业零售、酒店、公寓、政府基础设施等；③税收中性，不因REITs本身的结构带来新的税收负担，某些地区给予REITs产品一定的税收优惠；④管理主动性强，公开交易的REITs，大多为拥有完整的公司治理结构的主动管理型公司，积极参与物业的经营全过程；⑤收益向投资者倾斜，REITs一般将绝大部分收益——通常为90%以上，通过派息分配给投资者；⑥杠杆率低，REITs虽然也是杠杆经营，但杠杆较为适中，美国REITs资产负债率长期低于55%。

目前，我国房地产投资信托基金仅发展到私募阶段，并且需要对接ABS才能实现产品的标准化和交易所挂牌转让，与国外成熟资本市场的"真REITs"相比，只能称为类REITs。

我们之所以选择类REITs作为替代研究的对象有三个原因。一是类REITs所涉及的项目与PPP项目有较多的相似之处。前面已经介绍，我国

PPP 项目和类 REITs 存在一定的交集，PPP 主要运作方式包括委托经营（O&M）、管理合同（MC）、转让—运营—移交（TOT）、改建—运营—移交（ROT）、建设—运营—移交（BOT），和建设—拥有—运营（BOO）。其中，在 TOT、ROT 和 BOO 模式下，基础设施的产权可以归社会资本方或项目公司所有，从而存在以基础设施为基础资产发行 PPP 项目 REITs 的可能性。二是基础设施的稳定性与长期性与 REITs 属性非常匹配。在国际金融市场上也是如此，能够产生稳定现金流的营业性基础设施占国际 REITs 市场约 9%的比重。三是类 REITs 本身的会计出表也存在一定困难。通过对类 REITs 会计出表的分析和研究，探索一条政府、社会资本共走轻资产之路，减少"刚性兑付"风险、增加资本市场投资品种，也许是一个非常具有想象空间和可操作性的金融创新。

主要以租金收入和物业升值为收益基础的类 REITs，正在成为支持房屋租赁行业以及其他不动产和基础设施行业发展的重要金融工具。2017 年，我国交易所共发行 28 只类 REITs 产品，发行总额为 624.49 亿元，分别比上年增长 100% 和 75%。[①] 应该说，我国类 REITs 市场正在进入快速发展的通道，社会各界和政府层面都给予充分的重视，意欲将其作为去库存、去杠杆、增加流动性、化解系统性风险的重要金融工具。但类 REITs 较高的产品定价、较大的刚性兑付比例和冗长复杂的交易链条，不仅使企业发行 REITs 的综合交易成本居高不下，而且会计出表问题也十分困难。研究类 REITs 的会计出表问题，不仅有利于解决其本身的会计出表困难，而且可为 PPP 项目证券化的出表问题提供一些参考，因此是很有意义的事情。

研究类 REITs 的会计出表问题，主要是研究其出表困难的原因和解决困难的办法。我们知道，在资产证券化过程中，基础资产的会计出表，是需要经过会计师的专业认定的。所谓会计出表难，就是证券化基础资产的出表很难得到会计师的认可。会计师不认可会计出表，通常有两种情况。一种情况是所做的证券化项目达不到出表的标准，这是最主要的原因。只有让真实达

---

① 数据引自中国资产证券化分析网，http://www.cn-abs.com。

标的类 REITs 出表，才能实现去存量、轻资产的企业战略；而那些虚假出表的 REITs，将影响投资人的投资决策，造成风险与收益的不对等，甚至成为系统性金融风险集聚和爆发的根源。另一种情况是会计师难以对证券化项目是否达到出表的标准做出迅速、准确的判断。现在我们就循着这一思路，对类 REITs 会计出表难的原因进行客观的分析。

二 类 REITs 项目尚未完全达到会计出表的标准

（一）股性不足、债性有余，使得类 REITs 面临"刚性兑付"风险

类 REITs 优先劣后的分层结构和其他结构化产品并无不同，但在银行理财资金作为主要投资人的情况下，资产证券化市场资金端更多地表现出银行理财特征，导致类 REITs 结构呈现优先劣后的分层股性不足、债性有余。类 REITs 产品表现为较厚的优先级、较短的产品期限、较高的要求回报率。资金端较高的回报率要求，与底层物业较低的租金收益率形成利率错配，使类 REITs 面临较大的兑付风险，"刚性兑付"由此而生。

为什么类 REITs 会呈现股性不足、债性有余的优先劣后的分层结构？因为我国不像有的国家，允许房地产投资信托基金向银行借贷，提高其财务杠杆率（新加坡此比率最高可达55%）。于是我国的专项计划便以发行优先级证券的形式来进行融资，导致优先级证券的占比过高。据测算，我国目前已发行的类 REITs，优先级证券形成的杠杆率平均值高达85%。而优先级投资人的目的就是固定收益，其回报要求呈现"刚性兑付"。

（二）次级证券存在明债实股现象

在类 REITs 优先劣后整体股性不足、债性有余的同时，由于次级证券销售困难，也出现原始权益人和投资者收益互换、优先回购权利金规则，使次级证券呈现"明债实股"特征，这不仅导致证券违约事件发生时投资人收益无法保证，而且使原始权益人无法真正和证券化资产实现风险隔离。

（三）原始权益人自持次级比例过高

REITs 次级证券标的资产是底层物业本身，规模大期限长。在市场短期限投资偏好影响下，次级证券很难找到合适的风险投资人。因此，原始权益人不得不自己购买比例过高的次级证券，来完成产品发行。其结果既缩减了融资规模，又造成了原始权益人与优先级投资人风险和报酬的不一致。并且，原始权益人持有的次级证券比例过高，将形成对基础资产的"控制"，使得会计出表判断变得非常复杂，最终影响会计出表。

自持次级证券比例过高，除为了摆脱发行时次级证券的销售困境，也与一些商业物业业主实行轻资产战略有关。其实，轻资产也有个真伪的问题。但为了达到轻资产的目的而低价卖出物业导致资产流失，这显然得不偿失。如果优先回购权控制在原始权益人手上，就不是真正的轻资产，而且必然无法切断与出售资产损益的关联，导致会计出表无法实现。应该明白，轻资产战略不仅应体现在出表时点的报表美化，而且应体现在存续期收益的创造上，即原始权益人后续应该通过管理能力为公司提供管理收益和超额管理费。

三　类 REITs 交易结构和交易规则存在影响出表判断的因素

（一）"出表判断"的路径过长，导致底层物业难以实现会计出表

通常会计师判断底层物业能否实现"会计出表"，需要考虑以下几个关键问题：①如果原始权益人持有 REITs 的次级证券，是否需要合并专项计划？②原物业持有人是否需要合并私募基金？③原物业持有人是否放弃了对物业项目与物业的实质控制？

目前 REITs 的交易结构很复杂，REITs 底层物业的转让路径至少为四层，即底层物业—项目公司—私募基金—专项计划。任何一层的控制，都会

导致项目公司纳入合并报表范围。底层物业转让真实与否，判断的范围太大、路径太长，给 REITs 会计出表判断造成困难。

（二）类 REITs 交易规则中存在影响会计师"会计出表"判断的问题

1. 转让时点的问题

类 REITs 是在专项计划发行成功后，或发行前稍早一些，确认重组完成与股权过户。例如，一单成功发行的 REITs，发行了 30 亿元，在发行前期用于支付的转让款不足 1000 万元。从对价方面我们无法判断这一转让是有效的。

2. 转让方式的问题

类 REITs 通常需要经历很多重组，才能形成一个转让闭环。由于最终这个项目是否成功并不确定，初始转让环节的操作必然是在发起人所控制的实体内进行。因此，会计师不能基于初始转让的对象和方法，来判断转让是否"出表"。

3. 证券份额结构的问题

类 REITs 证券端是分层的，通常需要原始权益人持有一定比例次级来提供增信，于是原始权益人与优先级份额持有人会形成不同的可变回报和风险报酬模型，这就会引发风险报酬转移问题，而这个问题是会计师希望能够避免出现的。

4. 公司治理的问题

就类 REITs 而言，目前市场上其治理机制只有"受托人大会"或"专项计划持有人大会"。这种机制发挥作用的可能性较小，在优先级份额到期的情况下怎么开会？在处置期怎么开会？目前我们还看不到这种机制所发挥的作用。真正管理 REITs 的是项目公司，以及项目公司的控制方。而项目公司的治理对专项计划的影响是很大的。在会计分析中，会计师要从专项计划穿透到每一个对物业影响的载体中。

5. 权力与可变回报的问题

根据合并财务报告准则进行控制分析时，要把控制落到很多细节处，包括权力的安排，要分 REITs 运营期、处置期的权力分别在哪方面。要注意专项计划的权力，契约基金的权力和项目公司的权力安排及考虑各方是否有实际能力行使以上权力。若售后回租模式的，租赁合同的期限和 REITs 期限情况关系如何。若租赁合同很长，提前解除的违约金很高，但 REITs 存续期只有 5 年，那么 REITs 很难在这个期间解约，所以即便是赋予计划管理人很大权力，实际执行能力也不存在。再如，物业有没有潜在的购买方？是否为特定的、非常难以改造或改造受限的物业？这类物业所对应的类 REITs，其管理人的实际处置能力要打折扣。

（三）资产端与证券端的各种错配影响"会计出表"判断

1. 底层物业的非金融属性与专项计划的金融属性之间存在错配

通常而言，物业是非金融资产。企业把物业卖给第三方，是否符合固定资产或长期股权投资转让条件就可以确认出售？企业把物业卖给了联营公司，即便企业持有联营公司 20% ~ 50% 的股份，会计师是否会认为这个物业转让不成功？虽然企业能够通过联营公司获得转让后的收益，或者持续的增值，但是并没有会计法规要求以风险报酬转让的程度来评估这一转让行为。如果企业把物业转让给专项计划且持有一定的计划份额，也能够享受到专项计划对应的收益。目前的困境是，份额化之后的专项计划是有金融属性的，可供零散出售，可以继续持有。这一金融属性是否应该推翻物业转让最基本的非金融属性？

2. 底层物业的长期限与证券端专项计划的短期限之间存在错配

虽然存在土地使用权的期限问题，但 REITs 底层物业的寿命与专项计划相比，还是很长期的。类 REITs 的相关载体，如专项计划、有限合伙基金等都有法定期限，这就影响到类 REITs 的后续推出，也给交易结构设计造成了很大的障碍。目前市场上，所有类 REITs 的交易安排中都存在赎回条款、回购、延期等情况，并且，由于市场上很难找到提供赎回流动性的投资人，通

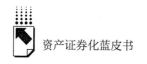

常只能由原始权益人或大股东来完成这一交易。这些现实情况的存在，都会对 REITs 会计出表判断造成很大的影响。到期安排中常见的优先回购权利金的支付时点，是到回购的时点再付，还是每年都要付？当已支付权利金形成巨大的沉没成本时，即使合同上写的是权力，在会计上的解读也是义务。

资产端与证券端的各种错配，导致复杂的交易安排，即使在法律上实现了真实出售，底层物业仍不能脱离原持有人的实质性控制，证券投资人的权益保障存在很大的不确定性。

四　影响类 REITs 会计出表的税务原因

如果说类 REITs 会计出表难的直接原因是它还没有完全达到出表标准，以及存在一些影响会计师进行出表判断的因素，那么，在这些直接原因的背后，一定还有一些原因，可以看作间接原因或深层次原因。在前面的研究中笔者已经对其中特殊性的原因（如类 REITs 股性不足、债性有余的原因）做了一些分析，下面重点分析一下普遍性的原因，特别是税务方面的原因，或者说类 REITs 面临的税务困境。

我国类 REITs 操作过程中涉及的税收种类包括增值税、印花税、契税、企业所得税、土地增值税。现行税法对增值税、印花税、契税的规定相对清晰明确，对交易结构和交易规则的影响不大。而对类 REITs 设立环节的土地增值税和持有环节的所得税，则有较大的影响。

（一）设立环节的巨额土地增值税

以底层物业直接发行 REITs 在我国目前没有政策支持，通常的做法是，在交易环节中，增加一层项目公司，物业持有人将物业入股项目公司，形成股权资产从而实现 REITs 的设立。在一些国家（如新加坡）的 REITs 市场，底层物业是可以直接转让的，因为这个环节政府不收税。国内的底层物业转让，需要通过资产重组来形成项目公司股权，目的是规避物业转让环节的土地增值税。财政部、国家税务总局发布的《关于企业改制重组有关土地增值税政策的通知》（财税〔2015〕5 号）第四条规定："单位、个人在改制重组时以国有土地、房屋进行投资，对其将国有土地、房屋权属转移、变更到被投资的企业，暂不征土地增值税。"但上述改制重组有关土地增值税政策不适用于房地产开发企业。在当前税法下，此结构只适用于物业资产原持有方和 REITs 项目公司均为非房地产开发企业。而当前的现实状况是，发行 REITs 产品的多为房地产开发企业，税法规定，即使经过资产重组，物业转让环节仍需缴纳土地增值税，且最高税率达 60%，在缴纳了土地增值税之后，利润所剩无几。此规定导致许多房地产企业尽管持有优质物业也难以通过发行类 REITs 获得融资和实现轻资产战略。有些房地产企业为了能够通过发行类 REITs 而获得融资，只好采用复杂的交易结构。

（二）持有环节的所得税重复征收

类 REITs 项目公司取得物业收益后，需按照 25% 的税率缴纳企业所得税。专项计划分配收益后，机构投资者按照 25% 的税率缴纳企业所得税，个人投资者按 20% 的税率缴纳个人所得税，由此造成了所得税的重复征收。

所得税重复征收，极大地影响了 REITs 的投资收益，降低了投资者参与 REITs 的积极性。为规避项目公司层面的所得税，业内通常的做法是在类 REITs 私募基金与项目公司之间，增设一个 SPV，借以形成私募基金对项目公司的债权。该操作既实现了项目公司的利息税前扣除，又使底层物业现金流对接专项计划的优先级债券。此 SPV 在私募基金完成收购项目公司股权之后，通常会被项目公司反向吸收，但此反向吸收合并存在诸多政策不确定，尚未被多数税务机关所认可，具体操作仍需与工商行政管理部门进一步沟通。

五　解决类 REITs 会计出表问题的政策建议

要解决当前我国类 REITs 会计出表难题，必须对症下药，标本兼治。最

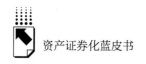
重要的当然是要努力达到出表的标准，只有让真实达标的类 REITs 会计出表，才能实现去存量、轻资产的企业战略。如果只是做些表面文章，甚至搞虚假出表，那是没有意义的。虚假出表的类 REITs，将影响投资人的投资决策，造成风险与收益的不对等。一旦发生违约，原物业持有人、私募基金、券商、银行、评级公司、评估公司、会计师都将面临连带风险，这当然是不可取的。另外，要解决那些影响会计师正确判断的问题，使那些符合标准的 REITs 项目能够及时得到出表的确认。针对之前的分析提出以下具体六项建议。

（一）产品永续发行，减少证券滚动发行中的回购和处置风险

国外成熟资本市场的真 REITs 是没有到期日的，可以永续交易，并且商业贷款的到期与展期不影响 REITs 的持续交易。国内物业资产虽然存在土地使用权的期限问题，但与专项计划相比，其寿命是很长期的，这就是所谓资产端和资金端的期限错配。类 REITs 的相关载体，如专项计划、有限合伙企业等都有法定期限，就必然涉及期满后的 REITs 退出或展期问题，这给 REITs 交易结构设计造成了很大的障碍。所以，所有类 REITs 的交易安排都存在赎回条款、回购、延期等情况，这些限制会对会计师判断出表造成影响。到期安排中常见的优先回购权利金的支付时点，是回购时再付，还是每年都要付？当支付的权利金已形成巨大的沉没成本时，即便合同上写的是权力，会计上的解读也是义务。让类 REITs 永续发行，使该产品变成一个股性的产品，可以减少回购安排的资金压力，节省权利金成本，从而彻底解决期限错配的问题。

（二）缩小优先层厚度，缓解底层物业收益率低压力，降低"刚性兑付"风险

如能减少优先级持有人的份额，就不需要把太多的现金分配给优先级持有人。真正 REITs 的财务杠杆，是引入商业贷款作为债务融资，而商业贷款可以形成相对灵活的本息偿还安排。这样，低租售比造成的现金流支付不足问题，可能会因类 REITs 持有人结构的变化而改善。当类 REITs 的股性高于

债性的时候，原始权益人的"控制""义务"都被弱化，会计出表也就不再是一个难题了。

（三)简化交易层级，减小操作风险

目前国内类 REITs 交易层级多达四层以上，其主要原因是税务的考量，如果能够解决设立环节巨额土地增值税问题和持有环节的所得税双重征税问题，并从固定收益市场转板到股票市场，可能中间的层级都可以去掉，由投资人直接持有底层物业的份额，就像公司发行股票。减少了交易层级，就减少了交易合约和交易对方，也就减少了人为错误、电脑系统故障、工作程序和内部控制不当等造成的操作风险。

（四）政府对底层物业租金进行补贴，缓解证券端与资产端的利率错配

解决类 REITs 利率错配的根本办法是由固定收益产品转为权益型产品，或者是调高次级投资人所占的比例。对于那些重点需要扶持和鼓励的区域和企业，如涉及扶贫和重大民生项目的住房和经营性基础设施项目，政府可以考虑给予租金形式的财政补贴，以提高底层物业的租金收入，从而缩小资产端收益率与资金端要求报酬率之间的差额。

（五）吸引保险资金、社保资金入市，缓解证券端与资产端的期限错配

目前企业资产证券化的投资人多为商业银行，商业银行出于风险管理的要求，允许投资证券化产品的期限大多为 1 年。而短借长投，正是造成流动性风险的根源。彻底解决类 REITs 资产端和资金端期限错配问题，就必须找到长久期的资金与类 REITs 进行对接。保险资金、社保资金的特征是长久期、低风险偏好，对于那些信用评级高、收益稳定的类 REITs 产品来说，是最合适的选择。目前，保险资金、社保资金投资类 REITs 产品，需要国家出台相应的政策进行支持。

（六）为 REITs 制定专门的规则，化解税务困境

我们可以借鉴 REITs 发展成熟的国家的做法，它们所采用的税收政策通常是这样的：当 REITs 项目公司分配达到一定比例时享受免征所得税的处理（或者分红可以在所得税前扣除），由投资者按照分配的部分纳税，即仅在投资人层面征收一道所得税，避免机构与个人投资者的重复征税问题。

我国在信贷资产证券化实施的过程中，财政部、国家税务总局曾发布过《关于信贷资产证券化有关税收政策问题的通知》（财税〔2006〕5号）。在此通过中，财政部、国家税务总局曾明确提出以收益分配与否来决定所得税的征免，此文件对于解决我国类 REITs 的所得税双重征税困境，具有很大的借鉴参考意义。

参考文献

［1］ 马伟、余菁：《各国（地区）房地产投资信托税收待遇比较及借鉴》，《国际税收》2016 年第 4 期，第 47～51 页。

［2］ 汪诚、戈岐明：《房地产投资信托基金的税收问题研究》，《税务研究》2015 年第 7 期，第 104～107 页。

［3］ 杨坤、陈德棉：《美国 REITs 税收待遇对中国的启示》，《现代管理科学》2007 年第 9 期，第 6～8 页。

［4］ 吴秀波：《美国税收制度助推房地产投资信托的发展》，《中国房地信息》2006 年第 5 期，第 62～65 页。

［5］ 黄志刚：《房地产投资信托基金税收问题研究》，中央财经大学，博士学位论文，2012。

［6］ 李永乐：《次贷危机中影子银行和资产证券化的角色与作用》，《人民论坛》2015 年第 35 期，第 80～82 页。

［7］ 叶德磊：《论我国金融生态圈优化与金融创新的功效》，《当代经济科学》2006 年第 7 期，第 34～39 页。

［8］ 孙彬彬、周岳：《透析商业银行资产证券化动力》，《银行家》2015 年第 7 期，第 24～27 页。

［9］ 王晓博：《现代企业资产证券化融资的动因分析：基于文献综述的视角》，《经

济论坛》2007 年第 24 期，第 97 ~ 100 页。

［10］徐文舸、刘洋：《中美两国的资产证券化：兼谈金融创新与债务危机》，《国际金融》2014 年第 11 期，第 74 ~ 80 页。

［11］李宁、姜超：《我国资产证券化业务发展的新特点》，《债券》2014 年第 9 期，第 20 ~ 23 页。

［12］Bruce D. Grundy, Merton H. Miller, "His Contribution to Financial Economics," *The Journal of Finance*, 2002, 56 (4).

［13］Jeff Whitworth, David A. Carter, "The Ex-Day Price Behavior of REITs: Taxes or Ticks?" *Real Estate Economics*, 2010, 38 (4).

B.10

我国推进 PPP 项目资产证券化面临的问题及政策建议

罗桂连*

摘　要：　本文首先综述我国 PPP 发展存在的主要问题，阐释目前我国
还缺乏可以大规模推进 PPP 资产证券化的合格基础资产。随
后分析国内推广 PPP 项目资产证券化面临的主要问题与挑
战，造成原始权益人不愿意积极主动参与 PPP 资产证券化，
制约基础设施领域的 PPP 项目资产证券化业务的稳步发展。
最后提出了加强立法、培育现金流、加强各方能力建设和完
善市场交易机制等 9 个方面的建议。

关键词：　PPP　资产证券化　基础设施

由于大规模推进 PPP 项目还存在很多制约因素，目前还缺乏可以大规模推进 PPP 资产证券化的可选合格基础资产。PPP 资产证券化本身也存在一些问题，需要各方面针对这些突出问题，切实补短板，才能推进 PPP 工作和 PPP 资产证券化行稳致远。

---

* 罗桂连，清华大学管理学博士，伦敦政治经济学院访问学者，注册会计师。中国国际工程咨
询公司研究中心投融资咨询处处长。国家发展改革委 PPP 专家库定向邀请专家，清华大学
PPP 研究中心特聘高级专家，中国资产证券化百人会保险专业委员会副主任委员，中国银行
间市场交易商协会法律专业委员会委员。

一　PPP 发展存在的问题

我国发展 PPP 模式已有 3 年多，名义签约项目金额已经超过 8 万亿元，但是实际落实融资且具备开工条件的项目约 1 万亿元，占 3 年来地方基础设施项目投资总额的不到 5%。表面上成绩显著，实际上已陷入泥潭。很多地方政府耗费大量人力、物力签约诸多项目，但就是没有项目落地执行；财政部门发现可能造成更加严重的地方政府债务问题，忙着全面整改清库；施工企业落实不了融资，很多项目面临违约困局，已经勉强开工的项目也忐忑不安；咨询机构还幻想从处理后续纠纷中再捞一把；金融机构庆幸没有深度介入。PPP 转眼进入寒冬，存在的主要问题有以下几个。

（一）缺乏权威的法律法规支持

我国 PPP 领域，目前仅有一项部门规章，主要靠数量众多的规范性文件指导。国家发展改革委与财政部两部委发布的政策性文件，存在很多冲突和不一致的地方。规范性文件的法律位阶低、相互之间存在冲突、权威性不强，难以取信于社会资本及公众。这种政策混乱的局面，给地方政府及社会资本实施 PPP 项目造成实质性困难。另外，PPP 模式的内在要求，与当前预算、土地、国资、税收、融资、招投标、政府采购等法律规定，存在不衔接的问题，甚至有明显冲突，增加了法律与政策风险。特别是 2017 年下半年有关部委相继发布了一系列针对 PPP 乱象的规范政策，国内 PPP 模式的下一步发展面临较大的不确定性。

（二）地方政府的公共治理能力普遍不足

在 PPP 模式下，政府从直接实施项目，转变为整合各类社会资源，用公共治理机制和市场化方式实施项目，政府应当从行政命令方式，转变为平等协商的公共治理方式。这种转变难以在短期内完成，经常出现

地方政府行为不当甚至违约。《2016年政府工作报告》指出："政府要带头讲诚信，绝不能随意改变约定，决不能'新官不理旧账'。"反映出这种现象的普遍性与严重性，各级地方政府思维方式与行为方式的转变前路漫漫。

（三）政府的规制与监管能力不足

PPP项目合作周期长，特许经营期内可能遇到的不可预期的事项很多。政府在合同管理上会遇到以下几个方面的挑战：一是PPP合作协议可能经常需要调整，政府需要参与并主导有关协议的再谈判；二是具体项目的日常运行涉及多个政府部门，需要整合各方面的力量对项目公司及其主要股东，进行全方位、全流程的日常规制和监管；三是项目实施过程中，可能出现项目公司违约、工程事故、经营事故、社会冲突、不可抗力等突发事件，有时还需要政府介入和接管项目公司，政府要有能力主动应对，尽可能控制损失与影响。国内地方政府普遍缺乏这方面的能力和人员积累，挑战性和风险性很大。

（四）缺乏众多合格的候选社会资本

实施PPP项目的社会资本，需要具备筹集稳定长期、成本合适的巨额资金，按百年工程标准组织好项目建设，运营管理好项目资产实现最佳社会与经济效益的综合能力。理论上，可以通过组建联合体来整合各方能力，但实际上由于联合体的责任与利益划分、连带责任的法律界定、联合体本身的不稳定等问题，困难也很明显。

（五）民营企业存在进入限制

2012年以来，我国民间投资增速总体呈下滑态势，2016年首次出现民间投资增速低于总体投资增速的现象，与总体投资增速的缺口有所增大。民营企业参与PPP项目，存在以下限制：一是部分项目的招标通过条件设置限制民营企业参与；二是融资成本较高，存在竞争劣势；三是民营企业应对政府履约风险的能力较弱；四是重建设轻运营，不利于民营企业发挥运营管理方面的优势；五是获取项目信息较难且不及时。实际上，民营企业在看重持续运营能力和效率的污水处理、垃圾处理、环卫等市政基础设施领域，以及养老、文化等社会基础设施领域，有特别明显的体制机制优势。未来，随着金融市场化改革的继续深入，民营企业在公共基础设施和基本公共服务领域的发展前景可期。

（六）难以实现基于项目本身现金流的项目融资方式

基础设施项目投资规模以亿元为单位，依靠社会资本的表内融资或主体担保，普遍无法承受。唯有实现以项目现金流为基础的项目融资，做到表外融资和有限追索，才有可能打破融资困局，为 PPP 模式提供稳定的资金支持。

（七）缺乏中长期稳定资金支持

PPP 项目通常是资金密集型项目，项目投资回收期往往超过 15 年，特许经营期接近 30 年，稳定、巨额、低成本的资金供应是项目稳定运行的基础，具有长期资金积聚能力的财务投资者，是 PPP 项目的主要出资者。我国适合投资 PPP 项目的长期金融产品尚不发达，商业银行与保险机构这类主流财务投资者，尚不熟悉项目融资方式，将实质性制约 PPP 模式在我国的大范围推广。

（八）对国内外经验教训的借鉴不够扎实

政府购买服务形式的 PPP 模式在英国已经有超过 20 年的实践，特许经营形式的 PPP 模式在法国更有超过 60 年的实践，还有澳大利亚、加拿大、新西兰、新加坡、日本，都有比较长时间的实践。在我国，原国家计委从 1994 年开始试点，2003 年起原建设部推动市政公用行业市场化运作，也有超过 6000 个案例。认真、全面、客观总结国内外经验与教训，避免犯重复的错误特别重要。不过，从各种渠道了解的信息看，这轮 PPP 项目在操作

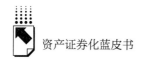

上过于粗糙，存在较高的潜在隐患。

国内 PPP 存在诸多问题，源于各方对 PPP 的核心内涵尚远未达成共识。PPP 是什么？地方政府认为，PPP 是突破融资限制的被迫选项，落实建设资金压倒一切。财政部门认为，PPP 是解决地方政府债务问题的神器，原以为 PPP 不会形成政府债务。施工企业认为，PPP 可以获取比传统工程项目高很多的施工毛利。咨询机构认为，PPP 是一轮多年难遇的赚钱良机，其只负责走程序抓紧赚咨询费。

实质上，PPP 是道而不是术，PPP 是理念而不是具体模式。有术无道，体不附魂，手忙脚乱，乱创乱试，事倍功半。PPP 的核心内涵在于有效积聚整合各方面的优势资源，构建有弹性的激励相容的公共治理机制，通过诸多不同利益诉求的相关方长达几十年的持续博弈，各方合力同心、尽力而为、量力而行、按贡献和绩效取酬，实现公共基础设施项目全生命周期综合效能的最优化。

如此，各方在 PPP 事业中要找准定位。地方政府要承担公共基础设施项目发起人的兜底责任，这种政治责任无法真正转移，能外包的只是具体工作任务。财政部门要放弃不切实际的认识，将 PPP 事业的主导权交给有公共治理能力的政府部门，甘当配角。施工企业需要着力培育 PPP 需要的综合能力。金融机构需要从主体融资转向项目融资。构建公共治理机制和各方能力建设任重道远。

虽然前路还有坎坷，如各方对 PPP 之道达成共识、不忘初心、稳中求进，坚信 PPP 会有光明的未来，逐步成为国内基础设施投融资领域的主流模式之一，进而作为国际语言为落实"一带一路"倡议发挥重要作用。但是，有关条件的成熟需要比较长的时间，绝对不能操之过急，所谓欲速则不达。

二　PPP 资产证券化存在的问题与挑战

从推动 PPP 资产证券化的实践看，资产证券化领域也存在一些问题，让原始权益人不愿意积极主动参与 PPP 资产证券化，制约基础设施领域的 PPP 项目资产证券化业务的稳步发展。

（一）规范 PPP 项目资产证券化业务的法规层次还很低

目前，除信贷资产证券化业务外，我国其他类型的资产证券化业务的 SPV 信托法律关系主体地位，尚未得到《信托法》的明确支持，基于信托关系实现资产独立和破产隔离的法律基础不够牢固。PPP 与资产证券化领域的法规大多限于部门规章和规范性文件，法规层级低，难以保障各方利益，制约产品设计和交易结构的创新。

（二）税收成本不确定制约 PPP 项目资产证券化发展

由于资产证券化业务涉及的交易环节与交易主体较多，国际成熟市场往往制定专门的税收法规，确保不因实施资产证券化业务而增加税收负担，即实现税收中性。目前，我国资产证券化业务仅针对信贷资产证券化出台了相关税务处理规定，即《关于信贷资产证券化有关税收政策问题的通知》，企业资产证券化业务一直缺乏比较明确的税务处理规定。PPP 资产证券化项目涉及机构较多、资金流转环节也较多，PPP 项目的投融资架构、建设运营模式不同，直接影响项目公司的会计处理与资产证券化的途径，相应也会对基础资产转让、原始权益人取得证券化对价、证券持有人取得收益等环节的税务处理产生重大影响。如果没有明确的税收规定，各地方税务局的理解和判断不同，可能会引起重复征税、征过头税的现象，在很大程度上增加了 PPP 项目发行 ABS 或 REITs 产品的税收成本。

（三）政府信用和付费机制缺失导致基础资产净现金流不足

我国基础设施领域，普遍尚未建立起足够水平的使用者付费机制，靠使用者付费无法提供扣除成本费用之后的稳定净现金流。即使有使用者付费机制的基础设施项目，大多也还需要政府补贴，地方政府是否具有足够的支付能力成为关键因素。由于净现金流不足，现有 PPP 项目资产证券化业务，

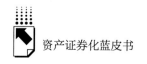

普遍依赖原始权益人及其关联机构的主体信用，实质上还是主体信用融资，而不是真正的资产支持产品。

（四）受托人缺乏专业能力、主动管理能力和风险控制能力

目前我国资产证券化业务的受托人普遍被通道化，仅凭金融牌照赚取通道费，缺乏积聚、培育、提升、实现基础资产市场价值的专业能力，也不能熟练运用结构化等金融技术，导致资产证券化交易结构中的各方主体的权利与义务难以落实，与规范的信托型资产证券化产品的治理结构和激励机制差距较大。受托人是代人理财的受信人，要坚持受益人利益最大化的原则，切实落实信义责任，国内的各类受托人缺乏信托文化的熏陶、法规制度的制约、问责机制的锤炼，需要走的路还很长。

（五）缺乏具有足够风险承受能力的多元化合规投资者

从美国市场的经验来看，长期限资产证券化和 REITs 的主要投资者类型为养老金、共同基金、个人投资者等。目前我国保险公司、社保基金、养老金的资金规模较小，参与 PPP 资产证券化产品投资的能力与意愿均不强，银行资金仍为主要资金来源。银行资金一般是自营资金或理财资金，通常偏好 3 年以内的投资周期，对于长期限 PPP 资产证券化产品（无回售含权结构）的需求不强。为拉长融资期限、确保发行规模，同时又为了控制发行成本，目前 PPP 资产证券化产品在市场上主流的设计为"定期票面利率调整权 + 投资者回售选择权 + 再销售机制"（通常每 3 年开放一次），但若届时发生极端情况，导致大额回售且再销售不顺利，会给原始权益方造成阶段性的资金压力。因此，中长期机构投资者的引入是这类产品未来规模化发展的重要突破口。我国固定收益市场缺乏长期投资者和高风险投资者，由此造成以下结果：一是期限超过 3 年的产品难以销售；二是次级产品往往由原始权益人或其关联方自持；三是往往还需要外部增信。并且，基础设施资产证券化产品规模较小，缺乏做市商，交易不活跃，流动性较差，导致同一主体发行基础设施资产证券化产品的利率

比公募债券普遍要高 50 ~ 100BP，甚至高于长期银行贷款利率，存在成本劣势。

（六）PPP 资产证券化产品缺乏市场竞争力

由于 PPP 资产证券化产品目前的流动性不高，相比同期限、同级别的公司债或中短期票据具有较高的流动性溢价。将企业资产证券化产品与中短期票据的收益率曲线进行比较，目前的流动性溢价为 50 ~ 100BP。另外，自2016 年 12 月以后，随着去杠杆、防风险进程的推进，资金面一直维持紧平衡态势，国内固定收益市场利率出现了较大幅度上涨。优质 PPP 项目往往能够获得银行的低息贷款（目前很多此类项目的银行贷款利率为基准利率或基准利率下浮 10%），在这种市场环境下 PPP 资产证券化并不具有利率优势，很多优质 PPP 项目资产证券化融资的意愿不高。

（七）市场化增信工具缺乏，信用评级体系尚不完善

在 PPP 资产证券化项目中，地方融资平台公司不能为产品提供增信，地方政府仅能在"政府付费"模式下作为服务采购方按照合同约定履行政府付费义务，但不能为资产证券化产品提供担保。PPP 资产证券化项目实务中，若为"使用者付费"项目，由于 PPP 项目公司自身实力通常不强，在中国目前的信用评级体系下需要寻找外部增信（通常是由社会资本或第三方担保公司提供增信）。而很多 PPP 项目，社会资本的实力可能不强，或者难以向第三方担保公司提供满足其要求的反担保措施，则这类项目将难以开展资产证券化，境外市场中债券担保、CDS 等市场化增信工具在国内资产证券化领域还比较缺乏。

对于收益权资产和股权资产，国内目前的信用评级体系过于看重主体增信，对基础资产的质量、资产服务机构的运营能力等因素考虑不足，使得很多优质的"使用者付费"模式的 PPP 资产证券化项目在没有外部强担保的情况下难以获得较高评级，而这类项目金融机构从贷款角度的认可度却很高，如某省会城市的自来水收费项目，如果 PPP 项目公司自身财务实力不

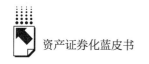

是很强，则资产证券化产品评级可能还到不了 AA，而这类基础资产的现金流稳定性很高，且付费方也足够分散和稳定，实际信用风险较低。

三 关于开展 PPP 项目资产证券化的政策建议

包括 PPP 项目在内的基础设施领域的资产证券化业务作为推进公共基础设施项目市场化运作的重要环节，是新一轮投融资体制改革和金融体制改革的突破口，应从全局高度谋划，加强监管协调。现就与 PPP 相关的资产证券化业务发展，提出以下政策建议。

（一）推动立法并明确税务政策

推动研究制定统一的资产证券化法等基本法规，明确特殊目的载体（SPV）作为合格信托的法律主体地位，解决资产独立、破产隔离等关键法律问题，修订完善评级、会计、税法、抵押变更登记等配套法规政策。税务处理是资产证券化的重要基础性问题，如果要推动 PPP + ABS、PPP + REITs 的规模化发展，"税收中性"原则需要得到贯彻和落实，不宜因为开展资产证券化或 REITs 而带来额外的税收负担。同时，管理人需对证券化的交易结构进行严密安排，降低证券化的交易税负与资产支持证券存续期间的税负，避免双重征税风险或减少其影响。

（二）提高原始权益人的持续经营能力

由于诸多原因，我国目前的基础设施资产证券化业务普遍未能真正做到资产独立和破产隔离，未能实现相对于原始权益人的会计出表，原始权益人通常兼任资产管理人，还是次级档的实际持有人。因此，原始权益人的持续经营能力，对基础设施资产证券化产品的安全性至关重要。随着包括 PPP 模式在内的基础设施项目市场化运作的深入推进，具有综合优势的行业龙头企业能够得到更强的支持，可能会影响很多基础设施子行业的竞争格局，引导投资运营商的兼并与收购，有效提升行业专业管理水平和集中度，进而推进 PPP 项目资产证券化产品实现相对于原始权益人的资产独立和破产隔离，实现更多基于基础资产现金流的初衷。

（三）培育项目净现金流

首先，未能产生稳定现金流的基础设施资产，不适合搞资产证券化。比如，处于建设期的项目，能否如期建成，能否产生稳定的现金流，这些都存在不确定性，不满足推进资产证券化的基本条件。其次，需要重点关注项目净现金流。基础设施资产的正常运营，需要偿还巨额借款的本息，持续支出包括人工费、材料费等在内的直接运营成本，以及维修养护等各类费用，基础设施资产的经营性现金流入扣除各种刚性支出后的净现金流，才是支持资产证券化产品的可靠现金流。比如，国内的供水行业，由于水的价格未到位，普遍缺乏可用的净现金流，目前大规模开展证券化的条件并不成熟。最后，应当设计有效的现金流归集和划转机制，及时归集并有效控制项目净现金流，切实防止出现资金混同风险与挪用风险。需要指出的是，基础设施项目的净现金流来源高度依赖于使用者付费，并不意味着马上就要全面大幅度涨价，但是确实需要建立价格机制以形成稳定合理的预期。

（四)培育专业化的中介机构团队

在统一的法律框架内，明确保险资产管理公司、证券公司、基金管理公司等非银行业金融机构依据《信托法》从事资产证券化业务的受托人身份，尽快统一基础资产、受托机构、信用评级、信息披露等监管标准。为受托人履职构建一些行业公共基础设施，如交易场所及专门机构进行产品登记和确权，公共信息与技术平台等。基础设施资产证券化涉及法律、会计、税务、评级与金融工程等多个通用专业领域。对于基础设施资产证券化来说，合格的受托人与资产管理人两个角色尤为重要。在资产证券化业务的交易结构中，受托人是核心，应当根据成熟市场的经验，构建以受托人为核心的治理结构。有两类受托人主导了美国资产证券化业务的发展：一是房利美

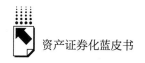
（Fannie Mae）与房地美（Freddie Mac）在 RMBS 领域，发挥制定房贷标准、敞开收购合格基础资产、高效率低成本推进证券化流程、对接各类投资者等方面的核心作用；二是部分具有主动资产管理能力的金融机构，在基础资产收集、培育、打包、证券化、投后管理等方面发挥全流程主动管理作用。相对于金融资产支持的证券化业务，基础设施资产证券化业务对成批的独立第三方资产管理人的要求更为迫切。如果缺乏可以替换原始权益人的候选资产管理人，将严重制约基础设施资产证券化业务的推广。

（五）提高产品结构的精细化以实现精确定价

相对于传统的公开市场债务融资工具，资产证券化的核心优势在于结构化。将基础资产的现金流进行精细的结构化，设计出众多不同期限、不同风险收益特征的数量高达数十种的一系列证券，进而匹配不同类型投资者的多元化的风险收益特征，是成熟市场资产证券化业务的重要特征。根据微观经济学的价格歧视理论，子产品与特定投资者的风险收益特征匹配得越到位，定价越精准，消费者剩余越少，原始权益人与受托人获得的利益越大，资产证券化相对于传统主体债务融资工具的优势越明显，各方推动资产证券化的积极性就会越高。目前国内包括 PPP 项目在内的资产证券化产品存在结构普遍简单、尚不能满足不同投资者的投资需求、次级产品的销售比较困难、保险资金对资产证券化产品兴趣不大等问题。

（六）培育做市商

PPP 资产证券化的发展需要"一级市场做市商"和"二级市场做市商"。所谓"一级市场做市商"是指"对基础资产进行做市"，即做市机构主动寻找或创设资产，然后把资产设计成证券化产品销售给资本市场投资人。这类机构需要挖掘资产价值，对资产风险进行合理定价，提高资产的标准化程度（包括合同法律标准、信息披露标准等），设计产品对接资本市场，实现非标转标并创造流动性。所谓"二级市场做市商"指"对证券化产品进行做市"，由有实力的机构进行双边报价和交易撮合，以提升证券化产品流动性，考虑到 PPP 资产证券化产品期限通常都很长，做市商的引入显得非常重要。

（七）引入多元化投资

PPP 模式是国家重要战略，通过优选基础资产和精细化产品设计，也可为市场投资者提供良好的投资标的。建议相关监管部门适当降低准入标准，积极引导保险、社保基金、养老金等中长期机构投资者参与 PPP 资产证券化产品投资。另外可通过设置一些优惠政策增强主流机构投资者参与投资的积极性，比如可以考虑在进行 MPA 等指标考核时降低银行机构投资 PPP 资产证券化的额度对资本额度的占用比例、提高保险公司投资 PPP 资产证券化产品的偿付能力认可比例等。

（八）纳入质押库

对于优质的 PPP 资产证券化产品（如评级结果为 AAA），可以考虑将其定向纳入"质押库"，作为机构投资者向央行申请再贷款的可接受质押标的，并允许其纳入中证登标准券范围以开展质押式回购，这将极大提升 PPP 资产证券化产品的流动性，是降低其发行利率的重要措施，同时由于设置了较高准入标准也可以有效控制相关风险。

（九）强化后续管理

我国资产证券化业务目前呈现"重发行、轻管理"的现象，不利于该类业务的长远健康发展。国家发展改革委和证监会发布的《关于推进传统基础设施领域政府和社会资本合作（PPP）项目资产证券化相关工作的通知》明确提出"研究完善相关信息披露及存续期管理要求，确保资产证券化的 PPP 项目信息披露公开透明，项目有序实施，接受社会和市场监督"，相关中介机构在具体业务推动过程中需要强化对信息披露和后续管理的重视程度，通过专人专岗设置、流程优化和信息系统建设等措施，加强产品的标准化、流程化和动态化程度，及时有效地防范、监测和应对产品风险。

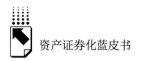
参考文献

［1］〔瑞士〕芭芭拉·韦伯：《基础设施投资策略、可持续性、项目融资与 PPP》（第二版），罗桂连等译，机械工业出版社，2018。

［2］〔美〕斯蒂芬妮·克鲁森 – 凯莉、R. 布拉德·托马斯：《REITs 分析与投资指南》，罗桂连、尹昱译，机械工业出版社，2018。

［3］林华、罗桂连、张志军等编《PPP 与资产证券化》，中信出版社，2016。

［4］〔美〕马克·戈登：《REITs 投资指南》，林华、罗桂连、阚晓西等译，中信出版社，2017。

［5］林华主编《中国 REITs 操作手册：基础设施和商业地产资产证券化操作指南》，中信出版社，2018。

大 事 记

Events

B.11

资产证券化大事记

刘焕礼　郭俊芳*

本资产证券化大事记记述了2005年3月国务院决定开展信贷资产证券化以来中央政府有关部门及其市场管理层出台的部门规章、规范性政策性文件和操作规程，以及这一期间发行的具有开创性意义的资产证券化产品。

一　政策部分

2005年4月20日　央行、银监会发布《信贷资产证券化试点管理办法》，针对信贷资产证券化的规范性立法，对信贷资产证券化的参与主体、

---

* 刘焕礼，广发证券资产管理（广东）有限公司资产支持证券部总经理、中国融资租赁研究院专家委员、中国融资租赁西湖论坛（南沙）研究院结构融资委员会主任。郭俊芳，广发证券资产管理（广东）有限公司资产支持证券部产品经理，厦门大学法学博士。

权利义务、发行交易、信息披露等内容进行了规范，标志着我国资产证券化试点正式拉开帷幕。

2005 年 5 月 16 日 财政部发布《信贷资产证券化试点会计处理规定》，规范信贷资产证券化的会计处理方法，从会计角度规范了资产真实出售的相关内容。

2005 年 5 月 16 日 建设部发布《关于个人住房抵押贷款证券化涉及的抵押权变更登记有关问题的试行通知》，规范资产抵押权变更登记的相关要求。

2005 年 6 月 13 日 央行发布《资产支持证券信息披露规则》，规范信贷资产证券化的披露内容、披露方式、披露时间及其他注意事项。

2005 年 6 月 15 日 央行发布《资产支持证券在银行间债券市场的登记、托管、交易和结算等有关事项公告》，规范资产支持证券登记、托管、交易和结算等行为。

2005 年 8 月 1 日 全国银行间同业拆借中心发布《资产支持证券交易操作规则》，进一步明确资产支持证券报价、交易、行情发布的场所、方式和其他规则。

2005 年 8 月 15 日 中央国债登记结算有限责任公司发布《资产支持证券发行登记与托管结算业务操作规则》，明确资产支持证券登记、托管、结算和兑付资金代理拨付的相关问题。

2005 年 11 月 7 日 银监会发布《金融机构信贷资产证券化试点监督管理办法》，继《信贷资产证券化试点管理办法》之后，更全面的整体性立法和监督，对参与主体的市场准入要求、业务规则和风险管理、资本要求、监督管理、法律责任进行了明确。

2006 年 2 月 20 日 财政部、国家税务总局发布《关于信贷资产证券化有关税收政策问题的通知》，针对信贷资产证券化的印花税、营业税、所得税进行了规范。

2006 年 5 月 14 日 证监会发布《关于证券投资基金投资资产支持证券有关事项的通知》，允许基金公司投资信贷资产证券化和企业资产证券化产品，对投资比例、评级要求、信息披露进行了规范。

2007 年 8 月 21 日　央行发布《关于信贷资产证券化基础资产池信息披露有关事项公告》，对基础资产池的构建基础、总体特征、资产分布情况、资产集中度情况、法律意见书、信用评级等内容的信息披露进行了明确规定。

2007 年 9 月 30 日　央行发布《关于资产支持证券质押式回购交易有关事项的公告》，明确资产支持证券可用于质押式回购交易。

2009 年 5 月 21 日　证监会发布《证券公司企业资产证券化业务试点指引（试行）》，对企业资产证券化的基础资产、参与机构权利义务、专项计划的设立申请、信息披露等内容进行了明确规范。

2012 年 5 月 17 日　央行、银监会和财务部发布《关于进一步扩大信贷资产证券化试点有关事项的通知》，标志着在经历了美国次贷危机之后，我国资产证券化业务重新启动，进入第二轮试点阶段，试点额度 500 亿元。

2012 年 8 月 3 日　中国银行间市场交易商协会发布《银行间债券市场非金融企业资产支持票据指引》，至此我国三种主要资产证券化产品类型全部推出。

2013 年 3 月 15 日　证监会发布《证券公司资产证券化业务管理规定》，对专项计划、管理人及托管人、原始权益人、设立申请、信息披露、监督管理等内容进行细化明确。

2013 年 4 月 22 日　深交所发布《深圳证券交易所资产证券化业务指引》，对资产支持证券在深圳交易所挂牌、转让、终止、信息披露、自律监管和纪律处分进行规定。2014 年 11 月 25 日发布 2014 年修订版。

2013 年 8 月 28 日　银监会开启第三轮试点工作，试点额度达到 4000 亿元，我国资产证券化市场正式进入常态化发展时期。

2013 年 12 月 31 日　央行、银监会发布《关于进一步规范信贷资产证券化发起机构风险自留比例的文件》，要求发起机构自留不低于一定比例（5%）的基础资产信用风险，放松发起银行自留最低 5% 劣后资产的要求，允许每个评级层级自留 5%。

2014 年 8 月 3 日 中国银行间市场交易商协会发布《银行间债券市场非金融企业资产支持票据指引》，对资产支持票据的发行主体、基础资产、还款来源、发行方式、信息披露、信用评级等内容进行了框架规范。

2014 年 11 月 19 日 证监会发布《证券公司及基金管理公司子公司资产证券化业务管理规定》，对企业资产证券化监管进行全面梳理，成为开展企业资产证券化的总领指引。配套《信息披露指引》和《尽职调查指引》，同时废止《证券公司资产证券化业务管理规定》。

2014 年 11 月 20 日 银监会发布《关于信贷资产证券化备案登记工作流程的通知》，开始针对信贷资产证券化实施备案制，不再针对证券化产品进行逐步审批，银行业金融机构应在申请取得业务资格后开展业务，在发行证券化产品前备案登记。

2014 年 11 月 26 日 上交所发布《上海证券交易所资产证券化业务指引》，对资产支持证券在上海交易所挂牌、转让、终止、信息披露、自律监管和纪律处分进行规定。不定期修订指南相关内容。

2014 年 12 月 24 日 证监会发布《资产支持专项计划备案管理办法》，开始针对企业资产证券化实施备案制，同时进行负面清单管理，从业务主体、基础资产、交易场所、投资主体等方面进行说明。配套《资产证券化业务风险控制指引》和《资产证券化业务基础资产负面清单指引》。

2015 年 1 月 4 日 银监会公布 27 家商业银行获得开展信贷资产证券化产品的业务资格，标志着信贷资产证券化业务备案制在实操层面落地。

2015 年 3 月 26 日 央行发布《关于信贷资产支持证券实行注册制的公告》，已经取得监管部门相关业务资格、发行过信贷资产支持证券且能够按规定披露信息的受托机构和发起机构可以向中国人民银行申请注册，并在注册有效期内自主分期发行信贷资产支持证券。

2015 年 5 月 11 日 中国银行间市场交易商协会发布《个人汽车贷款资产支持证券信息披露指引（试行）》《个人住房抵押贷款资产支持证券信息披露指引（试行）》，对信贷资产支持证券相关标准合同范本和信息披露指引进行指导，定期跟踪市场成员对信贷资产证券化信息披露情况的评价。

2015 年 8 月 3 日　中国银行间市场交易商协会发布《棚户区改造项目贷款资产支持证券信息披露指引（试行）》。

2015 年 9 月 30 日　中国银行间市场交易商协会发布《个人消费贷款资产支持证券信息披露指引（试行）》。

2016 年 3 月 3 日　央行、民政部、银监会等联合发布《关于金融支持养老服务业加快发展的指导意见》，支持对运作比较成熟、未来现金流稳定的养老服务项目，可以项目资产的未来现金流、收益权等为基础，探索发行项目收益票据、资产支持证券等产品。支持符合条件的金融机构通过发行金融债、信贷资产支持证券等方式，募集资金重点用于支持小微养老服务企业发展。

2016 年 8 月 8 日　国务院发布《关于印发降低实体经济企业成本工作方案的通知》，推进实体经济经营性资产证券化，开展投贷联动试点支持科技创新创业企业。鼓励实体经济企业将符合条件的经营性资产证券化，或通过金融租赁、融资租赁方式盘活存量资源。

2016 年 9 月 8 日　证监会发布《中国证监会关于发挥资本市场作用服务国家脱贫攻坚战略的意见》，对注册地在贫困地区的企业发行资产支持证券的，实行"专人对接、专项审核"，试用"即报即审"政策。

2016 年 12 月 7 日　国务院发布《关于印发"十三五"旅游业发展规划的通知》，积极推进权属明确、能够产生可预期现金流的旅游相关资产证券化。

2016 年 12 月 21 日　国家发展改革委、证监会联合发布《关于推进传统基础设施领域政府和社会资本合作（PPP）项目资产证券化相关工作的通知》，宣告 PPP 资产证券化将进入新一轮的大力推广期。

2017 年 1 月 26 日　国务院发布《关于印发"十三五"促进就业规划的通知》，支持发行小微企业金融债券和小微企业相关信贷资产证券化产品。

2017 年 2 月 17 日　上交所、深交所分别发布《关于推进传统基础设施领域政府和社会资本合作（PPP）项目资产证券化业务的通知》，均提出成立 PPP 项目资产证券化工作小组，实行"即报即审、专人专岗负责"，提升

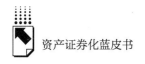

PPP 资产证券化受理、评审和挂牌转让工作效率。

2017 年 3 月 15 日　国务院发布《关于印发中国（湖北）自由贸易试验区总体方案的通知》，支持自贸试验区内银行业金融机构按有关规定开展信贷资产证券化业务。

2017 年 3 月 20 日　银监会发布《中国银监会办公厅关于做好 2017 年小微企业金融服务工作的通知》，在不良资产证券化试点框架下，鼓励试点金融机构发行小微企业不良贷款资产支持证券。

2017 年 3 月 30 日　国务院发布《关于印发全面深化中国（上海）自由贸易试验区改革开放方案的通知》，提出要加强与境外人民币离岸市场战略合作，稳妥推进境外机构和企业发行人民币债券和资产证券化产品。

2017 年 4 月 13 日　国务院批转国家发展改革委发布的《关于 2017 年深化经济体制改革重点工作的意见》，提出要促进企业盘活存量资产，推进资产证券化，同时开展基础设施资产证券化试点，扩大银行不良资产证券化试点参与机构范围。

2017 年 5 月 23 日　银监会、国家发展改革委、工业和信息化部等联合发布《关于印发大中型商业银行设立普惠金融事业部实施方案的通知》，扩大中小企业不良资产支持证券市场的投资主体范围。

2017 年 6 月 17 日　财政部、央行、证监会联合发布《关于规范开展政府和社会资本合作项目资产证券化有关事宜的通知》，表明财政部和央行正式介入 PPP 资产证券化的管理工作。

2017 年 7 月 18 日　住建部、国家发展改革委、公安部等联合发布《关于在人口净流入的大中城市加快发展住房租赁市场的通知》，加大对住房租赁企业的金融支持力度，拓宽直接融资渠道，支持发行企业债券、公司债券、非金融企业债务融资工具等公司信用类债券及资产支持证券，专门用于发展住房租赁业务。鼓励地方政府出台优惠政策，积极支持并推动发展房地产投资信托基金（REITs）。

2017 年 7 月 21 日　上交所、深交所双双发布《关于进一步推进政府和社会资本合作（PPP）项目资产证券化业务的通知》，进一步明确相关业务事宜。

2017 年 9 月 1 日 国务院办公厅发布《关于进一步激发民间有效投资活力促进经济持续健康发展的指导意见》，提出要努力提高民营企业融资能力，有效降低融资成本，推动 PPP 项目资产证券化。

2017 年 10 月 19 日 上交所、深交所、报价系统发布《政府和社会资本合作（PPP）项目资产支持证券信息披露指南》《政府和社会资本合作（PPP）项目资产支持证券挂牌条件确认指南》，分别对 PPP 项目受益权、PPP 项目资产、PPP 项目公司股权等三类基础资产的合格标准、发行环节信息披露要求、存续期间信息披露要求等做出了详细规定。

2017 年 10 月 24 日 央行、财政部、国家发展改革委、环境保护部、银监会、证监会、保监会发布《关于构建绿色金融体系的指导意见》。

2017 年 11 月 10 日 财务部发布《关于规范政府和社会资本合作（PPP）综合信息平台项目库管理的通知》，明确 PPP 入库规则：不适宜采用 PPP 模式实施的、前期准备工作不到位的、未建立按效付费机制的不得入库。

2017 年 11 月 17 日 央行发布《关于金融机构资产管理业务统一监管制度的指导意见（征求意见稿）》，坚持严控风险的底线思维，把防范和化解资产管理业务的风险放在更加重要的位置；坚持服务实体经济的根本目标，既充分发挥资产管理业务的功能，切实服务实体经济的投融资需求，又严格规范引导，避免资金脱实向虚在金融体系内部自我循环，防止产品过于复杂，加剧风险的跨行业、跨市场、跨区域传递。

2017 年 11 月 17 日 国资委发布《关于加强中央企业 PPP 业务风险管控的通知》，细化 PPP 项目选择标准，对 PPP 业务实行总量管控，从严设定 PPP 业务规模上限，防止过度推高杠杆水平等。

2017 年 11 月 28 日 国家发展改革委发布《关于鼓励民间资本参与政府和社会资本合作（PPP）项目的指导意见》，创造民间资本参与 PPP 项目良好环境，鼓励民营企业运用 PPP 模式盘活存量资产。

2017 年 12 月 15 日 中证机构间报价系统股份有限公司发布《机构间

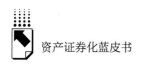

私募产品报价与服务系统企业应收账款资产支持证券信息披露指南》《机构间私募产品报价与服务系统企业应收账款资产支持证券挂牌条件确认指南》，规范了企业应收账款资产证券化业务在机构间市场发行环节信息披露的细则与挂牌转让条件。

2017 年 12 月 15 日 深交所发布《深圳证券交易所企业应收账款资产支持证券信息披露指南》《深圳证券交易所企业应收账款资产支持证券挂牌条件确认指南》，规范了企业应收账款资产证券化业务在深交所发行环节信息披露的细则与挂牌转让条件。

2017 年 12 月 15 日 上交所发布《上海证券交易所企业应收账款资产支持证券信息披露指南》《上海证券交易所企业应收账款资产支持证券挂牌条件确认指南》，规范了企业应收账款资产证券化业务在上交所发行环节信息披露的细则与挂牌转让条件。

二 产品发行部分

2005 年 9 月 6 日 国内首单企业资产证券化产品"中国联通 CDMA 网络租赁费收益计划"在上海交易所发行。

2005 年 12 月 9 日 国内首单 CLO 产品"开元 2005 年第一期信贷资产支持证券"在银行间发行。

2005 年 12 月 9 日 国内首单 RMBS 产品"建元 2005 年第一期个人住房抵押贷款资产支持证券"在银行间发行。

2005 年 12 月 29 日 国内首单收费收益权资产证券化产品"莞深高速公路收费收益权专项资产管理计划"在深交所发行。

2006 年 3 月 23 日 国内首单应收账款资产证券化产品"中国网通应收款资产支持受益凭证"在上交所发行。

2006 年 5 月 12 日 国内首单租赁资产证券化产品"远东首期租赁资产支持收益专项资产管理计划"在上交所发行。

2006 年 12 月 11 日 国内首单不良资产重组资产证券化产品"东元

2006 年第一期重整资产支持证券"在银行间发行。

2006 年 12 月 11 日 国内首单不良资产重组资产证券化产品"信元 2006 年第一期重整资产支持证券"在银行间发行。

2007 年 12 月 28 日 国内首单汽车抵押贷款资产证券化产品"通元 2008 年第一期个人汽车抵押贷款资产支持证券"在银行间发行。

2008 年 3 月 20 日 证券公司主承销的首单政策性银行信贷资产证券化产品"工元 2008 年第一期信贷资产支持证券"在银行间发行。

2008 年 4 月 21 日 证券公司主承销的首单政策性银行信贷资产证券化产品"开元 2008 年第一期信贷资产支持证券"在银行间发行。

2008 年 11 月 5 日 国内首单中小企业信贷资产支持证券"浙元 2008 年第一期信贷资产支持证券"在银行间发行。

2011 年 8 月 5 日 2011 年试点重启后发行的首单资产支持专项计划"远东二期专项资产管理计划"在上交所发行。

2012 年 3 月 30 日 2011 年试点重启后首单基于经营性现金流的收益权类专项计划"南京公用控股污水处理收费收益权专项资产管理计划"在深交所发行。

2012 年 10 月 11 日 2012 年试点重启后首单汽车抵押贷款证券化产品"通元 2012 年第一期个人汽车抵押贷款资产支持证券"在银行间发行。

2012 年 10 月 22 日 信贷资产证券化试点重启后商业银行首单资产证券化产品"交银 2012 年第一期信贷资产支持证券"在银行间发行。

2012 年 11 月 19 日 国内首单出财务公司发行的信贷资产证券化产品"上元 2012 年第一期个人汽车抵押贷款资产支持证券"在银行间发行。

2012 年 12 月 5 日 国内首单以入园凭证为基础资产的资产支持专项计划"欢乐谷主题公园入园凭证专项资产管理计划"在深交所发行。

2013 年 9 月 18 日 国内首单小额信贷资产证券化产品、国内首单循环结构资产证券化产品"东证资管 – 阿里巴巴 1 号专项资产管理计划"在深交所发行。

2013 年 10 月 22 日 国内首单公交票款收益权 ABN 产品"成都市公共

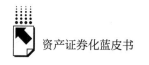

交通集团 2013 年第一期资产支持票据"在银行间发行。

2014 年 5 月 9 日 国内首单由城商行发起的资产证券化产品"京元 2014 年第一期信贷资产证券化信托资产支持证券"在银行间发行。

2014 年 5 月 21 日 国内首单股权 REITs 产品"中信启航专项资产管理计划"在深交所发行。

2014 年 6 月 23 日 国内首单交易所上市的信贷 ABS 产品、国内首单小额消费贷款资产证券化产品"平安银行 1 号小额消费贷款证券化信托资产支持证券"在上交所发行。

2014 年 7 月 15 日 2012 年试点重启后首单个人住房贷款证券化产品"邮元 2014 年第一期个人住房抵押贷款资产支持证券"在银行间发行。

2014 年 7 月 29 日 国内首单采用双向回拨机制发行的资产支持专项计划"远东三期专项资产管理计划"在上交所发行。

2014 年 7 月 30 日 国内首单由农商行发起的资产证券化产品"顺德农商银行 2014 年第一期信贷资产支持证券"在银行间发行。

2014 年 8 月 5 日 国内首单获得国际评级的资产证券化产品"华驭 2014 年第一期汽车抵押贷款资产支持证券"在银行间发行。

2014 年 9 月 1 日 国内首单棚户/保障房项目资产支持专项计划"建发禾山后埔－枋湖片区棚户区改造项目专项资产管理计划"在深交所发行。

2014 年 9 月 9 日 国内首单金融租赁资产证券化产品"交融 2014 年第一期租赁资产支持证券"在银行间发行。

2014 年 9 月 9 日 国内首单绿色金融信贷资产证券化产品"兴元 2014 年第二期绿色金融信贷资产支持证券"在银行间发行。

2014 年 12 月 30 日 国内首单由外资银行发起的资产证券化产品"汇元 2015 年第一期信贷资产支持证券"在银行间发行。

2014 年 12 月 31 日 备案制后交易所首单企业资产证券化产品"中和农信 2014 年第一期公益小额贷款资产支持专项计划"在深交所发行。

2015 年 1 月 6 日 国内首单贸易项下应收账款资产支持专项计划"五矿发展应收账款资产支持专项计划"在上交所发行。

2015 年 1 月 9 日　备案制后交易所首单企业资产证券化产品"宝信租赁一期资产支持专项计划"在上交所发行。

2015 年 1 月 13 日　备案制后交易所首单企业资产证券化产品"中建三局集团有限公司委托贷款债权证券化项目专项资产管理计划 01"在上交所发行。

2015 年 1 月 13 日　备案制后交易所首单企业资产证券化产品"中建三局集团有限公司委托贷款债权证券化项目专项资产管理计划 02"在上交所发行。

2015 年 2 月 3 日　国内首单以商铺为标的的 REITs 产品"中信华夏苏宁云创资产支持专项计划"在深交所发行。

2015 年 5 月 29 日　国内首单保理融资资产证券化产品"摩山保理一期资产支持专项计划"在上交所发行。

2015 年 5 月 29 日　注册制后首单汽车抵押贷款资产证券化产品"融腾2015 年第一期个人汽车抵押贷款资产支持证券"在银行间发行。

2015 年 6 月 4 日　注册制后首单汽车抵押贷款资产证券化产品"德宝天元 2015 年第一期个人汽车贷款资产支持证券"在银行间发行。

2015 年 7 月 8 日　全国银行间债券市场首单采用动态资产池的信贷资产证券化产品"永盈 2015 年第一期消费信贷资产支持证券"在银行间发行。

2015 年 7 月 22 日　国内首单股票质押式回购债权资产证券化产品"长安资产－方正证券股票质押式回购债权资产支持专项计划"在机构间私募产品报价与服务系统发行。

2015 年 8 月 6 日　国内首单两融债权资产证券化产品"国君华泰融出资金债权资产证券化 1 号资产支持专项计划"在上交所发行。

2015 年 8 月 12 日　国内首单学费及住宿费收费权资产证券化产品"津桥学院资产支持专项计划"在上交所发行。

2015 年 8 月 26 日　国内首单储架发行的资产证券化产品"广发资管－民生银行安驰 1 号汇富资产支持专项计划"在深交所发行。

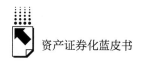

2015 年 9 月 1 日　国内首单住房公积金贷款资产支持证券化产品"汇富武汉住房公积金贷款 1 号资产支持专项计划"在上交所发行。

2015 年 9 月 15 日　国内首单互联网消费金融资产证券化产品"京东白条应收账款债权资产支持专项计划"在深交所发行。

2015 年 9 月 15 日　国内首单由农商行发起的个人住房抵押贷款证券化产品"居融 2015 年第一期个人住房抵押贷款资产支持证券"在银行间发行。

2015 年 9 月 21 日　国内首单物业费资产证券化产品"博时资本－世茂天成物业资产支持专项计划"在上交所发行。

2015 年 10 月 19 日　国内首单酒店会展行业资产证券化产品"汇富河西嘉实 1 号资产支持专项计划"在机构间私募产品报价与服务系统发行。

2015 年 10 月 26 日　国内首单信用卡分期资产证券化产品"交元 2015 年第一期信用卡分期资产支持证券"在银行间发行。

2015 年 11 月 9 日　国内首单两融债权资产证券化产品"华泰国君融出资金债权 1 号资产支持专项计划"在上交所发行。

2015 年 11 月 11 日　国内首单由外资银行担任联席主承销商的资产证券化产品"德宝天元 2015 年第二期个人汽车贷款资产支持证券"在银行间发行。

2015 年 11 月 27 日　国内首单索道收费资产证券化产品"齐鲁资管北京八达岭索道乘坐凭证资产支持专项计划"在上交所发行。

2015 年 11 月 27 日　全国银行间市场首单公积金贷款资产证券化产品"沪公积金 2015 年第一期 1 号个人住房贷款资产支持证券"在银行间发行。

2015 年 12 月 16 日　国内首单购房尾款资产证券化产品"汇添富资本－世茂购房尾款资产支持专项管理计划"在上交所发行。

2015 年 12 月 16 日　国内首单由信托公司发起的集合信托受益权资产证券化产品"嘉实建信信托受益权资产支持专项计划"在机构间私募产品报价与服务系统发行。

2015 年 12 月 23 日　国内首单酒店类 REITs 产品"恒泰浩睿－彩云之

南酒店资产支持专项计划"在上交所发行。

2015 年 12 月 31 日 国内首单 EPC 领域资产证券化产品"中建材工程应收账款资产支持专项计划"在上交所发行。

2016 年 1 月 14 日 国内首单房地产企业以购房人分期自付合同债权为基础资产的证券化项目"碧桂园应收款资产支持专项计划"在上交所发行。

2016 年 1 月 27 日 国内首单光伏发电 ABS 资产证券化产品"中银证券 – 深能南京电力上网收益权资产支持专项计划"在深交所发行。

2016 年 3 月 30 日 国内首单票据收益权资产证券化产品"华泰资管 – 江苏银行融元 1 号资产支持专项计划"在上交所发行。

2016 年 4 月 1 日 国内首单保险资产 ABS 产品"太平人寿保单质押贷款 2016 年第一期资产支持专项计划"在上交所发行。

2016 年 5 月 19 日 不良资产证券化重启后，境内首单不良资产支持证券化产品"中誉 2016 年第一期不良资产支持证券"在银行间发行。

2016 年 5 月 20 日 国内首单信用卡不良资产证券化产品"和萃 2016 年第一期不良资产支持证券"在银行间发行。

2016 年 5 月 30 日 国内首单以储架模式发行的票据资产证券化产品"博时资本 – 平安银行橙鑫橙 e1 号资产支持专项计划"在深圳交易所发行。

2016 年 6 月 15 日 国内首单公募发行的 ABN 产品"远东国际租赁有限公司 2016 年度第一期信托资产支持票据"在银行间发行。

2016 年 6 月 22 日 国内首单个人小微不良证券化项目"和萃 2016 年第二期不良资产支持证券"在银行间发行。

2016 年 6 月 30 日 国内首单获得国际评级的 RMBS 产品"家美 2016 年第一期个人住房抵押贷款资产支持证券"在银行间发行。

2016 年 7 月 4 日 国内首单 CMBS 产品"汇富富华金宝大厦资产支持专项计划"在机构间私募产品报价与服务系统发行。

2016 年 8 月 11 日 国内首单获批及发行的银行保贴类票据资产证券化产品"中信证券 – 民生银行票据收益权 1 号资产支持专项计划"在机构间私募产品报价与服务系统发行。

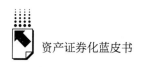

2016 年 8 月 18 日　国内首单交易所 CMBS 产品"北京银泰中心资产支持专项计划"在上交所发行。

2016 年 8 月 31 日　国内首单储架供应链金融资产证券化产品"平安证券－万科供应链金融 1 号资产支持专项计划"在深交所发行。

2016 年 8 月 31 日　国内首单交易所挂牌转让的 CMBS 产品"高和招商－金茂凯晨资产支持专项计划"在上交所发行。

2016 年 9 月 18 日　国内首单个人住房抵押贷款不良证券化"建鑫 2016 年第二期不良资产支持证券"在银行间发行。

2016 年 9 月 26 日　国内首单"PERE＋REITs"产品"首誉光控－光控安石大融城资产支持专项计划"在深交所发行。

2016 年 10 月 19 日　备案制后，国内首单"污水处理＋供水"资产证券化产品"云南水务水费收费权资产支持专项计划"在上交所发行。

2016 年 12 月 13 日　国内首单信息文化传媒行业 REITs 产品"中信皖新阅嘉一期资产支持专项计划"在上交所发行。

2017 年 1 月 16 日　国内首单长租公寓行业资产证券化产品"魔方公寓信托受益权资产支持专项计划"在上交所发行。

2017 年 1 月 16 日　上交所首单由信托公司发起的集合信托受益权资产证券化产品"中建投集合信托受益权 1 号资产支持专项计划"在上交所发行。

2017 年 2 月 9 日　国内首单银行间市场公募 REITs 产品"兴业皖新阅嘉一期房地产投资信托基金（REIT）资产支持证券"在银行间发行。

2017 年 3 月 13 日　国内首单 PPP 资产证券化产品"中信建投－网新建投庆春路隧道 PPP 项目资产支持专项计划"在上交所发行。

2017 年 3 月 13 日　国内首单 PPP 资产证券化产品"中信证券－首创股份污水处理 PPP 项目收费收益权资产支持专项计划"在上交所发行。

2017 年 3 月 14 日　国内首单 PPP 资产证券化产品"广发恒进－广晟东江环保虎门绿源 PPP 项目资产支持专项计划"在深交所发行。

2017 年 3 月 15 日　银行间市场首单 PPP 资产证券化产品"华夏幸福固

安工业园区新型城镇化 PPP 项目供热收费收益权资产支持专项计划"在上交所发行。

2017 年 4 月 20 日　银行间市场首单绿色 ABN 产品"北控水务（中国）投资有限公司 2017 年第一期绿色资产支持票据"在银行间发行。

2017 年 8 月 2 日　国内首单不依赖主体信用的 REITs 产品"中联前海开源 – 勒泰一号资产支持专项计划"在深交所发行。

2017 年 8 月 10 日　国内首单通过"债券通（北向通）"引入境外投资者的资产证券化产品"福元 2017 年第二期个人汽车抵押贷款资产支持证券"在银行间发行。

2017 年 8 月 14 日　国内首单租房市场消费分期类资产证券化产品"中信证券 – 自如 1 号房租分期信托受益权资产支持专项计划"在上交所发行。

2017 年 8 月 23 日　深交所首单券商融出资金债权资产证券化产品"浦银安盛资管 – 申万宏源证券融出资金债权 1 号资产支持专项计划"在深交所发行。

2017 年 8 月 24 日　财政部 PPP 项目库中首单在交易所发行的资产证券化产品"富诚海富通 – 浦发银行 PPP 项目资产支持专项计划"在上交所发行。

2017 年 8 月 29 日　国内首单家居行业类 REITs 产品"畅星 – 高和红星家居商场资产支持专项计划"在上交所发行。

2017 年 8 月 29 日　国内首单央企 CMBS 产品"中信·保利地产商业一号资产支持专项计划"在上交所发行。

2017 年 8 月 29 日　全国银行间市场首单商业和酒店类 CMBN 产品"上海世茂国际广场有限责任公司 2017 年度第一期资产支持票据"在银行间发行。

2017 年 8 月 30 日　全国银行间市场首单商业地产公募资产证券化产品"南京金鹰天地 2017 年度第一期资产支持票据"在银行间发行。

2017 年 9 月 15 日　国内首单综合管廊租金资产证券化产品"西咸新区沣西新城综合管廊资产支持专项计划"在上交所发行。

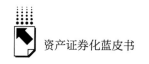
2017 年 9 月 15 日　深交所首单双绿认证资产证券化产品"特锐德应收账款一期绿色资产支持专项计划"在深交所发行。

2017 年 9 月 20 日　国内首单运用区块链技术的交易所资产证券化产品"百度–长安新生–天风 2017 年第一期资产支持专项计划"在上交所发行。

2017 年 9 月 26 日　国内首单美元基金类 REITs"渤海汇金–中信资本悦方 ID Mall 资产支持专项计划"在深交所发行。

2017 年 9 月 29 日　国内首单连续双边报价做市的 RMBS 产品"建元 2017 年第五期个人住房抵押贷款资产支持证券"在银行间发行。

2017 年 10 月 18 日　国内首单家居行业 CMBS 产品"红星美凯龙家居卖场资产支持专项计划一期"在上交所发行。

2017 年 10 月 23 日　国内首单住房租赁类 REITs 产品"新派公寓权益型房托资产支持专项计划"在深交所发行。

2017 年 11 月 8 日　国内首单引入 Fintech 技术证券化服务商的资产证券化产品"2017 远东三期资产支持专项计划"在上交所发行。

2017 年 11 月 13 日　全国首单可持续发展资产支持专项计划"农银穗盈–光证资管–宁海棚改安居可持续发展资产支持专项计划"在上交所发行。

2017 年 11 月 14 日　国内首单 PPP 资产证券化产品"华夏幸福固安工业园区新型城镇化 PPP 项目资产支持专项计划"在上交所发行。

2017 年 11 月 20 日　国内首单纯双绿色 ABN 产品"中电投融和融资租赁有限公司 2017 年度第一期绿色资产支持票据"在银行间发行。

三　风险事件

2015 年 10 月 26 日　港联租赁一期资产支持专项计划停止循环购买，原因是其原始权益人港联租赁停止了传统业务，并采用电商模式开展租车业务，新业务模式产生的基础资产不适合作为合格基础资产大量参与循环购买。

2016 年 1 月 25 日 镇江优选小贷 1 号资产支持专项计划的联合资产服务机构之一办理工商变更手续，注册资本减少，触发专项计划加速清偿事件，偿付方式由按年付息、到期还本变为按月付息并过手摊还本金。根据联合资产服务机构的偿付记录，部分基础资产发生违约情况，且联合资产服务机构未行使赎回职能。

2016 年 5 月 29 日 市场出现首单 ABS 违约事件，大成西黄河大桥通行费收入收益权专项资产管理计划的优先 A 档"14 益优 02"到期未发布兑付公告。出现风险的关键在于其基础资产所依赖的特定行业不景气，导致基础资产现金流减少。

2016 年 7 月 26 日 湘元 2014 年第一期信贷资产证券化信托资产支持证券的优先 B 档"14 湘元 1B"评级由 AAA 下调至 AA＋，评级机构为中债资信，评级下调原因是伴随底层资产部分借款到期，基础资产集中度升高。

2016 年 9 月 29 日 庆汇租赁重要客户的母公司东北特钢进行破产重整，对此引来市场对庆汇租赁发行的两期 ABS 产品高度关注，庆汇租赁的履职能力，也受到市场的持续关注。

2017 年 8 月 23 日 永利热电电力上网收费权债权和供用热合同债权资产支持专项计划的"永利热电 03～06"档评级均由 AA＋下调至 AA，评级机构为鹏元评级，评级下调原因是电费电价下滑，且主要用热客户已搬迁，基础资产现金流有大幅下降的风险。

2016 年 9 月 20 日 首单资产服务机构解任事件发生。广发资管发布公告：南方水泥 ABS 第一次投资者大会决议同意解任资产服务机构量通租赁，并授权广发资管选任继任资产服务机构。2016 年 10 月 28 日 广发资管再次发布公告：管理人于 2016 年 10 月 26 日与量通租赁签署《资产服务协议之终止协议》，解任量通租赁的资产服务机构资格，并于同日聘任继任资产服务机构。

2016 年 9 月 29 日 渤钢租赁资产支持专项计划中的"PR 租 02""PR 租 03"评级由 AAA 下调至 A，并于同年 11 月 7 日再次下调至 BB，评级机构为联合评级，评级下调原因是基础资产开始出现承租人无法偿还租金情

况，由原始权益人代偿；原始权益人/差额支付人渤钢租赁资产负债率上升较快、盈利能力较弱；担保人渤钢集团债务重组。

2017年7月28日 中基协对H证券做出纪律处罚决定书（中基协处分〔2017〕3号），这是自2014年年底资产证券化业务备案制启动以来，中基协在该领域的首张罚单。罚单源自项目原始权益人按照约定将基础资产产生的回收款归集至监管账户后，在项目投资者不知情的情况下，短期内迅速从3只资产证券化产品监管账户中转出，在专项计划账户划转归集资金之前，重新将资金集中转回监管账户。

2017年8月21日 吉林水务供水收费权资产支持专项计划中的"PR水务03"和"吉水务04"评级由AA+下调至AA，评级机构为大公国际资信评估有限公司（简称"大公国际"），评级下调的主要原因或许是监管账户资金被原始权益人挪用。

2017年8月24日 宝信租赁二期资产支持专项计划中的优先B档"PR2B"评级由AAA下调至AA-，评级机构为大公国际，评级下调的主要原因或许是监管账户资金被原始权益人挪用。

2017年9月12日 营口华源热力供热合同债权1号资产支持专项计划中的华热02~04档评级均由AA+下调至AA，评级机构为大公国际，评级下调的原因是专项计划现金流出现不足以偿付当期证券本息而触发差额支付事件的情况；原始权益人将供热管网及配套设备进行抵押；原始权益人资质有所恶化，出现欠息。

Abstract

Asset-Backed Securitization (ABS) is a great contributor in Chin's financial markets. Since the pilot program began in 2005, ABS has made a significant breakthrough in last two years. In 2017, the total issuance of ABS produts reached 1.4 trillion RMB, exceeded the issuance of corporate bonds and medium-term notes. Research on ABS has been fully carried out, and the results are emerging. However, it is a pity that a blue book on the progress of asset-backed securitization remains non-available. It's well known, the series of blue books on various fields published by Social Sciences Academic Press are the authoritative annual reports in the relevant fields in China. ABS, one of important fields of financial markets, should have its own blue book. Based on this logic, our team, which consists of professional practitioners and researchers on ABS, submitted an application for compiling the blue book on the progress of Chin's ABS and subsequently received the support from the Press.

As an annual progress report on ABS, it is time-specific. This book focuses on 2017, so naturally, it emphasizes the development of ABS in this particular year. However, it is the first blue book on asset-backed securitization, in order to make a coherent illustration when we describe the development, we will relax the time restriction. Of course, this is only applied for the needs of connecting the past and would not be the main content of the report.

The report started from the description of the overall development of the Chin's ABS in 2017, then revealed new characteristics and trends of ABS in that year. Based on the market development, the latest changes on financial regulation and financial innovation, the book analyzed the reasons for those new characteristics and trends. After that, the main aspects of the ABS in Chin were analyzed and compared. We specifically focused on ABS of PPP, a new field which is rising and has attracted a lot of attentions, but also with many problems. During

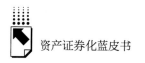

the process of analysis and exploration, we made pertinent comparison cross time and country. We put forward relevant policy recommendations, in both general and specific terms, for the development of ABS in the future, especially in 2018.

The report mainly consists of 10 chapters, including the summary report, the sub-reports and the special topics. After showing a series of data about ABS in China in 2017, the summary report concludes that: Overall, the China's ABS market in 2017 grew fast with frequent innovation and steady performance; the types of underlying assets has enriched; ABS plays a more and more important role in reactivating assets, improving capital allocation efficiency, and serving the real economy. The reasons for these achievements are as follows. First, the experiment in the past twelve years since 2005 has accumulated a lot of lessons so that it can spur with experience. Second, the increasingly tightened financial regulation has cleaned up financial environment and created favorable external conditions for the development of asset-backed securitization. Third, in 2017, China's economy began to accelerate, and financial demands are increasing. The role of ABS to server the real economy has drew more attentions. Our book also made relevant policy recommendations on issues that exist in conducting ABS.

The sub-reports discussed ABS of credit, commercial real estate, consumer finances, and finance lease in 2017. According to the features of sponsors (originators) and the underlying assets, China's ABS products can be grouped into two major categories, credit ABS products and corporate ABS products. They are issued and traded in different markets and supervised by different regulators. In most situations, the nature of the originator is consistent with the underlying asset of the securitization, but there are also some inconsistencies. For the four areas of ABS in our sub-reports, the same observations exist. Therefore, conducting separate research for the four areas of ABS is more related to practice and corresponding considerations of customary factors.

In the four areas of ABS in China, the credit asset-backed securitization started earliest, the most standardized. In the new environment, they show a series of new features and trends. First, the types of underlying assets are increasingly diversified. Second, the credit ABS is more on mortgage, car loans and other retail loans than corporate loans. Third, innovative products on non-performing ABS and green credit ABS have been recognized by the market. Fourth, the market has been increasingly active. As we are in the stage of deepening the supply-side structural reform, conducting "capacity reduction, de-stocking, deleveraging and improving weakness", controlling credit amount and adjusting the credit structure are going further, securitization of credit assets is likely to explosively develop in 2018, so it is essential to prevent vulgar management and to refine product design, to standardize follow-up management, and control risks.

Commercial real estate ABS plays an active role in providing flexible, effective and long-term financing methods for commercial property developers and expanding direct financing channels for commercial properties. In 2017, the main bodies of commercial real estate ABS products in China were still CMBS (Commercial Mortgage Backed Securities) and pseudo-REITs (Real Estate Investment Trusts), and their insuance accounts for 82.3% of the total issuance scale of commercial real estate ABS. There are also some new tendency when they are developing. First, in the fundamental assets of CMBS, the proportion of the beneficial right of the trust declines, and the underlying assets become various. Second, it is a beginning to explore the ABS of long-rented apartment, which is closely related to the implementation of the new housing policy of encouraging both buying and renting in China. Third, the issuance interest rate of commercial real estate ABS products is rising, which is mainly affected by the adjustment of bond market. Fourth, commercial real estate ABS, of not involving low-rise property rights, has been gradually reduced, and it is related to the increase ment of regulatory authorities' efforts to audit the default risk of securitized products. To develop commercial real estate ABS, we should grasp the new trend, intensify innovation of long-rent apartment ABS and explore REITs products related to long-rent apartments according to the new characteristics. Meanwhile, REITs should be closer to the international model, and its products should be designed basing on the fundamental asset credit.

The securitization of consumer financial assets is another important part of ABS in China. In 2017, the housing loan and car loan securitization products accounted for most of the total amount of securitization of consumer finance products, and the rest are factoring financing based on personal consumption, trust earnings of the

terminal and financing lease, etc. The diversification of of underlying assets has become a new feature of the securitization of consumer financial assets in 2017. At present, licensees institutions and non-licensees institutions initiate the securitization of consumer financial assets, and the non-licensees institutions are mainly Internet companies. In 2017, the ABS products of non-licensed institutions are gradually dominating, accounting for 88% of the current circulation. In the consumer financial ABS products of non-licensed institutions, products pressed by Ant financial like Ant Check Later and Ant Credit Pay shared about 50% of the market. Under such oligopoly, the issuance of securitized products with the current licensees still has a lot to do with the original credit. Oligopoly is not good for the development of consumer financial ABS, so we should pay great attention to developing consumer financial ABS in the next stage. The securitization products of consumer financial assets are issued by non-licensed institutions, most of which fail to achieve the bankruptcy isolation so that the hidden risks are non-negligible. In particular, some cash loans, which are lack of credit and from some Internet companies, has become the underlying asset of securitization so that the risk of such products becomes more severe. In order to promote the further development of the standardization of consumer financial ABS, we must carry out the measures and spirit of adjusting and managing according to regular departments at the end of 2017.

Securitization of finance lease with equipment developed well in 2017. The issuance scale continued to expand, the issuance rate remained stable, the market recognition increased, and finance lease ABS denominated by foreign-currency were successfully issued. What's more, it is fortunate that finance lease ABS is becoming more and more standard. Unsecured finance lease ABS made great process in the last two years, and for further, the bankruptcy isolation measures were made into practice in the part of the finance lease ABS. In 2017, more than seven finance lease companies were approved to do projects of ABS by certified public accountants. The securitized assets can be accounted. To keep developing well and expanding further, not only do we should take the corresponding technical measures, but also reform the system and change the definition of finance leasing institutions and banking leasing institutions according to the identity of shareholders of initiators. What's more, it should be also changed that ABS of finance lease was divided into the securitization of credit assets and the securitization of enterprise asset.

PPP ABS is the main content of the special topic because PPP is still being explored. PPP have not yet been fully discussed and agreed upon. Besides, the smooth implementation of these projects involves the coordination of policies among various government departments. Relevant policies were put forward intensively in 2017. Stipulations on securitization scope, qualified securitization and organization of the PPP projects have been made. The institutions of market management are also formulating and promulgating operating procedures. At the same time, operations have been taken into practice. In 2017, there were 6 PPP projects being officially launched. However, there are still many problems to be solved in PPP ABS. At present, we should focus on the following four issues. First, whether the original stakeholders can run business sustainably. Second, whether the product structure can be accurate priced. Third, whether the project has stable cash flow support. Fourth, whether a professional intermediary team operates the project.

This progress report makes a number of policy suggestions on how to advance the ABS in China in 2018 and the further future. They are shown as follows.

Firstly, the law of ABS should be made and developed. To grow healthily, ABS should be develop under the unified and authoritative law, while the department regulations is not enough. Towards this, it is necessary to review the existing departmental rules and normative documents as soon as possible. Meanwhile, we should remove the contradictory and inappropriate content and prepare for the enactment of laws. Based on full investigation and study as well as international lessons, laws of ABS in our country can be made. Moreover, under the law, to modify and formulate rules and regulations including accounting, tax, and operating methods will forming a perfect legal system of ABS.

Secondly, standards should be set to determine and unify the products of ABS according to the nature of the underlying assets. Present classification should be changed, for which ABS products are divided according to the nature of initiators or issuers and regulatory jurisdiction. Therefore, the same ABS products can be in accordance with the unified conditions, name, issuance and trading under

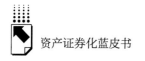

regulatory standards.

Thirdly, relationship among innovation, risk control and regulation should be dealt with well. In the process of product innovation, all institutions involved in ABS must attach great importance to the risks and take effective measures to prevent and control them. The supervision department should follow up and strengthen the guidance. It is necessary to change the measures, which is to solve problems until risks are accumulating a lot.

Fourthly, improving the pricing and valuation mechanism should be focused on. it is important to change that the pricing and valuation of ABS products are influenced by the asset body credit. Therefore, we should improve the information disclosure system and introduce professional pricing and valuation tools so that big data can play an essential role. We will encourage and support the specific measures of bankruptcy isolations such as unsecured issuance and being accounted.

Fifthly, promoting cross-market circulation of ABS products. It is of great significance to establish a unified ABS market for the further development of ABS. Such a unified market involves reform in multiple parties, including supervision system, product standards and pricing mechanism. Currently, the reform can start from the cross-market circulation of securitization products.

The report is a joint effort of practitioners and researchers of ABS. The authors are from Industrial and Commercial Bank of China (ICBC), Agricultural Bank of China (ABC), Research Centre of China International Engineering Consulting Corporation, Ltd. (CIECC), XFintech Ltd., Guangfa Securities, Shanxi Securities Co., Ltd., Beijing National Accounting Institute and SG&CO Lawyers, and so on. In addition, it is sponsored by Xiamen International Financial Technology Co., Ltd.

Keywords: Asset-Backed Securitization ; Credit; Commercial Real Estate; Consumer Finance; Finance Lease

社会科学文献出版社

皮书系列

❖ 皮书起源 ❖

"皮书"起源于十七、十八世纪的英国，主要指官方或社会组织正式发表的重要文件或报告，多以"白皮书"命名。在中国，"皮书"这一概念被社会广泛接受，并被成功运作、发展成为一种全新的出版形态，则源于中国社会科学院社会科学文献出版社。

❖ 皮书定义 ❖

皮书是对中国与世界发展状况和热点问题进行年度监测，以专业的角度、专家的视野和实证研究方法，针对某一领域或区域现状与发展态势展开分析和预测，具备原创性、实证性、专业性、连续性、前沿性、时效性等特点的公开出版物，由一系列权威研究报告组成。

❖ 皮书作者 ❖

皮书系列的作者以中国社会科学院、著名高校、地方社会科学院的研究人员为主，多为国内一流研究机构的权威专家学者，他们的看法和观点代表了学界对中国与世界的现实和未来最高水平的解读与分析。

❖ 皮书荣誉 ❖

皮书系列已成为社会科学文献出版社的著名图书品牌和中国社会科学院的知名学术品牌。2016年，皮书系列正式列入"十三五"国家重点出版规划项目；2013~2018年，重点皮书列入中国社会科学院承担的国家哲学社会科学创新工程项目；2018年，59种院外皮书使用"中国社会科学院创新工程学术出版项目"标识。

中国皮书网

（网址：www.pishu.cn）

发布皮书研创资讯，传播皮书精彩内容
引领皮书出版潮流，打造皮书服务平台

栏目设置

关于皮书：何谓皮书、皮书分类、皮书大事记、皮书荣誉、
        皮书出版第一人、皮书编辑部

最新资讯：通知公告、新闻动态、媒体聚焦、网站专题、视频直播、下载专区

皮书研创：皮书规范、皮书选题、皮书出版、皮书研究、研创团队

皮书评奖评价：指标体系、皮书评价、皮书评奖

互动专区：皮书说、社科数托邦、皮书微博、留言板

所获荣誉

2008 年、2011 年，中国皮书网均在全
国新闻出版业网站荣誉评选中获得"最具
商业价值网站"称号；

2012 年，获得"出版业网站百强"称号。

网库合一

2014 年，中国皮书网与皮书数据库端
口合一，实现资源共享。

权威报告·一手数据·特色资源

皮书数据库
ANNUAL REPORT(YEARBOOK)
DATABASE

当代中国经济与社会发展高端智库平台

所获荣誉

- 2016年，入选"'十三五'国家重点电子出版物出版规划骨干工程"
- 2015年，荣获"搜索中国正能量 点赞2015""创新中国科技创新奖"
- 2013年，荣获"中国出版政府奖·网络出版物奖"提名奖
- 连续多年荣获中国数字出版博览会"数字出版·优秀品牌"奖

成为会员

　　通过网址www.pishu.com.cn访问皮书数据库网站或下载皮书数据库APP，进行手机号码验证或邮箱验证即可成为皮书数据库会员。

会员福利

- 使用手机号码首次注册的会员，账号自动充值100元体验金，可直接购买和查看数据库内容（仅限PC端）。
- 已注册用户购书后可免费获赠100元皮书数据库充值卡。刮开充值卡涂层获取充值密码，登录并进入"会员中心"—"在线充值"—"充值卡充值"，充值成功后即可购买和查看数据库内容（仅限PC端）。
- 会员福利最终解释权归社会科学文献出版社所有。

数据库服务热线：400-008-6695
数据库服务QQ：2475522410
数据库服务邮箱：database@ssap.cn
图书销售热线：010-59367070/7028
图书服务QQ：1265056568
图书服务邮箱：duzhe@ssap.cn

社会科学文献出版社 皮书系列
SOCIAL SCIENCES ACADEMIC PRESS (CHINA)

卡号：576938794285
密码：

S 基本子库
SUB DATABASE

中国社会发展数据库（下设 12 个子库）

全面整合国内外中国社会发展研究成果，汇聚独家统计数据、深度分析报告，涉及社会、人口、政治、教育、法律等 12 个领域，为了解中国社会发展动态、跟踪社会核心热点、分析社会发展趋势提供一站式资源搜索和数据分析与挖掘服务。

中国经济发展数据库（下设 12 个子库）

基于"皮书系列"中涉及中国经济发展的研究资料构建，内容涵盖宏观经济、农业经济、工业经济、产业经济等 12 个重点经济领域，为实时掌控经济运行态势、把握经济发展规律、洞察经济形势、进行经济决策提供参考和依据。

中国行业发展数据库（下设 17 个子库）

以中国国民经济行业分类为依据，覆盖金融业、旅游、医疗卫生、交通运输、能源矿产等 100 多个行业，跟踪分析国民经济相关行业市场运行状况和政策导向，汇集行业发展前沿资讯，为投资、从业及各种经济决策提供理论基础和实践指导。

中国区域发展数据库（下设 6 个子库）

对中国特定区域内的经济、社会、文化等领域现状与发展情况进行深度分析和预测，研究层级至县及县以下行政区，涉及地区、区域经济体、城市、农村等不同维度。为地方经济社会宏观态势研究、发展经验研究、案例分析提供数据服务。

中国文化传媒数据库（下设 18 个子库）

汇聚文化传媒领域专家观点、热点资讯，梳理国内外中国文化发展相关学术研究成果、一手统计数据，涵盖文化产业、新闻传播、电影娱乐、文学艺术、群众文化等 18 个重点研究领域。为文化传媒研究提供相关数据、研究报告和综合分析服务。

世界经济与国际关系数据库（下设 6 个子库）

立足"皮书系列"世界经济、国际关系相关学术资源，整合世界经济、国际政治、世界文化与科技、全球性问题、国际组织与国际法、区域研究 6 大领域研究成果，为世界经济与国际关系研究提供全方位数据分析，为决策和形势研判提供参考。

法律声明